2040問題と地方自治

日本地方自治学会編

敬文堂

〈目次〉

Ⅰ　二〇四〇問題と地方自治

1　安倍政権の成長戦略と「自治体戦略二〇四〇構想」
――公共サービスの「産業化」政策を中心に――

岡田知弘
（京都橘大学）

はじめに

本稿の課題は、第二次安倍政権による「自治体戦略二〇四〇構想」（以下、「二〇四〇構想」と略）を基軸にした地方制度改革と、既に実行段階にある公共サービスの「産業化」政策・「スマート自治体」づくりの政治経済的背景とねらい、問題の所在を、著者の専門分野である政治経済学、地域経済学の視点から明らかにするところにある。

著者は、これまで、地域経済の再投資主体としての自治体の役割について、歴史的実証分析と現地調査に基づく実体論的研究を進めてきた。とりわけ、「平成の大合併」時には、自治体の行財政構造の変化だけに留まらず、市町村合併が地域経済に与える影響を分析し、町村役場の消滅による周縁地域経済及び社会の衰退の必然性について明らかにした(1)。

本稿では、地域経済と地方自治体の現場に立脚しながら、与えられた課題について考察することにしたい。まずは、第二次安倍政権の経済成長戦略の流れと「地方創生」、「二〇四〇構想」の関係を一瞥しておきたい。

一　安倍政権の成長戦略・「地方創生」・「自治体戦略二〇四〇構想」

1　第二次安倍政権発足時の成長戦略

二〇一二年一二月、民主党政権に代わって誕生した第二次安倍政権は、早速、経済政策としての「アベノミクス」及びその三本の矢のひとつとしての成長戦略＝日本再興戦略を打ち出す。

「アベノミクス」は、当初、大幅な金融緩和を「第一の矢」とし、日銀引き受けの国債発行を前提にした財政動員を「第二の矢」とした。そして、中長期的な経済成長を図るために「第三の矢」として「成長戦略」を位置づけた。その成長戦略が「日本再興戦略」であり、その実現手段の一つが「国家戦略特区」制度であった。

もともと「国家戦略特区」制度は、二〇一三年四月一七日の産業競争力会議の席上、安倍政権によって再び登用された竹中平蔵が、「アベノミクス特区」を設けて、その「延長上で、最終的には、道州制のもと、地域が独自性を発揮して成長していくモデルを実現」すべきだと主張したことから始まる。竹中発言では、特区による規制緩和が最終的には道州制とも結合していた点に留意しなければならない。国家戦略特区と規制緩和、そして道州制は三位一体の関係にあることがわかる(2)。

右の竹中提案をきっかけに、同年六月には国家戦略特区を盛り込んだ「日本再興戦略」が閣議決定される。さらに、二〇一三年一二月には、この提言に基づき「国家戦略特別区域法」が国会で成立して、正式な制度運用が開始される。その後、規制改革会議及び産業競争力会議で、成長戦略を具体化するための議論がなされ、一四年六月の「骨太の方針二〇一四」に集約されていった。

この時期の第二次安倍政権の成長戦略は「日本再興戦略」にまとめられるが、法人税の引き下げや雇用、農業、福祉、医療分野の「岩盤規制」に「ドリル」で「風穴をあける」ことで大企業の収益増をサポートする「世界に誇れる事業環境」の創出を図ろうとしたことがポイントである。(3) それは当然地方自治体との調整を必要とした。

2　「地方創生」から「自治体戦略二〇四〇構想」へ

ところが、二〇一四年四月から消費税率の引き上げ（五％から八％へ）によって、地方を中心に景気後退が広がり、「ローカルアベノミクス」という言説が政権与党内からも主張されるようになる。

このタイミングで登場したのが、増田寛也・元総務大臣を座長とする日本創成会議による「増田レポート」＝「自治体消滅」論であった（二〇一四年五月八日）。若い女性人口が二〇四〇年までに半減する自治体をすべてリストアップして、その「消滅可能性都市」は全自治体の半数に及ぶとの衝撃的なデータを発表する。この「増田レポート」の公表のタイミングは、菅官房長官と増田座長が予め調整した結果であった。翌週、道州制の議論も射程に置いた第三一次地方制度調査会が設置されたほか、前述した「骨太の方針二〇一四」の情勢認識にも、「増田レポート」が前提として置かれることとなる。(4)

そして、同年九月の内閣改造時には、新たに地方創生大臣ポストを置き、初代大臣に石破茂をあてて、地方からの不満を吸収しようとした。そこで「増田レポート」の政策提案を具体化し、地方創生総合戦略を国及び地方自治体で策定し、その推進事務局を政府内部においた。他方、国土交通省では、「増田レポート」の提案をもとに、人口三〇万人を目安にした連携中枢都市圏の形成とその中心都市の「コンパクトシティ」化を進める新たな国土形成計画を策定する。

さらに、同年一〇月には、国の「地方創生総合戦略」が策定される。その柱は、移住、雇用、子育てに加え、行政の集約と拠点化（拠点都市の公共施設・サービスの集約、小さな拠点整備）、地域間の連携（拠点都市と近隣市町村の連携推進）の五つであった。後二者が、現在に至る「連携中枢都市圏」の推進策につながっている。

次に、政権党及びそれを積極的に指示した日本経済団体連合会（以下、経団連と略）による「地方創生」政策の位置づけを、政策文書で見てみよう。

まず、二〇一四年一一月の自民党「政権公約二〇一四」には、「道州制の導入に向けて、国民的合意を得ながら進めてまいります。導入までの間は、地方創生の視点に立ち、国、都道府県、市町村の役割分担を整理し、住民に一番身近な基礎自治体（市町村）の機能強化を図ります」と記述されていた。

この文面からは、「地方創生」が道州制導入までの間の「つなぎ」の位置づけであること、その内実が「国と都道府県、市町村との役割分担」の整理と「基礎自治体の機能強化」にあることがわかる。「機能強化」の内実は、自治体合併あるいは「連携中枢都市圏」のような広域的な行政体の形成を含意していたといえる。ちなみに、石破・地方創生大臣は、地方創生担当に留まらず、国家戦略特区担当、道州制担当、さらに地方分権改革担当でもあった。ここに「地方創生」の本質があるといえる。

一方、経団連は、第一次安倍政権期から、道州制推進委員会を置き、活発な推進運動をしていた。彼らは、都道府県や国の地方出先機関の廃止・再編により年間一〇兆円近い財源が浮き、それによるインフラ投資や内外多国籍企業の誘致が進むことを期待していた。併せて、公務員を削減するとともに「新しい公共」の主体として民間企業の参入も期待し、道州制を「究極の構造改革」と位置づけていた。(5)

経団連は、地方創生担当大臣を置いた二〇一四年九月の内閣改造時に、「新内閣に望む」と題する会長コメントを発する。そこで「地域の基幹産業である農業や観光の振興、防災・減災対策、国土強靱化、ＰＦＩやＰＰＰによる民間参加などにより地域経済を活性化する」と特記し、地域産業や公共事業分野への参入に期待を表明したのである。

二〇一六年夏の参議院選挙後、安倍内閣は新たな成長戦略を追求する司令塔として、日本経済再生本部の下に未来投資会議を設置する。その最初の報告書である「未来投資二〇一七」に登場した目新しい言葉が、「Society5.0」であった。詳しくは、後述するが、その意味するところは「ＩoＴ、ロボット、人工知能（ＡＩ）、ビッグデータといった先端技術をあらゆる産業や社会生活に取り入れ、経済発展と社会的課題の解決を両立していく新たな社会」であり、地方自治体のあり方や行財政分野も成長戦略の明確なターゲットとされたのである。

二〇一七年に入ると、これに対応して総務省に新たな研究会が設置される。なかでも、同年七月から発足した「町村議会のあり方に関する研究会」及び一〇月から発足した「自治体戦略二〇四〇構想研究会」は、いずれも山崎重孝自治行政局長（当時）が主導して立ち上げたとされ、後者は総務大臣が主催する形をとった。前者は、「増田レポート」を前提に、小規模自治体における議会のあり方を検討するものであった。また、後者についても「増田レポート」をベースにして、高齢者人口がピークになると予測される二〇四〇年を想定して、「バックキャスティング」に今後の自治体行政のあり方を展望し、早急に取り組むべき対応策を検討することを目的」として設置したという。なお、両研究会には、地方自治体関係者が正規の委員として参加しておらず、後に強い批判がでることになった。両研究会での検討結果は、二〇一八年三月に「町村議会のあり方に関する研究会」報告、七月に「自治体戦略二〇四〇構想研究会」第二次報告としてまとまり、公表された。

3　「自治体戦略二〇四〇構想」の概要と第三二次地方制度調査会

ここで「二〇四〇構想」の概要について確認しておこう。研究会報告によると、同構想は、四つの柱から成っている。第一に、二〇四〇年を目標年に逆算方式（「バックキャスティング」という言葉が使用されている）[6]で、AI（人工知能）やロボティクスを活用した「スマート自治体」をつくるとしている。それにより、現状の半分の職員でも運営できる自治体をつくるという。そのために自治体行政の「標準化」、「共通化」をはかり、統合しやすくするとも指摘している。

第二は「公共私による暮らしの維持」である。自治体を、行政サービスを総合的に行う「サービスプロバイダー」から、公共私の協力関係の構築を行う「プラットフォームビルダー」にすべきだとしている。後者のイメージは、民泊仲介の「エアビー&ビー」、シェアカーの「ウーバー」などのシェアビジネスと同じ形で公共サービスをやればいいという考え方である。

第三の柱が「圏域マネジメントと二層制の柔軟化」である。例えば、市町村レベルの圏域、さらに県境を越えて、二層制の壁を打ち破るとしている。そうして「圏域行政体」を〈行政のフルセット主義から脱却して圏域単位での行政をスタンダード化する〉と述べている。つまり、現在の市町村や都道府県ではなく、新たな圏域行政体を「標準」にすると言うわけである。

さらに第四の柱として「東京圏のプラットフォーム」を立てている。そこでの焦点は、防災と介護、医療である。この介護・医療サービスが広域化して、東京都だけでなく首都圏の近隣県とのつながりを強化し、大災害時の「帰宅難民」問題に対応する広域的な行政体が必要だとしている。

以上のような二〇四〇構想を、同研究会報告書は、「パラダイム転換」と自己表現し、コンピュータの「OSの書き換え」だというたとえ話も出てくる。実はそのような比喩のレベルの軽々とした話ではなく、これまでの憲法、地方自治法で定められた地方自治体を根本から否定して、たんに特定産業の「経済成長」のために動員される地方団体にしてしまおうという、極めて重大な問題をはらんでいることに十分注意する必要がある。なお、「地方統治構造」論の批判的検討はここでは立ち入らない(7)。

この研究会報告を受けてすぐ、同年七月五日に、第三二次地方制度調査会が発足する。同調査会会長に就任したのは、市川晃・住友林業代表取締役社長であり、答申をまとめる専門小委員会の委員長には山本隆司東京大学教授が就任した。市川会長は、財界団体のひとつである経済同友会の副代表であり、同会の地方分権委員会委員長を務めた人物である。そして、同調査会に与えられた諮問事項は、「人口減少が深刻化し高齢者人口がピークを迎える二〇四〇年頃から逆算し顕在化する諸課題に対応する観点から、圏域における地方公共団体の協力関係、公・共・私のベストミックスその他の必要な地方行政体制のあり方について、調査審議を求める」というものであり、前述の「自治体戦略二〇四〇構想」研究会の報告書の枠組みそのものであった。

二　公共サービス「産業化」政策登場の政治経済的背景

1　第二次安倍政権における政官財抱合体制の強化

ここでは、公共サービスの「産業化」政策が登場してくる政治経済的背景について述べたい。まず注目したいのは、第二次安倍政権下において経団連をはじめとする財界と政界、幹部官僚の癒着、抱合体制が強固に構築されたことである。同政権下での重要な経済財政政策の決定は、経済財政諮問会議をはじめ各種政策決定会議体によってなされており、従来のように与党内での議論の積み重ねや、各省庁からの提案によるものではない。このような政策決定の仕組みは、小泉純一郎内閣から開始されたものである。民主党政権時代には、経済財政諮問会議等は、開店休業状態に置かれていた。

第二次安倍政権は、同会議と規制改革会議を直ちに再開したほか、産業競争力会議を新設する。それらの主要政策決定機関には、竹中平蔵パソナ会長など新自由主義改革を志向する「学識者」、経団連会長に加え、経済同友会の新浪剛史ローソン社長（当時）、新経済連盟の三木谷浩史楽天会長が入り、政官財抱合体制を拡大強化した。さらに、経団連は、政策評価による政治献金の再開も開始しており、政府の政策決定過程だけでなく、政策の進行管理においても重要な役割を果たしていく。

第二に、一九九九年の官民人事交流法や同法に基づかない一般職の任期付採用制度によって、官僚機構と財界との人事交流が増大したことである。民主党政権下の二〇一一年時点では民間企業から中央省庁への常勤職員の出向は七九〇人であったが、二〇一九年には一四七二人へと増えているのである。非常勤職員を含めると一二三六人から二二八三人となり、公務員削減の一方で民間企業からの任期を限った形での職員採用をすすめてきていることがわかる(8)。従来の「天下り」に「天上り」が加わり、政財官の間に太いパイプが作られている点に留意しなければならない。

さらに問題なのは、第二次安倍政権の下で内閣人事局が設置されたことである。官邸主導政治を進めるために、安倍政権は二〇一四年五月に、司法、検察庁を含む各省庁の審議官級以上の約六〇〇人の幹部人事を一元的に管理する人事局を置いたのである。このことは、三権分立を破壊し、法治国家の土台そのものを揺るがすことになる。

2　公共サービスの「産業化」政策の登場

右のような政策決定体制の変容を前提に、公共サービスの「産業化」政策が登場する経緯について述べる。本来利益を追求しないはずの「公共サービス」を、「産業化」するという、一見相矛盾することを臆面もなく追求する政策が初めて政府の基本政策のなかに登場したのは、「地方創生」政策の打ち出しから半年近くを経た二〇一五年春のことであった。

「骨太の方針二〇一五」を立案する経済財政諮問会議（以下、諮問会議と略）で、最初に公共分野を成長産業化すべきだとする提言を行ったのは、いわゆる民間四議員の伊藤元重・東京大学教授、榊原定征・経団連会長、高橋進・日本総合研究所理事長、新浪剛史・サントリーホールディングス代表取締役社長であった。(9)

二〇一五年三月一一日の諮問会議の席上、この四議員から提出された文書のタイトルは「公的分野の産業化に向けて～公共サービス成長戦略～」とされていた。まず、彼らは「経済再生と財政健全化の両立、さらには地方創生にとっても、公的部門の改革がカギとなる」という認識にたつ。それは、「国・地方の公共サービス分野での民間との連携（インクルージョン）を進め、サービスの多様化、質の向上とともに、新たな民間産業の創造や民間雇用拡大を通じた経済成長を実現し、税収拡大を図るべき。さらには歳出効率化とあわせて実現することで、二兎を得るよう取り組むべき」という考え方に基づいていた。「インクルージョン」とは、もともとマイノリティの社会的「包摂」として翻訳される概念であり、「連携」という訳はない。この言葉をあえて使うのは、民間が公共を「包摂」したいという意識の表明とも言える。

とりわけターゲットにされたのは、「歳出規模も大きく、かつ国民生活にも深くかかわる社会保障サービス・地方行政サービス分野」であり、これらの分野において「規制改革とともに、サービス提供者のインセンティブに関わる制度（診療報酬、介護報酬、保険料、補助金制度、地方交付税制度等）の改革も行うことを通じて、多様な主体が参入し、多様なサービスを提供できる環境整備を進める」ことにより「成長産業化」をすすめるべきだとした。また、「地域に密着するこれらのサービスの産業化は地域の活性化にもつながる」として「地方創生」との関連性も強調している点にも、注目したい。

さらに、同提言では、以下の点を重視している。第一に、「民間の多様な主体との連携（インクルージョン）の促進」であり、具体的には医療、福祉、子育て分野への民間企業の参入と公共施設等の整備等におけるPPP／PFIによる実施の原則化等をあげていた。

第二に、BPR（Business Process Reengineering）等の民間企業の経営手法を国や地方自治体に普及し、IT化等を通じた地方行政の業務改革の推進を強調するとともに、地方自治体のコンセッション事業の普及を目指すべきだとした。

第三に、「二〇一五年度中に民間の知恵のあらゆる業務での活用、公的サービス分野の更なる民間開放に向け、国・地方（独法、公営企業・第三セクター・地方独法の民間 委託等を含む）ともに一体的に取組を進めるよう方針を改定すべき」だとした。

3 「骨太方針二〇一五」における「公共サービス」改革の構図

一五年六月末の「骨太方針二〇一五」は、これらの提言をほとんど採り入れた。以下では、「公的サービス」の「産業化」政策に絞って、詳細を見てみたい。

第一に、同方針の最大目標は、「経済成長」に置かれ、「成長の新たなエンジン」として公共サービス分野が位置付けられた。

第二に、「未来の成長の源泉」とされたのが、ＩＴ技術を活用したイノベーションである。「公共サービス」分野でも、「個人番号カード、電子私書箱等を活用したワンストップサービスや政府調達の全工程の電子化等を通じ、公共サービスの改革を進める」と敢えて書き込んでいる。これは、マイナンバー、ビッグデータの活用につながるだけでなく、ＴＰＰの政府調達条項への対応でもあった。

第三に、「地方創生」と「公共サービス改革」とをつなぐために、「社会保障サービスを含む公共サービスや公共投資等が大きな比重を占める地方経済にとっては、改革によってその質と生産性を高めていくことが、地方創生、地域経済の活性化のために必要不可欠である」とした。

第四に、国及び地方自治体の「公共サービス」改革が「骨太方針」の根幹にかかわる「歳出改革」に据えられている点である。同方針は、「民間の活力を活かしながら歳出を抑制する社会改革である」と述べ、国、地方、民間が一体となって、①「公的サービスの産業化」、②「インセンティブ改革」、③「公共サービスのイノベーション」に取り組むべきだとした。

4　「経済・財政一体改革」推進体制と国・自治体関係

だが、国が戦略を立てたとしても、地方自治体が動く保障はない。そこで、安倍内閣は、「骨太方針二〇一五」の閣議決定と同時に、改革を推進する司令塔として「経済・財政一体改革推進委員会」を設置する。同委員会は、諮問会議の下に置かれた専門調査会である。構成員は諮問会議民間議員及び学者・経営者・首長といった「有識者」からなり、会長には新浪委員が就任する。この委員会のもとに、①社会保障、②非社会保障、③制度・地方行財政の分野別にワーキンググループが置かれ、事細かく進

行管理がなされてく。(10)

さらに、二〇一五年八月二八日に、総務大臣通知「地方行政サービス改革の推進に関する留意事項についてて」が地方自治体宛になされて、追い打ちをかける。そこでは、「業務改革を推進するため、民間委託やクラウド化等の各地方自治体における取組状況を比較可能な形で公表し、取組状況の見える化を実施」し、「総務省においては、これらの推進状況について毎年度フォローアップし、その結果を広く公表」すると明記していた。(11)「地方創生」政策の中で推進された重要業績評価指標（ＫＰＩ）の進行管理と連動した、国による財政誘導の仕組みである。ここでは、地方自治体は、国の政策に従うべき存在として捉えられており、明らかに憲法における地方自治理念に反する実態がつくられているといえる。

三 「Society5.0」を掲げた未来投資会議による「デジタルファースト」構造改革の推進

1 未来投資会議の設置と「Society5.0」によるＡＩ・ＩＣＴ重点投資戦略の開始

「二〇四〇構想」の具体的な内容を検討する際には、前述した「Society5.0」構想との関係を見ておく必要がある。この政策を推進したのは、二〇一六年に発足した未来投資会議である。その設置目的は、「将来の成長に資する分野における大胆な投資を官民連携して進め、『未来への投資』の拡大に向けた成長戦略と構造改革の加速化を図る」こととされ、未来投資会議は従来の産業競争力会議と「未来投資に向けた官民対話」を発展的に統合した会議体である。安倍首相が議長であり、主要閣僚と中西宏明日本経団連会長、竹中平蔵パソナ会長らの「民間代表」によって構成されている。

同会議の「未来投資二〇一七」に登場した「Society5.0」という言葉は、学術用語ではない。未来投資会議のホームページには、「Society 5.0 とは、『狩猟社会』『農耕社会』『工業社会』『情報社会』に続く、人類史上五番目の新しい社会のこと」とされ、「ＩoT、ロボット、人工知能（ＡＩ）、ビッグデータといった先端技術をあらゆる産業や社会生活に取り入れ、経済発展と社会的課題の解決を両立していく新たな社会である）とされている。政府の広報に具体例として示されているのは、ドローンによる宅配、ＡＩ家電、遠隔診療、介護用ロボット、無人トラクター、清掃ロボット、会計クラウド、自動走行バスなどである。

これらの普及を図るためには、個別分野ごとの規制改革や成長支援策が必要となる。そこで一七年九月に設置されたのが、未来投資会議構造改革徹底推進会合である。座長は、経済再生担当大臣が務め、政府指名の民間議員が構成員となっている。同会議には、第四次産業革命（会長・竹中平蔵）、企業関連制度・産業構造改革・イノベーション（会長・小林喜光三菱ケミカルホールディングス会長）、健康・医療・介護（会長・翁百合日本総合研究所理事長）、地域経済・インフラ（会長・三村明夫日本製鉄社友名誉会長）という四つの会合が設置され、会長には財界代表が配置された。さらに、ＰＰＰ・ＰＦＩ、大学改革、雇用・人材育成、農林水産業、中小企業・観光、インフラの分科会を設け、公共サービスや規制に関わる構造改革の重点的な推進策が検討されてきた。

ここで注目すべきは、民間企業だけでなく行政が保有するビッグデータの利活用をめぐる問題が「第四次産業革命」会合で重点的に議論されている点である。とりわけ個人の行動を大量に入手できるセンシングデータの利活用については、データ提供者側の市場拡大、利用者側での事業成長の手段として、その共通基盤づくりが情報関連産業から強く求められてきているのである。

それを推進するために、二〇一七年一一月には一般財団法人・データ流通推進会議が設立される。同協議会のホームページには、政府のワーキンググループでの検討を通して設立されたと明記されており、内部理事は業界代表の大日本印刷、富士通、日立製作所、オムロン、さくらインターネット、日本電気等から構成されている[12]。

2　経団連による「Society 5.0」推進論

ところで、「Society 5.0」という言葉が、政策文書のなかで初めて登場するのは、二〇一六年一月に策定された「第五期科学技術基本計画（二〇一六年度～二〇二一年度）」からである。同計画は、それまで文部科学省が所管する総合科学技術会議で策定されていたが、第二次安倍政権になってから、二〇一四年の内閣府設置法改正によって、官邸の下に置かれた総合科学技術・イノベーション会議に策定権限が移される。この新計画策定にあたり、公的な機関による科学技術の成果をイノベーションに結びつける観点から、提言を繰り返したのが経団連であった。

二〇一五年六月一八日に発表された同計画「中間取りまとめ」について、経団連は「第五期科学技術基本計画の策定に向けた緊急提言」（同年一〇月二〇日付）を発表する[13]。そこでは、「超スマート社会」の実現を特に強調していた。それらの提言も取り入れた形で、翌年一月に「第五期科学技術基本計画」が正式決定され、【世界に先駆けた「超スマート社会」の実現（Society 5.0）】という文言が入る[14]。

同計画では、一三の重要政策課題を掲げたが、これらは、国と地方自治体の公共政策のあらゆる領域に関わる項目であった。特に最後の〈地球規模課題への対応と世界の発展への貢献〉のなかの二項目（地球規模の気候変動への対応、生物多様性への対応）は、二〇一五年に策定された国際連合の「持続可能な開発目標（ＳＤＧｓ）」とも重なるものであり、「Society 5.0」とＳＤＧｓも結合することになる。

3　経団連の成長戦略と国・地方自治体のあり方への積極的介入

二〇一六年夏の参議院議員選挙後の内閣改造にあたり、経団連は「新内閣に望む」を発表する。[15]そこでは、「GDP六〇〇兆円経済の実現」の見出しのトップに、「『官民戦略プロジェクト10』の具体化、とりわけ成長戦略の柱としての第四次産業革命（Society 5.0）の推進」という項目を掲げた。

さらに、経団連は、二〇一八年一一月に「Society 5.0―ともに創造する未来」と題する提言を発表する。[16]この提言では、「社会課題解決や自然との共生を目指すSociety 5.0は、国連が採択したSDGｓの達成にも貢献できる」と論点を強化している。これによって、「Society 5.0」は公益性があると主張したいようである。

経団連の年度事業方針のタイトルにも、二〇一八年度以降、「Society 5.0」が入るようになる。二〇一八年度事業方針では、「Society 5.0の実現に向けて必要な諸施策の推進を図るとともに、重要な分野については、Society 5.0の社会実装に向けたロードマップを策定する。その際、地方自治体・企業の役割にも留意する」と特記されている。その「重要分野」として「電子行政」があげられ、「行政のデジタル化の実現に向けて、政府の規制改革推進会議やIT総合戦略本部等の検討状況を注視し、各府省庁の施策に『デジタル化3原則』(1)デジタルファースト、(2)コネクテッド・ワンストップ、(3)ワンスオンリー）に基づく内容が確実に盛り込まれるよう働きかける。並行して地方自治体における行政の電子化を推進する」とされたのである。[17]

さらに、二〇一九年度事業方針では、[18]いわゆる「デジタルファースト法案」の確実な成立と併せて、道州制や圏域行政の「統治機構改革」への提言を準備すると述べていた。また、「都市機能の充実」として、「政府と連携しながらスマートシティーの実現に取り組む」としていた。

こうして、経団連による「デジタル革新」をコアにした「Society 5.0」とSDGsのキャンペーンは、住民に最も近い基礎自治体の行政サービスや自治体運営の仕方にまで広がり、様々な制度、政策への介入を強めていくことになる。「二〇四〇構想」は、そのような政策環境のなかで登場してきたわけである。

4 「Society 5.0」と「自治体戦略二〇四〇構想」との結合

二〇一八年に入り、総務省も「Society 5.0」を地方自治体の現場に適用することを加速し、それを集約したものが「自治体戦略二〇四〇構想研究会」の第二次報告（一八年七月三日）であるといえる。すでに多くの識者が指摘しているように、同研究会で中心的な役割を果たしたのは、当時、総務省自治行政局長を務めていた山崎重孝・内閣府事務次官（二〇一八年八月に内閣府に異動）である。「平成の大合併」時の合併推進課長であり、福田康夫内閣時代には増田寛也・総務相の下で「定住自立圏」構想をつくった人物でもある。

その山崎局長（当時）が、総務省のホームページにある『地方自治法施行七〇周年論文集』に「地方統治構造の変遷とこれから」と題する論文を書いている[19]。ここで、山崎は、明治時代に遡って国からみた地方団体のあり方を、あくまでも「地方統治構造」という観点から論じている。そこには、地方自治や住民自治という観点はない。しかも、「増田レポート」を大前提に、逆算的な発想から圏域行政を導入するとともに、デジタル技術を活用したネットワークの構築による地方統治構造を提唱しているのである。この山崎論文と同じ発想で「二〇四〇構想」が作られ、第三二次地方制度調査会の諮問文も書かれていることに注目したい。

四　「二〇四〇構想」の先取りと地方自治体の変質

1　「連携中枢都市圏」と「立地適正化計画」策定によるコンパクトシティの形成

「二〇四〇構想」という言葉の印象から、まだ二〇年先のことだと受け止めている自治体関係者も少なくない。だが現実には、法制度改革をともなわない実体的な具体化が進行している。まず、「圏域」行政体の形成については、連携中枢都市圏構想として具体化が進んでいる。

連携中枢都市は、概ね人口二〇万人以上の中核市・政令市が想定されたが、その後要件が緩和され、二〇万人に満たない都市も認定されるようになった。一九年四月までに三二圏域が指定され、全市町村の四分の一にあたるのべ三〇四市町村が包摂されている。ただし、コンパクトシティ化の取組みが芳しくなかったために、政府は一八年九月に地域魅力創造有識者会議（増田寛也座長）を設置して、支援強化策を検討した。同会議の報告を受け、早くも同年末には八二の「中枢中核都市」を選定し、一九年度から行財政支援を強化している[20]。

これらの拠点都市の多くが、ハード面でのコンパクトシティ化をすすめる「立地適正化計画」を策定している。国の地方創生総合戦略では、三〇〇市町村での「立地適正化計画」の策定を目標にしていたが、二〇一八年八月末時点での策定自治体は一七七都市に留まっていた。策定された「立地適正化計画」の特徴は、「医療、福祉、商業等の都市機能を都市の中心拠点や生活拠点に誘導し集約」する「都市機能誘導区域」を設定し、なかでも中心市街地活性化事業で失敗した中心部に拠点を整備する点にある。そこでは、多数の補助金や減税、低利融資の助成制度が準備され、とりわけ医療・福祉などの「サービス付き高齢者向け住宅」(「サ高住」)への助成の手厚さが目立っていた。[21]

その先進モデルと言われている兵庫県姫路市を連携中枢都市とした「播磨圏域連携中枢都市圏」(二〇一五年四月連携協約締結)の実情を見てみよう。[22] 同圏域の連携中枢都市は人口五三万人の姫路市である。同市と周辺七市八町の連携市町村が個別に協約を結び、姫路市が都市圏ビジョンを作っている。圏域人口は一三〇万人余り、面積は二六七四㎢で、兵庫県の面積の三二%を占める。

同都市圏ビジョンでは、「経済成長の牽引」、「高次都市機能の集積・強化」「生活関連機能サービスの向上」の三分野五三事業からなるが、三二二億円の総事業費のうち一六六億円が「高次都市機能の集積・強化」分野、具体的には、姫路駅周辺における都市型ホテル、シネマコンプレックス、医療系専門学校、高齢者向け住宅、文化コンベンションセンターの建設、県立はりま姫路総合医療センター(仮称。二〇二二年開院予定)に投入される計画である。これに姫路駅周辺の交通整備事業を入れると、その開発投資総額は、なんと圏域総事業費の七一%を占める。このような集中は、連携中枢都市のコンパクトシティ建設に、ほぼ共通する傾向だといえる。[23]「選択と集中」を伴いながらの「圏域行政」によって、中心部から離れた周辺部における住民生活や団体・住民自治がどこまで保障されるかが、大きな論点となる。

というのも、総務省自治行政局に置かれた「基礎自治体による行政基盤の構築に関する研究会」で、二〇一九年五月に事務局が提出した文書が、[24] その懸念を増幅させたからである。そこでは、圏域運営の「企画・立案の司令塔」として「圏域運営協議会」の設置を提案し、その委員会は圏域市町村の職員(首長、副首長を含む職員)から構成されており、住民の直接選挙による代議制度は考えられていない。間接的に、各市町村の議会が、行政分野・課題ごとに、事務の委託や代替執行等の連携手法の中からどの手法を選ぶかを決めるモデルである。しかも、民間企業や住民団体の意見を聴取する機関として同協議会とは別の組織体をつくることも検討されている。また、市町村間の「水平補完」が困難な自治体については、必要に応じて都道府県との間に「連携会議」を置くことも提起している。このような団体自治も住民自治も制約するような「圏域行政体」に、多大な行財政権限を与えていいのかどうかが、問題となる。

2　「Society 5.0」のスローガンの下、国や自治体の行政サービスを包摂

既にみたように「二〇四〇構想」では、AIやシェアビジネスの活用で「スマート自治体」をつくり、公務員を半減するとしている。デジタル技術の応用やアウトソーシングによる先取り的な改革は、現に少なくない自治体で進行途上である。その根幹に、公共サービスの「産業化」政策があるといえる。

その「産業化」の範囲も参入主体も拡大している。対象とされる公共サービスは、従来のような公共施設や一部業務の民間化だけに留まってはいない。ビッグデータとAIを活用した政策立案・意思決定過程から、共通化・標準化された書式を基にした電子入力システム、さらにTPPやFTAに対応した電子入札システム、行政サービスの現場における情報機器の購入や派遣労働者の導入、そして公共施設の不動産活用等に至るまで、個別サービス分野を超えた広範な分野を包含している。参入主体も、TPP等を見据えて、外国企業にも開放する枠組みとなっており、経済のグローバル化の現段階に対応するものとなっている。前述したように、自治体の全てを、内外の民間企業の私益追求の手段、対象として

「包摂」する動きである。いくつか、その具体的な姿を見ておこう。

まず、公共施設等総合管理計画に関わる自治体の公共資産の統廃合、民営化等の利害関係についてである。公共施設等を不動産ビジネスの視点から活用する動きは、実は民間活力導入を提案した中曽根内閣時代から存在していた。この頃にJFMA（日本ファシリティマネジメント協会）という団体が設立されている。同協会は、不動産、デベロッパー、ゼネコン、コンサルタント等の大企業でつくられており、二〇〇八年に提言（「公共施設資産を次世代に継承するファシリティマネジメント」）を出している[25]。その内容は、驚くべきことに、現在進められている「公共施設等総合管理計画」とほぼ同じである。とくに公共施設の用途転換、統廃合、総量の調整で、民間との共同利用、不動産活用の手法が必要だとしている点が注目される。

さらに、この提言の最後には、「実施後のあるべき姿」として、「道州制の導入に効果的に貢献」できるとも書いている。つまり、道州制導入には、都道府県や市区町村の統合が必要であり、「公共施設のマネジメント業務の体系化や標準化」「施設情報の標準化や共有化」が必然的に求められる。公共施設管理の標準化、共有化を進めておけば、将来コストが省ける、浮き財源もつくれるという見通しを立てていたのである。「二〇四〇構想」にも頻出する「標準化」や「共有化」は、不動産資本や情報関連資本にとって、またとないビジネスチャンスとして捉えられていたことがわかる。

また、二〇一八年には、卸売市場法、水道法の「改正」がなされ、卸売市場や水道の運営権の内外資本への売買が可能となった。このような運営権売買（コンセッション）は、すでに関西空港などの空港にも導入され外資系企業も参入している[26]。水道民営化については、近年、ヨーロッパの主要都市を中心に「再公営化」の流れが主流となっていた。人々の生存権のひとつである水の供給が民間企業に独占されることによる弊害が問題化したからである。[27]にもかかわらず、第二次安倍政権は外国企業にも運営権の市場開放を認める法改正を強行した。しかも、水道法改正案の策定担当事務局である内閣府「民間資金等活用事業推進室」に「水メジャー」といわれるフランスのヴェオリア社関係者が政策調査員として関わっていたことも国会審議の中で明らかとなっている。[28]前述した政財官抱合体制がここでも、多国籍企業の利害を中心に機能していることに注目しなければならない。

二〇一八年には、種子法の廃止、森林経営管理法の制定、漁業法の「改正」も次々と強行された。これらは、前述した未来投資会議での重点検討項目であり、その目的は地方自治体による種子の開発と保護を廃止し、森林の経営権や漁業権の内外資本への開放を図ることにある。同時にそれは、ＴＰＰや日欧ＥＰＡ、日米ＦＴＡでの国内市場の開放策の一環でもある。公共施設等の民営化や運営権の売買、入札のデジタル化も、ＴＰＰや日欧ＥＰＡに書き込まれた政府調達や国有企業条項との整合性を図るものである。[29]

3　「デジタルファースト」法と「スマート自治体」づくり

さらに、財界や竹中平蔵が提唱する「第四次産業革命」絡みのデジタルファースト法案が、二〇一九年五月二四日に、参院本会議で可決成立した。同法は、経団連の要求に応え、マイナンバー法と公的個人認証法、住民基本台帳法などを一括改正したものである。

この法制化によって、例えば、マイナンバーカードと電気、ガス、水道の契約更新、各種行政手続きが簡単になるとされた。他方で、法改正時点での同カードの普及率は一割程度であった。要するに、住民には便利になると言いながら、普及していないマイナンバーカードを半ば強制的に普及し、保険だけ

でなく、各種マネーカード等とも結合することで、ビジネスチャンスを広げる目論見である。(30)

一方、上述の「デジタルファースト」を進めるためには、地方自治体のデジタル技術を活用した業務改革（BPR）が必要不可欠となる。これについては、すでに二〇一八年九月から総務省の下に「地方自治体における業務プロセス・システムの標準化及びAI・ロボティクスの活用に関する研究会」で検討されていた。同研究会は、自ら「スマート自治体研究会」という略称を使っており、一九年五月に最終報告書をまとめた。その副題は、『Society 5.0 時代の地方』を実現するスマート自治体への転換」となっており、やはり「Society 5.0」に合わせた自治体への転換を求める内容となっている。(31)

同報告書は、具体的方策として、①業務プロセスの標準化、②システムの標準化、③AI・RPA等のICT活用普及促進、④電子化・ペーパーレス化、データ形式の標準化、⑤データ項目・記載項目、様式・帳票の標準化、⑥セキュリティ等を考慮したシステム・AI等のサービス利用、⑦人材面の方策（外部人材の単独または複数自治体での活用）をあげていた。

そして、何よりも、このような業務改革を〈今の仕事を前提にした「改築方式」でなく、仕事の仕方を抜本的に見直す「引っ越し方式」が必要〉だとしている点が重要である。つまり、これまでのような業務改革の延長線ではなく、むしろ仕事の内容自体を根本的に変更すべきだとしたのである。

公共サービス分野における個別のAIの活用推進策も、すでに着手されている。二〇一八年六月、総務省は「業務改革モデルプロジェクトに係る事業委託団体」として掛川市をはじめ七自治体を指定し、八〇〇〇万円の予算を投下している。同事業は、「民間企業の協力のもとBPRの手法を活用しながら、ICT化・オープン化・アウトソーシングなど」を推進する自治体を支援するというものである。いずれの自治体も、窓口業務や保育所の入所選考手続きにおけるAIの活用を事業内容として盛り込

み、実証実験に協力しており、関連企業はそれを一気に全国普及しようと競争しているところである。(32)

4　「スマートシティモデル事業」から「スーパーシティ構想」へ

二〇一九年度に入ると、総務省とは別に、国土交通省や内閣府でも、「スマート自治体」づくりに向けた個別事業を開始する。まず、国土交通省は、「Society 5.0」の一環として、二〇一九年度から「スマートシティモデル事業」を始めた。これは、「新技術や官民データを活用しつつ都市・地域課題を解決」しようとする事業であり、一九年春に公募し、五月末にその選定結果を発表した。国土交通省は、「事業の熟度が高く、全国の牽引役となる先駆的な取組を行う『先行モデルプロジェクト』」を一五事業、「国が重点的に支援を実施することで事業の熟度を高め、早期の事業化を促進していく『重点事業化促進プロジェクト』」を二三事業採択した。

事業内容としては、顔認証技術を活用しバスに乗るだけで病院受付を可能にするシステム（茨城県つくば市）、観光地やイベントにおける人流データ分析、モビリティサービスの導入による地域活性化（宇都宮市）など、医療・健康、交通、防災などが多くを占める。その事業者代表者を見ると、建設、不動産、情報・通信、鉄道会社のほか、大学も比較的多く関与していた。(33)

また、内閣府も二〇一九年七月に「ＳＤＧｓ未来都市」三一都市を選定した。これらは、民間企業が政策の意思決定から執行に至る過程を受注している。

以上の国土交通省や内閣府のモデル事業は、部分的なデジタル技術の試験的な活用を推進する性格のものであるが、官邸サイドでは、より大きな仕掛けを「国家戦略特区」制度を使って推進した。提案したのは、地方創生担当大臣の下に置かれた〈「スーパーシティ」構想の実現に向けた有識者懇談会〉であり、座長は竹中平蔵パソナ会長が務めた。そこでの検討結果を踏まえて、「ＡＩ及びビッグデータを活用し、社会の在り方を根本から変えるような都市設計の動きが国際的に急速に進展していることに鑑み、暮らしやすさにおいても、ビジネスのしやすさにおいても世界最先端を行くまちづくり」である「スーパーシティ」を国家戦略特区制度によって建設しようという構想である(34)。同懇談会では、カナダのトロントや中国の杭州市のように、情報系企業と連携して、ＡＩ及びビックデータを活用して、社会のあり方を根本から変えるような都市設計の動きが急速に進展しているとし、日本において「国家戦略特区制度を活用しつつ、住民と競争力のある事業者が協力し、世界最先端の日本型スーパーシティ」の実現を図る必要があると提案したのである。

安倍内閣は、そのための国家戦略特区法改正案を、二〇一九年六月七日に閣議決定するものの、二度にわたり国会で成立させることができなかった。すでにトロントなどで大問題となっている個人情報の特定企業への集中がもたらす問題や、憲法上の問題も指摘された。だが、二〇二〇年五月、第二次安倍政権は、コロナ禍に乗じて、同法をまともな審議もしないまま成立させたのである。いずれにせよ、再び、国家戦略特区制度を使うことによって、今度は、特定企業のために、市民の個人情報を含む都市全体のあり方が「儲けの対象」にされようとしているのである(35)。

五　問題の所在―地域経済社会・地方自治の持続性の視点から―

1　中核市以外の市町村の団体自治権・住民自治権への制約を前提にした「圏域」構想

次に、「二〇四〇構想」が描いている地方自治体像が、地域経済・社会に与える影響と問題点について、述べておきたい。

第一に、「町村議会のあり方研究会」「二〇四〇構想研究会」の報告、総務省の研究会における圏域行政の組織素案を合わせると、少なくとも中枢都市周辺の小規模自治体については、二〇〇二年の第二七次地方制度調査会での「西尾私案」で示された、自治権が制約された「特例的団体」の扱いと酷似していることがわかる。各町村議会は、圏域行政の意思決定に参画できないなかで、行政サービスの連携体に組み込まれていく。人口小規模自治体の議会については、意思決定権限に制約が加えられるわけである。

ただし、西尾私案と異なるのは、行政サービスとのアウトソーシングと情報技術によるネットワークを技術的前提にして、「連携」の内実をつくるという考え方である。これは、公共サービスの「産業化」に相当するものであり、前述した山崎重孝が主張していた「地方統治構造」論とほぼ同じ内容であり、団体自治を侵害する可能性がある。

2　従来通りの「選択と集中」では地域経済社会の持続性、地域経済の再生はない

地域経済学の視点から見ると、「圏域」行政体の形成は、市町村合併の亜種として捉えられる。つまり、周辺部市町村の行財政権限の一部が中心となる中枢都市に移転され、そこに大規模投資が集中するならば、周辺部の市町村役場の再投資力が縮小し、地域経済や地域社会の後退が進行すると考えられる。これは、「平成の大合併」によって周縁部となった旧町村地域で共通して見られた現象であり、だからこそ人口減少が進んだのである。ところが、増田レポートでも、それを基にした「二〇四〇構想」でも、この点の分析をしていない。にもかかわらず、結論先にありきで、「逆算的」な制度改革を求めたのである。(36)しかしながら、西尾勝・元地方制度調査会会長自身が、「平成の大合併」は失敗だったと

認めているのである。[37]

さらに、「増田レポート」に基づいて「連携中枢都市圏」づくりを推進した第一期「まち・ひと・しごと創生総合戦略」を総括した、第二期「まち・ひと・しごと創生総合戦略」策定に関する有識者会議（増田寛也座長）での「中間とりまとめ報告書」（二〇一九年五月二三日）でも、率直に「東京一極集中に歯止めがかかるような状況とはなっていない」と認めざるを得なかった。「少子化」対策についても、結局、合計特殊出生率が二〇一八年まで三年連続対前年比マイナスを記録し、「地方創生」政策は失敗に終わっているのである。にもかかわらず、その検証なしに、これまで以上の「選択と集中」[38]を含む「二〇四〇構想」を進めようとしているところに、政策論としての根本的問題があるといえよう。

3　公共サービスの「産業化」が抱える問題

むしろ、「二〇四〇構想」の主目的は、地域再生ではなく、公共サービスの「産業化」を推進するところにあると見た方がいいであろう。とりわけ、AI、クラウド、大手コンサル等の情報産業と、公共施設管理計画がらみのファシリティマネジメント関連産業、さらにアウトソーシングの対象となる人材派遣業にとっては、まさに垂涎の的となる市場の形成である。これらと医療・福祉の民間化政策を統合して、地方自治体の業務や行政サービス、住民のデータの「市場化」を追求しているわけである。そこには、当然「公共性」と「私益性」との根本的対立が生じ、たびたび表面化することになる。

その事例には事欠かない。新大学共通試験における英語民間試験活用問題の顚末、コロナ禍におけるマスクの全世帯配布問題、中小企業向け持続化給付金の事務事業委託問題は、官邸主導・密室審議・民間企業との癒着構造のなかで生まれ、そこには私益追求と公益性との矛盾があったといえる。しかも、公益性を担保した形での執行が不能あるいは大幅遅延するという社会的不利益まで表面化したのである。

4　ＡＩ・ビッグデータと基本的人権・民主主義

公共サービスの「産業化」政策の重要なターゲットの一つは、地方自治体をはじめとする公的機関が有するビッグデータの活用とその民間活用を推進である。政府は、これを「第四次産業革命」と呼び、未成熟なＡＩやＩＣＴ技術を、デジタルファースト法を制定することで公共サービス分野に半ば強制的に導入しつつある。住民の個人情報は、基本的人権の基礎要件であるが、その保護を保障することなく、あくまでもＡＩ等による「経済成長」を優先しているといえる。

しかし、公的機関からの個人情報の漏洩事件は、これまでも頻繁に起こっている。とりわけ、マイナンバー情報の流出事件は、官公庁からも起こっている。いったん流出すれば、個々人の基本的人権は、多数の住民を巻き込んで、二度と回復できないほどダメージを受けることになる。

ちなみに、ＥＵでは、二〇一八年五月に個人情報保護ルール「一般データ保護規則（ＧＤＰＲ）」が施行された。グーグルやフェイスブックなどによる、国境を越えた個人情報の乱用に対して、規制を加えることが目的であり、「データ時代の人権宣言」（山本龍彦慶応大学教授）とも言われている。同規則は、個人情報を集める際に、ユーザーに対して明確な説明を求めたり、企業に対して自分のデータの完全削除を請求できる「忘れられる権利」や、自由にデータを移せる「持ち運び権」を定めている。違反すれば、罰則規定もあり、すでに欧州諸国ではグーグル社等に対して多額の制裁金を課している。しかも、日本企業で、このＥＵ規則をクリアしている日本の主要企業は五五％に過ぎないと、報じられてい

るのである。(39)

また、AIやビッグデータは、為政者にとっては、人員削減や作業の「効率化」という側面だけでなく、国民統治の手段として役立つ一方、「数学的破壊兵器」と呼ばれるような大規模な人権侵害、民主主義の侵害を生み出すものである。(40) さらに、制作者の主観的意図で作られている「アルゴリズム」については、日米FTA交渉の一環としての「デジタル貿易協定」において、日本政府は「アルゴリズム」への公的介入をしないと約束した。これでは、食料主権、エネルギー主権をはじめとする経済主権だけでなく、「情報主権」も放棄することになり、極めて問題であるといえる。

5 新ビジネスの活用はどれだけ地方自治体の責務（住民福祉の向上）に寄与するのか

「二〇四〇構想」は、デジタル技術を使った業務改革やシェアビジネスの活用による自治体職員の削減を提言している。この点も慎重に検討する必要がある。第一に、AIで公務労働を代替することができるのかという根本問題がある。コミュニケーションを基本とする公務労働は、AI研究の第一人者である新井紀子が指摘するように、AIが最も不得意な分野である。(41) 機械的な反復作業等、補助的手段としては活用できたとしても、データが未集積な分野では「ディープラーニング（深層学習）」は意味がない。とりわけ、災害の時代において、突発的で複雑な問題が起きる災害現場では、AIが役に立つことはまずないだろう。

第二に、「二〇四〇構想」では、福祉分野等での人手不足に対して、シェアビジネスを活用することを提唱している。アメリカでは、ウーバー等のビジネスは、「ギグエコノミー」と呼ばれ、その場限りの請負契約であり、雇用関係がない。このことによって労働災害の補償がなかったり、低賃金労働に強いられるという問題が噴出した。[42] これに対して、ニューヨーク、カリフォルニア州で、ウーバー等の請負契約を制限し、フリーランスの労働条件確保、雇用契約への切り替えを求める法が制定されるに至っている。ギグエコノミーを活用したアウトソーシングは、公共サービスの職場で新たな官製ワーキングプアを生み出し、人間の命をあずかる福祉職場では、公共サービスの質的低下を招く可能性が大きいといえる。

立て続けに起こる災害やコロナ禍のなかで、むしろ浮かび上がっている問題は、日本の地方公務員数が、市町村合併と「三位一体の改革」の中で大幅に削減された点にある。現に、日本の人口千人当りの公務員数は、先進国中最低となっており、[43] むしろ「三位一体の改革」で大幅に削減した地方交付税交付金を復元し、自治体の公務員数を増やすことで、地域の定住人口を増やし、持続的な社会を形成することができるといえる。

6　行政サービスの機能論への収れんが団体自治・住民自治の否定に結び付く

最後に指摘しなければならない点は、デジタル技術とアウトソーシングの結合で行政サービスが効率的に行えるという機能論に問題を収れんさせることにより、憲法と地方自治法の本質的な制度構造をなす団体自治と住民自治の否定に安易に結びつける議論が、登場したことである。

その代表格が、増田寛也による議論である。増田は、人口減少が進行するなかで、ＡＩ等を使ったウーバーなどによる移動交通システム実験であるＭａａＳ（Mobilty as a Service）にヒントを得て、山田啓二前京都府知事が提唱した、行政サービスの分野でのＧａａＳ（Governance as a Service）を推進すべきだと主張する。そして、「住民にとって必要な行政サービスが一元的に提供されれば、その主体は国だろうが、自治体だろうが、あるいは公的な民間組織だろうが、一向にかまわない」とし、「ＧａａＳが実現すれば、国から独立した地方公共団体が自らの意思と責任の下で自治体運営を行うことを目的とした『団体自治』はほとんどその役割を終えることになる」と言い切る。そして、「これからは『住民自治』をいかに機能させていくかが重要となろう」と述べるが、ここでの「住民自治」とは「コミュニティ機能を強化し、自分たちで支え合いながら地域を良くしていく」ことだとする。(44)

つまり、行政サービスの機能論と本質的な自治構造論の意識的な混同をすることにより、国との対等な関係としての団体自治を否定し、さらに団体自治を構成する主権者による住民自治を、単なるコミュニティ活動に限定づけることを主張するのである。

ここには、山崎重孝の議論と同様に、住民自治、つまり主権者としての住民の存在に対する根本的な視点が欠落しており、地方公共団体（もはや自治体とは呼べない）は、民間企業を活用したサービス供給体として国の統治機構の末端を担うものとしかとらえられていない。ここに、根本的な問題があるといえる。

おわりに

もともと、政権に対して強い政策的影響力をもつ財界は、国と地方自治体との関係を、親子関係、あるいは親会社と子会社の関係としてとらえる傾向にある。(45)企業のトップダウン的な統治構造論が国と地方の統治構造論に持ち込まれ、憲法に規定された自治体の団体自治権に加え住民の主権や基本的人権も見ない安易なアナロジーで、地方自治体が保有する公的財源、業務全体を、「儲け」の対象としてしか見てないといえる。

だが、国と地方自治体との関係は、憲法及び地方自治法で明確に規定しているように、対等な関係であり、どちらの主権者も国民、住民である。そして地方自治体の基本的責務は、「住民の福祉の増進」にある（地方自治法第一条）。「二〇四〇構想」は、それを特定企業・団体の奉仕者にしようとするものである。このことは、『ガバナンス』二〇一八年九月号の特集『基礎自治体』のゆくえ」において片山善博元総務相をはじめとするほぼすべての寄稿者が「二〇四〇構想」を厳しく批判している点を見ればわかる。

真面目な地方自治体関係者なら誰しもが疑問をもつのは当然である。日本弁護士連合会も、「二〇四〇構想」について地方自治破壊の視点から強い批判的意見を表明している。[46]このような状況のなかで、第三二次地方制度調査会の答申では、圏域行政の標準化などの地方自治法改正の提言は露骨にはできなかった。だが、法改正を伴わない自治体の公共サービスの「産業化」の動きは、これからも強まることが予想される。

住民自治の視点から、このような動きをチェックする地域社会運動と併せて、政府による地方自治破壊や、一部企業のための「行政の私物化」に対して、地方自治体と国を主権者である住民、国民のものに取り戻す取り組みが必然化すると考えられる。

注

（1）詳細については、これまでの調査、研究をもとに執筆した、岡田知弘『地域づくりの経済学入門』増補改訂版、二〇二〇年、参照。

（2）国家戦略特区については、岡田「『国家戦略特区』とは何なのか」『季論21』第三九号、二〇一八年、参照。

（3）安倍政権の経済成長政策については、渡辺治・岡田知弘・後藤道夫・二宮厚美『〈大国〉への執念 安倍政権と日本の危機』大月書店、二〇一四年、第二章（岡田筆）を参照。

（4）増田レポート及び地方創生政策については、岡田『「自治体消滅」論を超えて』自治体研究社、二〇一四年、及び岡田・榊原秀訓他編『地域と自治体 38 地方消滅論・地方創生政策を問う』自治体研究社、二〇一五年を参照。

（5）当時の自民党及び財界の道州制構想については、岡田『増補版 道州制で日本の未来はひらけるか―民主党政権下の地域再生・地方自治』自治体研究社、二〇一〇年及び、御手洗冨士夫「今こそ、平成版『所得倍増計画』を」『文藝春秋』二〇〇八年七月号を参照。

（6）平岡和久は「バックキャスティング」という用語の誤用を指摘している。詳しくは、白藤博行・岡田知弘・平岡和久『「自治体戦略二〇四〇構想」と自治体』自治体研究社、二〇一九年、八五頁、注3を参照。

（7）同上書。

（8）内閣官房内閣人事局「民間から国への職員の受入れ状況（令和元年10月1日現在）」二〇二〇年二月、より。

（9）以下の経済財政諮問会議の議事内容については、同会議ホームページの会議資料 http://www5.cao.go.jp/keizai-shimon/ による（二〇一九年七月一日アクセス）。

（10）経済・財政一体改革推進委員会のホームページ、http://www5.cao.go.jp/keizai-shimon/kaigi/special/reform/index.html、による（二〇一六年九月一〇日アクセス）。

（11）第一回公共サービスイノベーション・プラットフォーム 会議資料 http://www5.cao.go.jp/keizai-shimon/kaigi/special/innovation/150914/shiryou3-2.pdf、による（二〇一六年九月一〇日アクセス）。

（12）一般財団法人・データ流通推進会議ホームページ https://data-trading.org/about による（二〇一九年一月二〇日アクセス）。

（13）経団連ホームページ https://www.keidanren.or.jp/policy/2015/094.html#ref3 による（二〇一九年七

月七日アクセス）。

（14）内閣府ホームページ　https://www8.cao.go.jp/cstp/kihonkeikaku/5honbun.pdf　による（二〇一九年七月七日アクセス）。

（15）経団連ホームページ　https://www.keidanren.or.jp/policy/2016/061.html　による（二〇一九年七月七日アクセス）。

（16）経団連ホームページ　https://www.keidanren.or.jp/policy/2018/095.html　による（二〇一九年七月七日アクセス）。

（17）経団連ホームページ　https://www.keidanren.or.jp/policy/2018/044.html　による（二〇一九年七月七日アクセス）。

（18）経団連ホームページ　https://www.keidanren.or.jp/policy/2019/045.html　による（二〇一九年七月七日アクセス）。

（19）総務省ホームページ、http://www.soumu.go.jp/menu_seisaku/chiho/02gyosei01_04000320.html を参照（二〇一九年一月二日アクセス）。

（20）『京都新聞』二〇一八年一二月一九日付。

（21）詳しくは、中山徹『人口減少と大規模開発　コンパクトとインバウンドの暴走』自治体研究社、二〇一七年、を参照。

（22）岡田知弘『公共サービスの産業化と地方自治』自治体研究社、二〇一九年、を参照。

（23）中山徹『前掲書』参照。なお、同書では、新幹線のネットワーク上に位置する地方都市で、立地適正化計画を活用した大規模開発が目白押しになっていることを明らかにしている。

（24）総務省「基礎自治体による行政基盤の構築に関する研究会（第11回）」事務局提出資料（二〇一九年五月一七日）
https://www.soumu.go.jp/main_sosiki/kenkyu/kisojichitai_gyoseikiban/02gyosei03_04000068_00004.

html

（25）ＪＦＭＡホームページ、http://www.jfma.or.jp/propose/ による（二〇一九年五月二日アクセス）。

（26）詳しくは、前掲『地域づくりの経済学入門』増補改訂版、第五章、参照。

（27）尾林芳匡・渡辺卓也編『水道の民営化・広域化を考える』自治体研究社、二〇一八年。

（28）共同通信、二〇一八年一一月二九日配信記事より。

（29）詳しくは、岡田知弘他『地域と自治体　38　ＴＰＰ・ＦＴＡと公共政策の変質　問われる国民主権、地方自治、公共サービス』自治体研究社、二〇一七年を、参照。

（30）『日本経済新聞』二〇一九年五月二四日付。

（31）総務省ホームページ、http://www.soumu.go.jp/main_content/000624721.pdf　を参照（二〇一九年七月九日アクセス）。

（32）総務省ホームページ　http://www.soumu.go.jp/menu_news/s-news/01gyosei04_02000066.html、による（二〇一九年五月二日アクセス）。

（33）前掲、岡田知弘『公共サービスの産業化と地方自治』、参照。

（34）「スーパーシティ」構想の実現に向けた有識者懇談会『スーパーシティ』構想の実現に向けて（最終報告）」（二〇一九年二月一四日）
https://www.kantei.go.jp/jp/singi/tiiki/kokusentoc/supercity/saisyu_houkoku.pdf（二〇一九年七月八日アクセス）

（35）内田聖子「自治の極北　スーパーシティ構想と国家戦略特区」『世界』二〇二〇年六月号、参照。

（36）詳しくは、前掲、岡田知弘『地域づくりの経済学入門』増補改訂版、第一一章、参照。

（37）『参議院　国の統治機構に関する調査会会議録』第一号、二〇一五年三月四日。

（38）前掲、岡田知弘『地域づくりの経済学入門』増補改訂版、第二章、参照。

(39)『日本経済新聞』二〇一九年五月二五日付。
(40)キャシー・オニール『あなたを支配し、社会を破壊する、ＡＩ・ビッグデータの罠』インターシフト、二〇一七年、参照。
(41)新井紀子『ＡＩ vs. 教科書が読めない子どもたち』東洋経済新報社、二〇一八年、参照。
(42)「特集＝『シェア・エコノミー』とは何か」『経済』二〇一八年九月号。
(43)人事院パンフレット https://www.jinji.go.jp/pamfu/ による。
(44)増田寛也「人口減少社会の到来と自治の未来」『自治実務セミナー』六八五号、二〇一九年七月。
(45)例えば、経済同友会「基礎自治体強化による地域の自立」二〇〇六年、が典型的である。
(46)日本弁護士連合会「自治体戦略二〇四〇構想研究会第二次報告及び第三二次地方制度調査会での審議についての意見書」二〇一八年一〇月二四日。

（おかだ　ともひろ・地域経済学）

2　「自治体戦略二〇四〇構想」の問題点
――自治体の政策形成能力の観点から――

真山達志
（同志社大学）

概要
総務省が「自治体戦略二〇四〇構想研究会報告書」を公表し、国が地方に「二〇四〇問題」への対応を求めている。このような動きの特徴は、国が一方的に危機感を煽り、問題解決の責任は自治体に押し付けるものの、課題設定や対策については国が主導権を握っていることである。そして、この特徴は「地方創生」から続いている。本稿は、「地方創生」以降の国のこのような政策展開が、地方分権に逆行し、自治体の政策形成能力向上を阻害していることを指摘する。

はじめに

わが国では、団塊ジュニア世代が六五歳以上になる二〇四〇年頃に高齢者数がピークとなる。人口は約一億千万人まで減少し、高齢化率は三五％を超えると予測されている（ＵＲＬ①）。つまり、労働力人口が不足し、年金制度の維持が困難になるなど、深刻な問題を抱えることになるのである。もっとも、このような問題は今や多くの人の知るところであり、「二〇四〇年」というピンポイントの時期を認識しているかどうかはともかく、今後ますます深刻になることも常識になっている。特に、人口減少と高齢化が顕著な地方では、身につまされる問題として受け止められていることが多い。ところが、最近急に「二〇四〇年問題」というフレーズが喧しく取り上げられるようになった。そのきっかけを作ったのは、総務大臣によって設置された「自治体戦略二〇四〇構想研究会」が二〇一八年に報告書を発表したことであるのは周知の通りである。そこには、とりあえずは研究会としての「二〇四〇年問題」が整理されており、かつ二〇四〇年に向けて自治体がどのように対策を講じていくべきかが示されている。同報告には、「危機を乗り越えるために必要となる新たな施策（アプリケーション）の開発とその施策の機能を最大限発揮できるようにするための自治体行政（ＯＳ）の書き換えを構想するものである」（ＵＲＬ②）と、自治体行政を今までとは全く別物にするかのようなセンセーショナルな記述が見られる。

総務省からこのような報告書が出されれば、自治体は知らん顔をしているわけにはいかない。御説ごもっともと有り難く受け入れ、今後の国の施策展開を注視するか、この報告書は地方の実態や実情を全く踏まえていないとか、具体性を欠いていると批判をするか、ともかく何らかの対応をすることになる。

自治体側が国の問題認識と今後の対応の基本方針をそのまま受け入れるなら、ある意味では話が早いが、自治体が納得しない場合はどうなるのか。自治体の立場から見て、そもそも報告書の問題認識が間違っているとか、問題解決の方向性に同意できないと考えた場合は、話はややこしくなる。色々と議論が噴出して、具体的な対応策をまとめることが先送りされるかもしれない。地方分権を進めてきたのであるから、国の示した「二〇四〇問題」の設定に対して議論が噴出することが求められるのであるが、実際には人口減少と高齢化が激しく、財政的により厳しい状況にあるのは地方であるから、国の示した枠組には、そう簡単には反論したり、反旗を翻したりすることは難しい。

本来であれば、報告書の内容をつぶさに検討して「二〇四〇問題」の実体を明らかにすることが重要であるが、多くの研究者や政治・行政関係者が検討しているし、筆者の能力が及ばない。本稿の目的は、「二〇四〇年問題」の内容や意味、問題にどのように対応するのかといったことを議論することではない。今回の「二〇四〇問題」に関する政策の決定過程は、国（一口に国と言っても一枚岩ではなく、総務省の場合もあれば、官邸（内閣府）の場合もあるが）が、問題を設定し、地方での対応の枠組を示すパターンが、日本の地方自治を骨抜きにしてきたのではないかという問題意識の下、このような政策形成のパターンは、「地方創生」以降の地方に関わる政策の決め方と進め方に共通していることを明らかにすることが目的である。

一　「地方創生」の展開

「自治体戦略二〇四〇構想研究会」の報告が発表され、その内容がマスコミなどに取り上げられる中で、地方は危機的状況に直面しており、今すぐにでも様々な対応をしなければならないかのような雰囲気が広まった。似たようなことを比較的最近に経験した。それは、安倍政権の下で生まれた「地方創生」の経緯である。そこで、最初に「地方創生」について概観しておこう。

安倍政権の目玉政策のひとつが「地方創生」であったが、そもそも地方を「創生」するとはどういうことなのか。政府の説明は以下のようなものである（URL③）。

人口急減・超高齢化という我が国が直面する大きな課題に対し、政府一体となって取り組み、各地域がそれぞれの特徴を活かした自律的で持続的な社会を創生することを目指します。

人口減少を克服し、将来にわたって成長力を確保し、「活力ある日本社会」を維持するため、

「稼ぐ地域をつくるとともに、安心して働けるようにする」

「地方とのつながりを築き、地方への新しいひとの流れをつくる」

「結婚・出産・子育ての希望をかなえる」

「ひとが集う、安心して暮らすことができる魅力的な地域をつくる」

という四つの基本目標と
「多様な人材の活躍を推進する」

「新しい時代の流れを力にする」

という二つの横断的な目標に向けた政策を進めています。


「自律的で持続的な社会」を「創生」するとするが、要は地域経済を何とか立て直し、地方を自立させることである。そのためには人口減少と高齢化を食い止めなければならないので、「産めよ増やせよ」政策を展開するという程度にしか読み取れない。いずれにしても、曖昧な新語で政策の新鮮味を出そうとしているが、実態は旧態依然の交付金や補助金を使った地域（経済）振興を目指すような手法が中心になっている。しかも、その決定過程が本当に地方を活性化する上で妥当なものと言えるのか疑問がある。

表１　「地方創生」登場までの動き

日　付	内　　容
2013年６月	「日本再興戦略－ JAPAN is BACK －」
2014年５月	「消滅自治体リスト」公表（日本創生会議分科会）
2014年６月	「日本再興戦略改訂2014－未来への挑戦－」
2014年６月	「骨太の方針2014」 （経済財政運営と改革の基本方針 2014 ～デフレから好循環拡大へ～）
2014年７月	内閣官房「まち・ひと・しごと創生本部」設置準備室発足
2014年９月	正式に本部発足
2014年11月	まち・ひと・しごと創生法成立
2015年４月	統一地方選挙
2015年６月	「日本再興戦略改訂 2015－未来への投資・生産性革命－」

URL ④、⑤、⑥、⑦、⑧、⑨を参考に筆者作成

地方創生が生まれるまでの流れ（表1参照）を簡単に見てみると、まず二〇一三年六月に「日本再興戦略―JAPAN is BACK―」が打ち出されたが、これは産業競争力の強化が中心で、あまり地方のことは視野に入っていない（URL④）。地方に関する取り組みとしては、翌二〇一四年五月に日本生産性本部の日本創成会議・人口減少問題検討分科会（座長・増田寛也元総務相）が「消滅可能性都市」を公表したことがきっかけだと言えよう（URL⑤）。その直後の二〇一四年六月に「日本再興戦略改訂二〇一四―未来への挑戦―」が出され、地域活性化と中堅・中小企業・小規模事業者の革新、地域の経済構造改革、攻めの農林水産業の展開などの方針が登場するが、ここでもまだ地方に関連する要素はほとんどない（URL⑥）。同じ六月に「骨太の方針二〇一四」（「経済財政運営と改革の基本方針二〇一四～デフレから好循環拡大へ～」）が示されるが、内容的にはほぼ同じであった。ただし、ここで「五〇年後に一億人程度の安定した人口構造を保持する」との方針が提起される（URL⑦）。これを受けて地方を中心に据えた政策が打ち出されることになる。すなわち、

二〇一四年七月には内閣官房に「まち・ひと・しごと創生本部」設置準備室が発足し、九月には正式に本部（通称「地方創生本部」）が発足する（URL⑧）。一一月に「まち・ひと・しごと創生法」（平成二六年法律第一三六号）が成立し、国（安倍政権）として地方の活性化に注力することが制度的に確立したことになる。

地方創生の具体的中身は、二〇一四年度（暦年二〇一五年）に緊急的取り組みとして「地域活性化・地域住民生活等緊急支援のための交付金」を設定し、二〇一五年度には、国の総合戦略等を勘案した「地方人口ビジョン」及び「地方版総合戦略」を策定し、施策を推進するとした。そして、二〇一五年四月に統一地方選挙が行われたのである。なお、二〇一五年六月に「日本再興戦略―未来への投資・生産性革命―」で「ローカルアベノミクス」の推進が謳われ（URL⑨）、二〇一六年度には「地方創生の深化のための新型交付金（地方創生推進交付金）」が設定されている（URL⑩）。この一連の動きを見ていると、少なくともこの五年程度の国の地方政策の特徴が見てとれる。

元々、第二次安倍内閣発足当初は地方に対する関心が強かったわけではないと言われている。いわゆるアベノミクスは、首都圏に存在する大企業、とりわけ輸出企業を利する財政金融政策と規制緩和政策という側面が強いが、その政策を展開する上で地方経済や地方に多い中小企業向けの対策も用意しなければならなかった。「地方版アベノミクス」なる名称は、アベノミクスを遂行するためにとりあえず地方に手当てしたという点では的を射ている。とりわけ、二〇一五年四月の第一八回統一地方選挙を控えているため地方対策が必要になるという政治的事情が背景にあったことは疑いがない。

政治的な事情は色々あるだろうし、時の政権が選挙を見すえて政策を打ち出すことは珍しいことではないので、「地方版アベノミクス」といわれる「地方創生」そのものの政治的意味をここで議論するつもりはない。むしろ、前に見たような「地方創生」が決定されるまでの手法とプロセスに問題があると考えている。

地方を冠した政策であるが、今見たような経緯を検討すると、国益重視の国家戦略を追究するついでに地方の政策が出てきていると言わざるをえない。政策形成過程の中で、それぞれの地方の現状についての真摯な議論や、地方の切実なニーズに基盤を置いた検討をした気配はない。むしろ、日本創成会議による「消滅可能性都市」およびその提言である「ストップ少子化・地方元気戦略」を「地方創生」政策を推進する上で「渡りに舟」のように使っている。[1] すなわち、危機的状況であるから、地方は急いで対策を講じなければならないという雰囲気だけが「地方創生」を正当化していたと言っても良いだろう。特に、地方の危機感を煽って、地方からの反論や異論が出せないうちに政権の政策を浸透させる政治手法には、地方自治に対する理念も合理性も感じられない。

そもそも、この「消滅可能性都市」なるものは、地方の実態や具体的な地方での取り組みについての調査や分析もせず、単に統計を使った戯れ言のようなものである。[2] たしかに、人口減少問題検討分科会は、一一人中六人が学者・研究者と言える人であり、政治家・官僚の三人、経済界の二人と比較するとより多い構成になっている（表2参照）。その点では学術的であるようにも思えなくもない。しかし、親組織の日本創成会議は、公益財団法人日本生産性本部の中に設置された組織である。その日本生産性本部は、理事・監事、評議員に財界人や実業家が名を連ね、政府から年間一億七千万円程度（二〇一九年度予算）の事業を受託している。しかも、日本創成会議の構成メンバーは、生産性本部の主要メンバーが占めている（URL⑪）。どう見ても、地方の利益や意向を代表する組織とは思えない。

地方にしてみれば、これまでから「限界集落」[3] になるような地域・地区があるとの指摘を受けている

表2　日本創成会議・人口減少問題検討分科会の構成メンバー

氏　名	所　属（肩　書）
増田　寛也	東京大学大学院客員教授
岡本　　保	野村資本市場研究所顧問
加藤　久和	明治大学教授
齊藤　英和	国立成育医療研究センター副周産期・母性診療センター長
白波瀬　佐和子	東京大学大学院教授
高橋　　泰	国際医療福祉大学大学院教授
橘・フクシマ・咲江	G&S Global Advisors Inc. 社長
丹呉　泰健	前内閣官房参与
樋口　美雄	慶応義塾大学教授
平田　竹男	内閣官房参与
森地　　茂	政策研究大学院大学政策研究センター所長

ＵＲＬ⑤を基に筆者作成

のであるから、既に危機的状況であることは充分に認識しているし、できる対策は色々打ってきている。それゆえ、地方と全く関係のない組織から、なぜ今このタイミングで大々的に問題の指摘を受けなければならないのかという疑念と腹立たしさしか出てこないのではないだろうか。今日のような一極集中と少子化を生み出した背景の分析と、国の責任についての検証を全くせずに、地方の努力が足りないとか、危機感がないとか、専ら地方に問題解決を押し付けるような発想を、すんなりと受け入れられないのが普通の感覚ではないか。

「地方創生」の政策形成過程が以上のようなものであったため、具体的内容は杜撰なものであった。「地方創生」推進の根拠法となる「まち・ひと・しごと創生法」を制定し、国↓都道府県↓市町村と縦の繋がりからなる計画体系を作る旧態依然の手法が採用された。交付金、補助金、特区制度などを用意し、地方版の人口ビジョンと総合戦略の策定を事実上強制するだけでなく、懇切丁寧な策定指導をし、事業例を提示するなど、国の意向通りに地方を動かそうとする、きわめて中央集権的な仕組みを作り上げた。このような国の意図は、同法第四条の「地方公共団体は、基本理念にのっとり、まち・ひと・しごと創生に関し、国との適切な役割分担の下、地方公共団体が実施すべき施策として、その地方公共団体の区域の実情に応じた自主的な施策を策定し、及び実施する責務を有する」という地方の役割を法定する規定に、正直なまでに表れている。申し訳程度に「自主的な施策」という表現が入っているが、全体的には法の理念や国との役割分担を意識せよという国の主張が滲み出ている。

また、「地方創生」のスタート段階で使われた手法は、「地域消費喚起・生活支援型」（プレミアム商品券・多子世帯支援策）と「地方創生先行型」交付金（地方版総合戦略策定、ＵＪＩターン助成、地域しごと支援事業等といった働くことに関する施策、創業支援・販路開拓、観光振興・対内直接投資、多世代交流、多機能型ワンストップ拠点などの取り組みが対象）であり（ＵＲＬ⑩）、従来の取り組みの中から場当たり的に選ばれたと言わざるをえず、地方の実態を踏まえた真に必要なものであるかどうかは疑わしい。しかし、何をするにも財源不足に悩む地方は、交付金と補助金などの人参をぶら下げられて走らざるをえなくなったのである。その結果、地方での計画（地方版総合戦略）の策定では、国の示すスケジュールの中で、国に認められる内容のものを、あり合わせの既存事業（一部は近いうちに実施しようと予定していた事業）をベースにして、にわか仕立てしなければならなかった。そのようなバタバタ作業であるため、「総合」の意味が検討されることもなく、「戦略」性が確保されることもなく、産業振興、観光振興、少子化対策などを中心とした事業リストが作成されたのである。

表３　自治体戦略2040構想研究会の構成メンバー

氏　　名	所　　属（肩　書）
清家　　篤	日本私立学校振興・共済事業団理事長　慶應義塾学事顧問
牧原　　出	東京大学先端科学技術研究センター教授
飯田　泰之	明治大学政治経済学部准教授
池本　美香	株式会社日本総合研究所調査部主任研究員
井手　英策	慶應義塾大学経済学部教授
大屋　雄裕	慶應義塾大学法学部教授
林　　直樹	金沢大学人間社会研究域人間科学系准教授
松永　桂子	大阪市立大学商学部准教授
村上　由美子	OECD東京センター所長
横田　響子	株式会社コラボラボ代表取締役

URL②を基に筆者作成

二　「二〇四〇構想」の登場

安倍内閣の看板政策であったはずの「地方創生」は、本格始動からわずか二年でこれといった成果もあげることもなく、「一億総活躍社会の実現」なるこれまたよく分からない政策に優先順位を奪われてしまった。二〇一六年五月の日本経済新聞には、『地方創生』尻すぼみ　就業体験など基本方針案　看板は『一億総活躍』に」という見出しが躍っている。内閣としての地方に対する関心は失せたとはいえ、政府として地方のことを無視するわけにもいかない。細々と「地方創生」が続く中で、今度は総務省を中心に新たな動きが目立ち始めるのである。

総務大臣によって設置された「自治体戦略二〇四〇構想研究会」が第一次報告書を二〇一八年四月に発表し、続いて第二次報告書を七月に発表した。本稿では、この二つの報告が述べている二〇四〇年頃の日本の状況と、それを前提として提言している対応の考え方を「二〇四〇構想」と表記する。

同研究会は、一〇人中八人が研究者（大学教授等）で構

表４　「2040構想」に関連する動き

日　付	組織・機関	答申・報告
2013年６月	第30次地方制度調査会	大都市制度の改革及び基礎自治体の行政サービス提供体制に関する答申
2016年３月	第31次地方制度調査会	人口減少社会に的確に対応する地方行政体制及びガバナンスのあり方に関する答申
2018年４月	自治体戦略2040構想研究会	第１次報告
2018年７月	自治体戦略2040構想研究会	第２次報告
2019年７月	第31次地方制度調査会	2040年頃から逆算し顕在化する地方行政の諸課題とその対応方策についての中間報告

URL ②、⑫、⑬、⑭を参考に筆者作成

成されている（表３参照）ことから、客観的かつ学術的な検討が期待できるように思える。野田総務大臣もほぼ毎回、出席している（一六回中一二回に出席）。しかし、研究会は九ヶ月間に一六回の開催で、各回は原則九〇分にすぎない。研究会でどのような議論が行われたかについては、詳細が公表されていないので「議事概要」等から判断するしかないが、この種の研究会の常として、委員による発表があるものの、毎回、事務局提出資料があり、議論はそれに引っ張れる傾向がある（ＵＲＬ②）。委員からは地方での取組事例（いわゆる先進事例）が紹介されるたり、地方の厳しい実情について指摘されたりすることもあったが、少なくとも議事概要を読む限りでは断片的で深い議論には繋がっていなかったようである。

結局、各地方の実態の詳細や、自治体の取組の検証が行われたとは言えない。結果として、「危機」を背景に、スマート自治体化を目指し、ＡＩの導入によって人手不足に対応し、極めつけは「圏域」という仕組みを導入しようとするシナリオが最初から感じ取れる。「危機」を乗り越えるために、地方自治と地方行政のコストを削減することが必要だという趣旨は明確に伝わってくる。

「二〇四〇構想」は総務省主導で進められ、戦後の地方制度を検討する基本的な仕組みに則った議論を前提としているので、研究会組織で基本枠組を作ったのちは地方制度調査会での議論にかけられる。言うまでもなく、地方制度調査会は、地方団体の代表を中心に自治体関係者もメンバーに含まれることから、地方の意見や要望も反映する余地がある。

人口減少と高齢化に伴う地方の危機にどう対応するのかを検討することは、重大かつ緊急の課題であるから、地方制度を検討する地方制度調査会で議論されるのは当然である。実際、第三〇次地方制度調査会が「大都市制度の改革及び基礎自治体の行政サービス提供体制に関する答申」(二〇一三年六月)で、核となる都市と近隣自治体との間で都市機能の「集約とネットワーク化」を進めることを打ち出している(URL⑫)。また、第三一次地方制度調査会が「人口減少社会に的確に対応する地方行政体制及びガバナンスのあり方に関する答申」(二〇一六年三月)を提出しており、その中で「広域連携」をテーマに挙げている(URL⑬)。そして、二〇一九年七月に「二〇四〇年頃から逆算し顕在化する地方行政の諸課題とその対応方策についての中間報告」が首相に提出されているのである(URL⑭)。

このように、地方制度調査会の議論だけでも、着々と広域連携や圏域体制への道筋が付けられているにもかかわらず、あえて途中に「二〇四〇構想」研究会を挟むのはなぜなのか。おそらく、地方制度調査会よりも小回りが利き、より総務省の意向を反映しやすい組織を使って国の方針や企図を実現できるような環境を作り、地方の取り組みを国の枠組の中にはめ込もうとしたのではないだろうか。少なくとも、実態的にはそのような効果が生じている。危機を煽り、広域化やスマート自治体化(内容はAI等のICT導入が中心である)の方向性に異論を出しにくい雰囲気を作れば、地方制度調査会の議論を方向付けやすくなる。これは、「地方創生」と同様の手法であり、国の政策意図に対する異論や反論を事前に封じ込めてしまうことになっている。

以上のことを前提にすると、ここ数年の地方活性化に関する国の政策形成のすすめ方には、次に見るような共通点と相違点が見いだされる。

三　「地方創生」と「二〇四〇構想」に共通する特徴

議論のきっかけを作るために、統計やビッグデータを使って地方の将来についての危機感を煽るところから始まるのは、「地方創生」と「二〇四〇構想」に共通する手法である。危機感を煽る役割を担うのは、民間組織（地方創生）と有識者研究会（二〇四〇構想）で異なっているが、いずれも政府機関や官僚制が前面に出ないことで客観性を装っている。とりわけ、近年は官僚制に対する信頼が低下しているため、この手法は効果的だろう。そして、批判力や分析力が低下しているメディアは、センセーショナルなプレス発表に飛びついて世の中に危機感を流布することになるので、世間にも危機感が広がるのである(4)。メディアによって一旦、注入された意識は、いくら反証を挙げて説明しても翻意させることが難しい(5)。

このような手法の欠点は、限られた委員やメンバーが、限られた時間（回数）で議論するだけであるため、当然ながら個々の地方の実態については丁寧な検討を加えていないことである。ビッグデータや既存統計では、地方の実情が描ききれない。また、「地方創生」以前から、各地方が行ってきた地域再生、地域活性化、あるいはまちづくりなどの取り組みについての、具体的かつ緻密な検証を行うこともできない。

地方における政策形成では、一般論ではなく、個別の事情や都合を盛り込まなければ現実的な政策とは言えないため、現状分析に時間をかけ、住民の建前ではない本音を確認するなどの手間をかける必要がある。ところが、危機の枠組が出来上がると同時に、それを解決する手法を国に示されてしまうことになったのが「地方創生」と「二〇四〇構想」なのである。しかも、世の中の風潮としては危機感だけが先行しているため、地方が異論や反論を出しにくい環境が出来上がっている。国のペースに振り回されるばかりで、地方が検証や検討をする時間も与えられていない。結果として、政府あるいは官僚制の意図に沿った政策が展開されやすくなった。

四 「地方創生」と「二〇四〇構想」で異なる点

「地方創生」では、民間と官邸（内閣府）が連携した形での政策形成が展開したことが特徴である。統一地方選挙を控えて、政権として地方向けの目玉政策を急いで設定する政治上の必要性があったため、短期決戦型の政策形成が行われたのだろう。その意味でも官邸主導で進める必要があった。その結果、地方行財政を所管する総務省や地方制度調査会などの頭越しに地方政策が展開していったと言える。

一方、「二〇四〇構想」では、総務省主導で枠組を作り、その後は地方制度調査会で詰めていくような伝統的パターンの政策形成となっている。「地方創生」のように短期決戦で政策を作り上げるよりも、「二〇四〇年」を視野に入れて自治体行政の「ＯＳ」を書き替える大事業という性格付けをしている。「地方創生」は使い捨てのアプリケーションに過ぎなかったのである。いずれにしても、「二〇四〇構想」は、「地方創生」で脇役になった感がある総務省の地方行政におけるプレゼンスを再認識することになる。

同時に、「二〇四〇構想」には、「平成の大合併」の積み残し課題を解決しなければならない事情が背景にあると考えられる。「地方創生」が少子化対策（人口減少対策）と当面の地方活性化を射程にしているのに対して、「二〇四〇構想」には地方制度の再構築という全く違う課題意識がある。そこには、「地方創生」は、道州制を視野に入れた広域化を明確に打ち出していた訳でもなく、その意味では地方制度を抜本的に変えようとする考え方からすれば中核的な政策にはならないとの前提があるようだが、政権の鳴り物入りの政策を否定するわけにいかないので、そこはノータッチになっている。このように、政治学、行政学的には両政策の形成過程の違いは研究対象として興味深い。しかし、これはあくまでも研究上の興味関心であって、地方から見ればいずれも国（政権）の都合、府省の都合であって、基本的な枠組に違いはない。

客観性や専門性を装った組織によって地方を取り巻く現状に危機感を持たせ、このままでは致命的な事態になるかのような雰囲気が醸成され、間髪を入れずに国が地方に対応を求める図式は共通している。地方にしてみれば、危機的と認識しているかどうかはともかく、問題の所在は充分に分かっているし、できることは色々と取り組んでいるが効果が出ていない状況で、急に対応を迫られても有効な対策を打ち出せるはずもない。その結果、地方での政策形成プロセスは国の政策展開のペースに組み込まれざるを得なくなってしまったのである。

五　地方はどう対応するべきなのか

そこで、国が地方の問題を整理し、それへの解決策を提示する後見主義的な政策形成の構造を見直す必要がある。そのためには、自治体が自ら冷静な現状分析を行い、それに基づく地方の抱える問題を把握することが必要となる。もちろん、現在の深刻な問題を一自治体が単独で解決することは困難であるので、同様の状況にある地域間での問題意識の共有、問題意識に基づく将来のあるべき姿、理想の状態の共有を進め、問題解決のための知識・情報をできるだけ多く蓄積することが有効である。その上で地方ごとに実情に応じた課題を抽出するプロセスが求められる。同時に、「地方創生」絡みだけでなく、これまで地方が取り組んできた人口減少・高齢化対策や地域活性化の取り組みの成果についても、地方自身が検証しなければならない。これには政策評価の理論や知見が必要になってくる。

地方自身が問題を把握し、その解決策の枠組を提起した上で、国に対して問題解決に向けた国の果たすべき役割を求めるような政策形成の仕組みを作っていかなければならない。この努力をせずして、地方分権によって国と自治体は対等横並びの関係になったと言うのは、まさに幻想である。しかし、現状で直ちにそのような政策形成の仕組みが作れるとするのは、これまた幻想になる(6)。

考えられる対応としては、全国知事会や全国市長会などのいわゆる地方団体がシンクタンク機能を担い、そこで調査、研究や政策提言をすることであるが、そのこと自体は以前から見られることである(7)。しかし、地方団体は知事、市町村長、議会議長といった政治家の集まりであり、利害が共通する時は良いが、利害対立だけでなくイデオロギー(好き嫌いレベルの場合もあるが)的対立でまとまりに欠けることが少なくない。また、市町村の場合は、規模、地理的条件などの違いが大きいために、一律の提言をすることがそもそも難しい。結局、国に対してまとまった提言ができない。さらに、調査、研究の説得力や影響力を高めるためには、個々の首長の政治的背景が見え隠れするのではなく、客観的かつ学術的であることが望ましい。残念ながら、ほとんどの自治体にはこのような条件を満たす調査、研究をするだけのゆとりはない。人材の確保も容易ではない。現在の制度や仕組みを前提とすると、八方塞がりの状況であると言わざるをえない。

おわりに

この状況を打開するためのとりあえずの一歩として、自治体（特に一般市町村レベル）が出捐して基金を創設し、地方の実態解明、課題抽出、解決策の検討などの研究に資金を提供する「地方版科研費」のような制度を作ってはどうか。研究者にとっては競争的研究助成である方が好都合かも知れないが、誰か（どこか）が研究内容を審査するとなると、それによって「色」がついてしまう恐れがある。したがって、応募者の形式要件は詳細に決めるとしても、採択は抽選にするなどの工夫が必要である。このような取り組みにより、国の都合と東京の視点での調査、研究に依拠するのではなく、地方自身が独自に理論と情報を蓄積していくことによって、地方発の政策が生み出せるようになる(8)。そして、自治体が、自らが直面する問題解決のための政策形成を主体的に行えるようになってこそ、国と地方の関係が本当の意味で対等に近づくことになりうるだろう。

注

（1）もちろん、時期が一致したのは偶然ではないのは言うまでもない。増田は第一次安倍内閣で総務大臣を務め、経済財政諮問会議のメンバーであったし、第二次安倍内閣では日本経済再生本部産業競争力会議委員を務めるなど、安倍首相や管官房長官ときわめて近いことから、政治的な摺り合わせが行われていたと考えられる。

（2）周知のように、「消滅可能性都市」やその基になっている「増田レポート」に対する批判が多い。よく知られているのは、小田切徳美『農村たたみ』に抗する田園回帰―『増田レポート』批判」（『世界』二〇一四年九月号）である。浅川も整理しているように、小田切は、地方消滅論の問題点として、①人口推計の仕方が恣意的、②コンパクトシティ概念の誤用があることである。そして、「農村たたみ」論であり、既に大きな流れとなっている「田園回帰」こそが問題解決の肝であるということであろう（浅川和幸『『地方消滅論』と小規模自治体の活性化のあり方を考える—西興部村の若き担い手の調査をとおして—」（『北海道大学教職課程年報』五号、二〇一五年）。また、山下祐介『地方消滅の罠：「増田レポート」と人口減少社会の正体』（ちくま新書、二〇一四年）は主として「選択と集中」の問題点を指摘し批判している。同様に岡田知弘「地方消滅論批判—地域経済学の視点から—」（『農業問題研究第』第四七巻第一号、二〇一五年）も、増田レポートの問題点として、シミュレーションの問題点、少子化・人口減少の原因分析の弱さを指摘している。このように、地方消滅論に対しては、①農山村の人口縮小・消滅という予測に対する批判と、②「選択と集中」に対する批判が多いといえよう（松宮朝「地方消滅論と地方都市—愛知県の事例から」『愛知県立大学教育福祉学部論集』第六五号、二〇一六年）。

（3）限界集落を一躍有名にしたのは大野晃である。同著『山村環境社会学序説：現代山村の限界集落化と流域共同管理』（農山漁村文化協会、二〇〇五年）を参照。また、集落は簡単に消滅するものではないという視点では、小田切徳美『農山村再生：「限界集落」問題を超えて』（岩波ブックレット、二〇〇九年）および同著『農山村は消滅しない』（岩波新書、二〇一四年）などがよく知られている。

（4）もちろん、マスコミに批判的な論調が全くないというわけではない。例えば、『週刊 朝日』二〇一五年一一月六日号には「迷走する地方創生　全国に大混乱生んだ『消滅可能性自治体』ショック」と題する記事が掲載され、「中央集権的な発想では、地方の現実はなかなか見えてこない。地方創生の迷走を打破するヒントは、地域一体で動き始めた農山村にある」と結んでいる。

（5）「地方創生」や「二〇四〇構想」とは異なる文脈での検討であるが、野田遊の研究によれば、一旦形成された信念は情報提供によって変えることが難しいという。少子高齢化、人口減少がすり込まれている今日、自治体の消滅の危機が大々的に取り上げられると、「信念」に近い危機感が醸成されるのは想像に難くない。しかも、野田が指摘するように、事前の信念に影響を与える要因として政府への信頼と支持政党があるとすると、「信頼」があるかどうかはともかく内閣支持率や与党支持率が高い状況であったので、政府が地方の危機を念頭に置いた政策を展開すれば、それに異を挟む意見は支持されにくくなるだろう（野田遊「大阪都構想の賛否の程度は情報提供で変化するか?」（『同志社政策科学研究』第二一巻第二号、二〇二〇年）。このような点については、行動経済学でいう「フレーミング効果」や社会心理学などで議論される「メディア効果論」なども参考に踏み込んだ研究が必要である。

（6）拙稿「地方分権の歩みとこれからの地方自治」（『都市とガバナンス』二九号、二〇一八年）では、地方分権が推進された結果、地方自治の制度や仕組みにおいては変化が見られるが、自治体の意識や行動様式においては未だに旧態依然のところが残っており、とりわけ自治体が自ら政策形成を行うという点では、まだまだ課題が多いことを指摘した。

（7）例えば全国知事会は毎年「〇〇年度国の施策並びに予算に関する提案・要望」を発表しているし、「自治制度研究会」を設置して、地方の社会・経済、地方行財政に関する諸問題について研究成果を発表している（URL⑮）。また、全国市長会も毎年「重点提言」を発表し、その時々の地方自治・地方行政に関する提言を行っている（URL⑯）。もっとも、「提言」ないし「提案」という名称であるが、内容の大半は国に対する「要望」になっているのが実情である。

（8）全国知事会には「先進政策創造会議」という下部組織があり、そこには「先進政策バンク」が設けられ、全国の「先進的」な取組例が蓄積されている。しかし、単なる事例集の域を出ず、例えば、どのような経緯で、どのような手法を使って生み出された政策なのかを体系的に知るようなデータバンクにはなっていない（URL⑰）

【参考URL：①～⑭は二〇二〇年三月三日、⑮～⑰は同年五月二二日に最終確認】

①国立社会保障・人口問題研究所「日本の将来推計人口（平成二九年推計）」http://www.ipss.go.jp/pp-zenkoku/j/zenkoku2017/pp_zenkoku2017.asp

②総務省「自治体戦略二〇四〇構想研究会」http://www.soumu.go.jp/main_sosiki/kenkyu/jichitai二〇四〇/index.html

③内閣官房・内閣府総合サイト「みんなで育てる地域の力 地方創生」「まち・ひと・しごと創生『長期ビジョン』『総合戦略』『基本方針』」https://www.kantei.go.jp/jp/singi/sousei/mahishi_index.html#an1

④首相官邸「新たな成長戦略―『日本再興戦略-JAPAN is BACK-』―日本産業再興プラン（成長戦略二〇一三）」https://www.kantei.go.jp/jp/headline/seicho_senryaku2013_plan1.html

⑤日本創生会議「日本創成会議・人口減少問題検討分科会とは」http://www.policycouncil.jp/pdf/about_population_meeting_140508.pdf

⑥首相官邸「日本再興戦略改訂二〇一四―未来への挑戦―」https://www.kantei.go.jp/jp/singi/keizaisaisei/kettei.html#saikou2014

⑦内閣府「骨太の方針二〇一四」(「経済財政運営と改革の基本方針 二〇一四～デフレから好循環拡大へ～」https://www5.cao.go.jp/keizai-shimon/kaigi/cabinet/2014/decision0624.html

⑧まち・ひと・しごと創生本部「関係法令・閣議決定等」https://www.kantei.go.jp/jp/singi/sousei/info/pdf/konkyo_sankou2.pdf

⑨首相官邸「日本再興戦略改訂二〇一五―未来への投資・生産性革命―」https://www.kantei.go.jp/jp/singi/keizaisaisei/kettei.html#saikou2015

⑩まち・ひと・しごと創生本部「地方創生関係交付金の概要」https://www.kantei.go.jp/jp/singi/sousei/about/kouhukin/index.html

⑪公益財団法人日本生産性本部「財団概要」https://www.jpc-net.jp/overview.html
⑫総務省「大都市制度の改革及び基礎自治体の行政サービス提供体制に関する答申（第三〇次地方制度調査会）」http://www.soumu.go.jp/main_content/000403632.pdf
⑬総務省「人口減少社会に的確に対応する地方行政体制及びガバナンスのあり方に関する答申（第三一次地方制度調査会）」http://www.soumu.go.jp/main_content/000403436.pdf
⑭総務省「二〇四〇年頃から逆算し顕在化する地方行政の諸課題とその対応方策についての中間報告（第三二次地方制度調査会）」http://www.soumu.go.jp/main_content/000637227.pdf
⑮全国知事会「活動　研究　資料」http://www.nga.gr.jp/data/index.html
⑯全国市長会「重点提言一覧」http://www.mayors.or.jp/p_opinion/o_juutenteigen/
⑰全国知事会「先進政策バンク　先進政策創造会議」http://www.nga.gr.jp/app/seisaku/

（まやま　たつし・行政学）

II　参加と合意形成

1　社会的価値評価をめぐる非営利組織と自治体の役割

原田晃樹
（立教大学）

一　問題意識

二〇一六年一二月九日に「民間公益活動を促進するための休眠預金等に係る資金の活用に関する法律」（以下「休眠預金等活用法」）が成立した。これは、二〇〇九年一月一日以降の取引から一〇年以上、その後の取引のない預金等（休眠預金等）を社会課題の解決や民間公益活動の促進のために活用する制度であり、二〇一九年より資金分配団体に対する助成等関係業務が開始された。休眠預金等に係る資金を活用する際には、それが国民の預貯金を原資とするものであることから、事後の報告書の公表にとどまらず、事業の進捗状況や成果の可視化等を通じて資金提供者等へのアカウンタビリティを果たすことが重視されている。そして、そのための評価手法として後述するような「社会的インパクト評価」を活用することが求められている。

既存の評価ではなくあえて社会的インパクト評価という新しい評価手法の活用がうたわれているのは、プロセスの透明性や適正性の確保に加え、社会的な成果を明らかにすることを目的としているからである。その背景には、休眠預金等交付金に係る資金を呼び水として、いわゆる社会的投資市場（マーケット）の育成につなげたいという意図がある（休眠預金等活用法第一六条第二項）。[1] たとえば、社会的投資手段の一つである「ソーシャル・インパクト・ボンド」（Social Impact Bond: SIB）をめぐり、英国では社会的インパクト評価によって投資効果を測定する試みがなされており、日本でもいくつかの自治体で同様のモデル事業が実施されている。[2]

他方で、社会的インパクト評価は、民間公益活動を行う団体（実行団体）が自ら評価を実施するという「自己評価」を基本としており、アカウンタビリティとともに学び・改善も導入の目的とされている。そのため、事業の受益者や地域住民等も評価過程に参加し、事業の実施団体（実行団体・資金分配団体）や評価専門家と協働で評価を行うことが推奨されている。このように、社会的インパクト評価は、資金提供者に対するアカウンタビリティを果たすことが主たる目的とされているものの、同時に、実行団体や資金分配団体の参加による評価（自己評価）に依拠していることが特徴である。

今後SDGsや企業の社会的責任への社会的関心の高まりとともに社会的投資市場は一層の成長が見込まれる。また、英国では、政府が自治体などの公契約に社会的インパクト評価の導入を推奨しており、日本でも休眠預金等において導入が進めば、社会的インパクト評価が活用される場面は増えていくことが予想される。そのことは、非営利組織にとってどのような意味を持つだろうか。

現在のところ、英国においても、公契約に社会的インパクト評価が導入されてから日が浅く、実際にどのように活用されているかを紹介した国内の文献は少ない。そこで、本稿では、社会的インパクト評価が注目されるようになった背景を整理した上で、英国自治体の公的サービスに対する評価をめぐり、社会的インパクト評価がどのように用いられているかを概観する。そこから、社会的インパクト評価は、グローバル資本主義の文脈で提起され、参加の理念とは相容れない性質を有している一方で、自治体の姿勢によっては地域でグローバル化の流れを押し戻すツールとしても活用されうる二面性があることを問題提起する。

二　社会的インパクト評価の功罪

1　社会的インパクト評価の特徴

公的サービスの外部化が世界の潮流になるにつれ、その評価のあり方もまた世界的な関心事になっている。そうした中でにわかに注目を集めつつあるのが、社会的投資という新しい資金調達手法であり、その際の評価手法としての社会的インパクト評価である。

社会的インパクト評価とは、短期、長期の変化を含め、当該事業や活動の結果として生じた社会的、環境的な「変化」や「便益」等の「アウトカム（短期・中期・長期）」を定量的・定性的に把握し、当該事業や活動について価値判断を加える（評価を行う）ことをいう(3)。内閣府はこの定義に依拠し、「事業や活動の短期・長期の変化を含めた結果から生じた「社会的・環境的な変化、便益、学び、その他効果」を定量的・定性的に把握し、事業や活動について価値判断を加えること」と規定している。エプスタインとユーザス［二〇一五］によれば、社会的インパクト評価は、標準化された指標や手続に基づき、インパクトが数量的に示されるものだとしている。

ただし、社会的インパクトはさまざまな分野で用いられているが、用いられている分野や文脈によって内容に幅がある。Arvidson, et.al.［二〇一四］は、非営利組織が公的セクターから資金提供を受ける際、補助金等の申請時にあらかじめ用意されたフォーマットに沿って社会的インパクト評価が求められる場合と、事業の成果を示す際に（任意の形式で）インパクト評価を用いることが求められる場合があるという。

Rawhouser, et.al.［二〇一七］は、社会的インパクト評価に関する文献をレビューして七一のサンプルを抽出し、図表1のように分類している。現状の評価は、ある団体の活動に関連する結果に焦点を当てようとする「アウトカム・アプローチ」と、ある結果の原因となる活動を特定しようとする「活動アプローチ」に区分できるとしている。このような違いが生じるのは、統一的な評価枠組みが確立されていないためである。次に、（社会的企業などの非営利組織を念頭に置いた）単一のセクターに焦点を当てているか、（営利企業一般を含む）複数のセクターにまたがる普遍的な評価として機能させようとしているかという区分を行っている。図表1に示されているように、複数セクターを対象とした研究が中心的な位置を占めている（七一件中五五件）ことがわかる。このことは、組織の特性やその活動が成り立つ条件に対する関心は高くない研究が多いことを示している。

図表1　社会的インパクト評価研究のタイプ

	活動 Activity	アウトカム Outcome
複数セクター Multisector	27	28
単一セクター Single sector	5	11

出所：Rawhouser, et.al.［2017］の記述をもとに作成。

また、複数のセクターを対象とした研究のうち、四三％（五四件中二三件）は民間の大手企業（KLD、MSCI、EIRIS、ASSET）によって開発されたレーティング・データに依存している。複数セクターを対象とした研究は、セクターの違いを超えて、いかに投資家が求める成果を発揮できるかに関心の軸が置かれている。この場合、レーティングの指標の標準化が主たる関心事になるから、営利・非営利等の組織特性、地域性などは重要視されない。

日本の休眠預金等活用法においても、休眠預金等に係る資金を原資とする助成、貸付け又は出資を受ける民間公益活動を行う団体（実行団体）には営利法人も含まれている。また、これらの団体や資金分配団体を評価する社会的インパクト評価を普及させるために評価指標の標準化の徹底を図ることが課題とされている(4)。

2　休眠預金等活用法における社会的インパクト評価

社会的インパクト評価を、ある活動（事業・政策）がもたらした介入効果を推計する手法と捉えれば、広くプログラム評価の一形態であるインパクト評価と基本的なアプローチは同じだと考えられる。しかし、そうであれば、ある活動が実施された状況と、仮に実施されなかった場合の状況（反事実的状況）とを比較し、事業以外の要因を排除した効果を検証する作業が必要になる。この場合、社会全体の平均に着目し、適切な形で比較対象を人為的に作りだすことによって推計することになるが、どこまで明確に反事実的状況を認識し、どのような手法を用いるかによって、科学的な厳密性に違いが生じる［青柳二〇〇七：九一］。

エプスタインとユーダス［二〇一五］や内閣府報告書（「社会的インパクトの推進に向けて」二〇一六年三月）によれば、社会的インパクトの測定方法として、因果関係の測定精度が高いとされるＲＣＴ（Randomized Controlled Trial）モデルを用いた事例が紹介されているものの、「どれを選択するか、あるいは選択しないこともありうる」と言及されているように、こうした測定方法を用いない選択肢も幅広く認めている。その基準は事業を実施する側の裁量に委ねられており、実際には事前、事後の指標値を比較する「事前事後比較」に近い手法が用いられているようである(5)。

図表２　休眠預金等の活用に関わる資金分配団体の事業計画書の例（抜粋）

事業名	こども食堂サポート機能設置事業

資金分配団体	一般社団法人全国食支援活動協力会
実行団体	

優先的に解決すべき社会の諸課題

領域			分野		
	☑	1)子ども及び若者の支援に係る活動		☑	①経済的困窮など、家庭内に課題を抱える子どもの支援
				☑	②日常生活や成長に困難を抱える子どもと若者の育成支援
	☑	2)日常生活又は社会生活を営む上での困難を有する者の支援に係る活動		☐	③社会的課題の解決を担う若者の能力開発支援
				☐	④働くことが困難な人への支援
	☑	3)地域社会における活力の低下その他の社会的に困難な状況に直面している地域の支援に係る活動		☑	⑤社会的孤立や差別の解消に向けた支援
				☐	⑥地域の働く場づくりの支援
				☑	⑦安心・安全に暮らせるコミュニティづくりへの支援

SDGs との関連

ゴール	ターゲット
_1. 貧困をなくそう	1.3　各国において最低限の基準を含む適切な社会保護制度及び対策を実施し、2030年までに貧困層及び脆弱層に対し十分な保護を達成する。
_2. 飢餓をゼロに	2.1　2030年までに、飢餓を撲滅し、全ての人々、特に貧困層及び幼児を含む脆弱な立場にある人々が一年中安全かつ栄養のある食料を十分得られるようにする。

実施時期	2019年11月～2023年3月	直接的対象グループ	中間支援団体・子ども・こども食堂等子どもの居場所実施団体	間接的対象グループ	子どもの保護者・子ども支援を行う地域団体・企業
対象地域	全国のうち４地域（県・政令指定を想定）	人数	1,500人（延べ50,000人）	人数	3,000人（延べ100,000人）

Ⅰ．団体の社会的役割

(1)団体の目的
・子どもが安心して通える地域の居場所を充足させ、社会的孤立を軽減する。 ・子どもを含む多様な世代の食生活をめぐる問題の軽減、改善を目指す。 ・自立した食習慣を身につけることができるよう、子どもの成長を支援する。 ・子どもだけでなく、居場所を通じてその家族や地域住民にも働きかけ、地域で子どもを見守り育てていく環境を整備する。
(2)団体の概要・活動・業務

Ⅱ．事業の背景・課題

(1)社会課題
2008年以降子どもの貧困が全国的に問題となり、2012年頃より地域住民が自発的にこども食堂を開設、現在は約3700か所（2016年は約300か所）まで広がり、地域の実情に合わせた子どもの居場所づくりに取り組んでいる。しかし、こども食堂実施団体の運営基盤は脆弱で自己資金を拠出し活動を続けている状況がある。学校・関連機関との関係構築のノウハウ不足により支援体制が未整備といった課題がある。
(2)課題に対する行政等による既存の取組み状況
こども食堂は近年急速に広がった取組みであるために、先駆的な自治体を除き、その多くは支援体制が未整備もしくは検討段階である。先駆けて支援を整備した自治体や社会福祉協議会では、こども食堂の開設準備金や開催費用の一部補助・助成等を行っている。市区町村によっては、民間企業とこども食堂とのマッチングの支援に取り組んでいる地域もあり、活動団体のめざす方向に寄り添った伴走支援が必要である。
(3)休眠預金等交付金に係わる資金の活用により本事業を実施する意義
こども食堂を通じて各地で様々な団体が自主財源や助成を活用し子どもの安全・安心な居場所づくりを行っており、それらを支援するためのネットワーク形成が必要である。本制度を活用して、複数の実行団体と協働してこども食堂が持続可能、発展的な活動に成長し、子どもたちが歩いてアクセスできる居場所の充足に貢献することで、子どもの貧困（体験・経験の貧困を含む）や社会的孤立の解決が図られると考える。

Ⅲ．事業設計：目標設定

(1)中長期アウトカム	指標
（最終アウトカム）①支援地域において、こども食堂等子どもの居場所を通じ食を楽しみ、食生活に対する意識を高め自活できる子どもが育まれる。 ②一方的に食事を提供されるだけではなく、身につけた力を他者にも提供できるような子どもに成長する。 （中間アウトカム）サポートセンターがこども食堂等に必要な支援を継続的に提供できるようになる	（最終アウトカム） ①食事が楽しいと思えるか、食事をたくさん食べるか、こども食堂等の運営者が語るエピソード（子どもの変化に関する）等、子ども及び運営者を対象にしたアンケート結果 ②こども食堂等に来て良かったか、将来こども食堂等にボランティアとして参加したいと思うか、こども食堂等の運営者が語るエピソード（子どもの成長に関する）等、子ども及び運営者を対象にしたアンケート結果 ①＆②共通してこども食堂等に来ている子どもの人数が増えているかどうか （中間アウトカム） ・サポートセンターの支援によって「運営が安定した」という団体（こども食堂等）がある ・休眠預金による事業終了時、すべてのサポートセンターが存続する見込みが立っている（資金面を含む）

(2)短期アウトカム（資金的支援）	指標	初期値／初期状態	目標値／目標状態	目標達成時期
1．地域の「こども食堂等居場所」が充足し，その運営も安定している	①食事を提供する「こども食堂等居場所」の数が増える ②「こども食堂等居場所」の自己資金使用（持ち出し）が減る ③「こども食堂等居場所」に提供される物資や人が増える ④獲得する助成金や補助金を受ける「こども食堂等居場所」が増える	①４地域で居場所の数は●●数 ②自己資金の持ち出しは１団体あたり平均20～30万円 ③ゼロとして設定 ④ゼロとして設定	①４地域で居場所の数が1.5倍に増える ②自己資金の持ち出し平均支出が初期値より減少している ③物資や人的支援を受けたことのある団体が半数ある ④３年間のうちで何かしら助成金や補助金を受けたことのある団体が半数ある	①～④ 2023年2月
2．こども自身が「こども食堂等居場所」の情報をもてる	①「こども食堂等居場所」を利用するこどもの数が増える ②初利用のこどもが増える（推移をみる）	①４地域で利用するこどもの数は約●●人 ②ゼロとして設定	①４地域で利用する子どもの数が約●●人 ②１年毎の推移が伸び続けている	①2023年2月 ②2023年2月
3．地域にこどもを「こども食堂等居場所」につなげるための体制ができる	「こども食堂等居場所」に参加するセクターが増加する	地域ボランティアや民生員の他一部の団体では学校関係者も居場所に参加している状況がある。	企業ボランティアやスクールソーシャルワーカーなど、関わる関係者・機関が多様化している	2023年2月
4．「こども食堂等居場所」がこどもの成長に貢献できる場になる（そういった機能をしっかりともてるようになる）	「こども食堂等居場所」を利用するこどもが成長したというエピソードが得られる	ゼロとして設定	１年目に得られるエピソードよりも３年目に得られるエピソードの方が深化している	2023年2月
5．こどもが自立的に「食」を楽しめるようになる	食べる事、調理をすることに関心を持つ子どもが増えた	ゼロとして設定	こども食堂等居場所に参加している子どものうち、１年目と比べて食に関心のある子どもの割合が増えていたり、エピソードが増えている	2023年2月

⑵短期アウトカム（非資金的支援）	指標	初期値／初期状態	目標値／目標状態	目標達成時期
1．サポートセンターが支援地域におけるこども食堂等の活動状況を把握している（現状の課題も含めて）	サポートセンターが把握している子ども食堂等の活動状況・現状の課題（1年に1度は各地域のネットワーク会議で報告し、その場で内容が認められる）	ゼロとして設定	サポートセンターとして認知され、支援地域のこども食堂等の活動状況や課題を把握し他機関に説明することができる	①2023年2月 ②2023年2月 ③2023年2月
2．サポートセンターが地域資源（様々な人・支援機関等）とつながる	サポートセンターが外部の関係機関・地域のイベントや会合に参加している状況がある（声をかけてもらえている）	ゼロとして設定	サポートセンターが外部の関係機関や地域のイベントに参加し、こども食堂等居場所の取り組み推進に貢献している	①2023年2月 ②2023年2月 ③2023年2月
3．サポートセンターがこども食堂等に対して、備えるべき知識・技術について学べる研修を実施できるようになる	研修受講者の満足度等	ゼロとして設定	研修に参加したことのある人の満足度が70%以上である。	①2023年2月 ②2023年2月 ③2023年2月 ④2023年2月 ⑤2023年2月
4．企業などの経済団体がサポートセンターに資金や食材を提供するようになる	①サポートセンターを支援してくれる企業等が増える（あるいは，サポートセンターが1か所でも継続的な支援をしてくれる企業とつながっている） ②「企業からの支援を受けたことがある」という子ども食堂等の数が増える	ゼロとして設定	①各地のサポートセンターに資金、物資、人をそれぞれ支援してくれる企業が2企業程度ある。 ②サポートセンターを通じて企業からの支援を受け助かっているというこども食堂が半数程度ある。	①2023年2月 ②2023年2月
5．サポートセンターがこども食堂等から信頼される組織になる	①サポートセンターはこども食堂等からの意見を吸い上げてくれているか ②サポートセンターはこども食堂等からの意見を平等・公平に聴いてくれているか	ゼロとして設定	①こども食堂等からの意見を受け、サポートセンターとして啓発等をしている状態がある。 ②こども食堂等の活動者の声に耳を傾け平等・公平に収集している状態がある。	①2023年2月 ②2023年2月 ③2023年2月
⑶アウトプット（資金的支援）	**指標**	**初期値／初期状態**	**目標値／目標状態**	**目標達成時期**
1－1．「こども食堂等居場所」を支える企業（ヒト・モノ・カネ等）が集まる	企業による子ども食堂の運営やサポート、寄付などの数	ゼロとして設定	単発的な支援だけでなく、各サポートセンターに対して継続的にヒト・モノ・カネ等の支援関係にある企業が1社以上ある	2022年2月
1－2．地域に「こども食堂等居場所」を運営したいという人（組織・機関等）が増える	子ども食堂の開設に係る相談件数や開設所数	ゼロとして設定	各サポートセンターにおいて1年目と比較して3年目の方が相談件数や開設支援実績が増えている	①2022年2月 ②2022年2月
1－3．新型コロナウイルス感染拡大収束後もこども食堂等居場所が安心して活動できるようになる	①こども食堂等居場所の活動拠点が確保され、活動を再開することができる ②地域の理解を得ることができている。 ③サポートセンターとして物資や資金の支援を行っている状態がある	①コロナ感染拡大で7割以上のこども食堂等居場所が活動を自粛している。 ②コロナ流行中の活動について、地域からの理解を得られる苦慮している団体がある。 ③コロナ感染拡大中の活動のための資金や物資を必要としているこども食堂等居場所がある。	①8割以上のこども食堂等居場所が新型コロナウイルス感染拡大収束後に無事再開することができている。 ②地域との繋がりを作るきっかけとなり、関係性が改善している好事例がある。 ③企業等からの支援を受け、コロナ渦中も無事活動ができ、収束後も安定的に活動できる状態がある。	2022年3月
2－1．学校が「こども食堂等居場所」のことを伝えてくれるようになる	①学校（教育委）との連携体制の有無 ②居場所につながった（居場所を知った）経緯を調査"	①ゼロとして設定 ②ゼロとして設定	①学校と個別団体との連携促進をした事例が生まれる ②学校との連携により居場所に繋がった子どもの数が増えている	①2022年2月 ②2022年2月
2－2．学校以外の様々なところが「こども食堂等居場所」のことを伝えてくれるようになる	市区町村の社協と子育て支援窓口がその地域のこども食堂の情報を持っている	ゼロとして設定	サポートセンターを介して該当支援機関がこども食堂等居場所の情報を定期的に入手している	2022年2月
3－1．「こども食堂等居場所」が望む社会資源（商店会や児童館，学校，学童，こどもクラブなど）とつながることができる	運営者が社会資源とつながっていると実感している	調査後設定	初期値よりも社会資源と繋がっていると実感する活動団体が増えている	2022年2月
3－2．地域住民が「こども食堂等居場所」を理解し，協力的になる	①「こども食堂等居場所」と地域住民との連携がうまくいったエピソード ②運営者が地域住民からの理解得て、ボランティアが充足している	①ゼロとして設定 ②ゼロとして設定	①サポートセンターの介入によって地域住民との連携が促進された事例が生まれる ②3年間で研修に参加する活動者が増えている	①2022年2月 ②2022年2月
4－1．「こども食堂等居場所」の活動者が十分なスキルを有している（ここでのスキルとは，こどもの話に耳を傾けるや色々な気づきを得られる，など様々）	運営者が子どもとコミュニケーションが取れている	活動において不安を感じている活動者が多い	研修に参加した担い手からのアンケートを通じ、子どもとのコミュニケーションに対する不安感が解消されているという回答が得られる	2022年2月
4－2．地域に多様な「こども食堂等居場所」ができる（色々な人が参加できるような）	多種多様な居場所の整理、増加数	各居場所の特性に応じた広報、整理が十分にできていない。学区域内に子ども達がアクセスするために十分な多様な居場所が整備されていない。	1つの学区域内に多様なこども食堂等居場所が増えつつある	2022年2月
5－1．「こども食堂等居場所」が「食育」を理解する	①居場所運営者の食育に対する意識 ②食育や食に関する企画をする居場所の数	①調査後に設定 ②調査後に設定	①食育に意識を持っている居場所の運営者が増えている ②定期的に食育や食に関する企画をしている居場所が増えている	①2022年2月 ②2022年2月
5－2．「こども食堂等居場所」が楽しい食卓を囲める場になれる	一緒に食事を食べることを意識している運営団体の数	調査後設定	みんなで食卓を囲むための工夫を何かしらしている運営者が増えている	2022年2月
⑶アウトプット（非資金的支援）	**指標**	**初期値／初期状態**	**目標値／目標状態**	**目標達成時期**
1－1．サポートセンターとこども食堂等との間で定期的なコミュニケーションがとれている	①サポートセンターがwebや通信等を通して情報発信をしている状況がある ②サポートセンターとして子ども食堂等の交流会などに足を運んでいる状況がある（あるいは，これを企画した状況がある）	①、②について、実行団体が確定してから把握	①初期状態よりも質と量が改善する ②初期状態よりも増える	①2022年2月 ②2022年2月

1－2．サポートセンターが子ども支援団体の担当者を知っている（Face to Face の関係になっている）	サポートセンターが地域の子ども支援の中間支援組織とつながっている（情報交換ができる体制ができている）	実行団体が確定してから把握	繋がっている組織の数が増え、情報交換頻度が増している	2022年2月
1－3．こども食堂が自身（自団体）の課題や必要なサポートを言語化し、発信できるようになる	①サポートセンターに入ったこども食堂等からの相談件数(とその内容) ②サポートセンターに困りごとを相談できている	①②実行団体が確定してから把握	①相談件数が増えている ②サポートセンターに困り事の相談が来ている	①2022年2月 ②2022年2月
1－4．サポートセンターが各地域において支援対象となる活動団体の数を把握している	支援地域において実際に把握しているこども食堂等の数	実行団体が確定してから把握	実行団体が確定してから設定	2022年2月
1－5．サポートセンターがコロナ渦中にこども食堂等居場所が求める必要な情報を発信することができている	コロナ渦中に活動している団体に届けられた資金や物資	ゼロ	コロナ渦中に活動している団体が活動を継続するために十分な資金や物資が届けられたかで判断	2022年2月
2－1．サポートセンターがこども食堂等の課題を適切に理解し、「なぜサポートセンターが必要なのか」を発信できるようになる	サポートセンターの広報媒体で発信している実績がある	ゼロ	計画通りに発信実績がある	2022年2月
2－2．サポートセンターの存在が広く認知されるようになる	エコマップが十分な内容になっている	実行団体が確定してから把握	エコマップに位置づけられた資源との関係性で判断	2022年2月
2－3．サポートセンターが連携すべき資源（例えば、地域の関連団体・社協などキーになる団体）を把握している	エコマップが十分な内容になっている	実行団体が確定してから把握	エコマップに連携すべき資源が適切に位置づけられているかで判断	2022年2月
2－4．サポートセンターがコロナ流行中に特に連携すべき資源（例えば、地域の関連団体・社協などキーになる団体）を把握している	コロナ流行下に繋がった関連団体、外部機関の質と量	ゼロとして設定	コロナ渦中に連携した資源によってエコマップが深化しているかで判断	2022年2月
3－1．サポートセンターがこども食堂等の運営における現状・課題を把握できている	サポートセンターの「こども食堂の現状」に関する理解度	実行団体が確定してから把握	こども食堂等の現状に関して理解しておくべき点をしっかり踏まえて活動できている	2022年2月
3－2．サポートセンターがこども食堂等に必要な機能を理解できている	①サポートセンターが「行政や社協等に必要な機能について情報収集をしているか」の度合い ②年１回開催予定の「全体研修会」で話される内容の理解度	実行団体が確定してから把握	①情報収集がしっかりできている ②全体研修会で参加者が十分理解できている	①2022年2月 ②2022年2月
3－3．こども食堂が（サポートセンターが実施する）研修の必要性を理解している	サポートセンターが実施する研修会の受講者数	実行団体が確定してから把握	実行団体が確定してから把握	2022年2月
3－4．サポートセンターが研修実施に必要な講師とつながっている	研修プログラムを適切な講師が担当している	実行団体が確定してから把握	研修プログラムのテーマに応じて各サポートセンターが適切な講師を設定できている	2022年2月
3－5．サポートセンターが子ども支援の中間支援組織と連携することによって、研修メニューの幅を広げたりするようになる	研修プログラムの内容が常にバージョンアップされている	実行団体が確定してから把握	研修プログラムの内容が初期状態よりも広がりが見られ、質が改善されている	2022年2月
3－6．サポートセンターがコロナ流行中に活動している団体に必要なスキルや環境整備について理解できている	サポートセンターが感染予防や衛生管理などコロナ流行下に必要な情報収集をしている	ゼロとして設定	こども食堂等居場所においてコロナ感染者の予防がされ安全に開催することができている	2022年2月
4－1． ①行政・企業がこども食堂等の意義を理解し、応援したいと思う ②行政・企業がこども食堂等に対して提供可能な資源、支援方法を理解する	①こども食堂等を支援したいと思うか ②－1．行政・企業が考える提供可能な支援（資源）の内容 ②－2．ＣＳＲセミナーへの参加企業数	①②実行団体が確定してから把握	①支援したいと思う行政・企業が増えている ②－1．行政・企業が考える提供可能な支援の内容が増えている ②－2．ＣＳＲセミナーへの参加企業数が増えている	①2022年2月 ②2022年2月
4－2． ①支援地域の行政機関がこども食堂等のニーズを把握し、行政機関として提供可能な支援を認識している ②サポートセンターが地域の中間支援組織とつながっている	①各地域における行政のサポートや理解度の現状 ②サポートセンターごとにもつ「つながりのある中間支援組織のリスト」が十分な内容である	①②実行団体が確定してから把握	①初期値よりも認識度が上がっている、もしくは実際に提供する支援媒体、支援内容が変化している ②サポートセンターがつながっている中間支援組織の数や質が改善している	①2022年2月 ②2022年2月
4－3．コロナ感染拡大に伴い全国及び支援地域の企業と連携しサポートセンターが中間支援組織としてこども食堂に資金や物資の提供を行うことができる	①提供された資金や物資の内容、届けられたこども食堂等居場所の数 ②コロナ感染収束後もこども食堂等居場所のニーズを理解し、継続的に支援したいと思う企業の数	ゼロ	①コロナ渦中に活動していた団体から支援を受けて助かったと評価されている ②コロナをきっかけに連携した企業から今後も継続的に支援を受けられる見込みがある	2022年2月
5－1．サポートセンターがこども食堂等に有益な情報を発信できるようになる	サポートセンターが web や通信等を通して情報発信をしている状況がある	実行団体が確定してから把握	サポートセンターが web や通信等による情報発信を通じて認知度があがる	2022年2月
5－2．こども食堂等がサポートセンターが何をしているのか（どのような機関か）を知っている	サポートセンターがどのような活動をしているのかを知っている	ゼロ	サポートセンターの活動内容についてこども食堂運営団体をはじめ地域の関係機関が把握している	2022年2月
5－3．地域住民がサポートセンター（の活動等）を通じてこども食堂等に担い手や支援者、利用者になる	サポートセンターが紹介したり、立ち上げ支援等を行ったりしたエピソードが得られる	ゼロ	サポートセンターによる個別団体の立ち上げ支援やボランティア派遣等直接支援の実績がある	2022年2月
5－4．ートセンターの取り組みが発信され、こども食堂等居場所の情報収集や運営に役立っている。	①サポートセンターが行った情報発信の量と質 ②こども食堂等居場所の支援内容	ゼロとして設定	①支援地域のこども食堂等居場所に公平に情報がいきわたっている ②コロナ渦中も活動していたこども食堂等居場所から助かった等エピソードが得られる	2022年2月

注１）色つきの箇所は新型コロナウィルス感染の影響によって修正・追加した部分。
注２）二〇二〇年四月現在のもの。
出所：一般社団法人全国食支援協力会作成資料。

たとえば、日本の休眠預金等活用法に基づき資金分配団体が行う、ある「新規企画支援事業」の事業計画書の策定プロセスをみると、評価専門家、資金分配団体、実行団体によるワークショップ（いわゆるＫＪ法）を経てロジック・ツリーやそれに係る評価指標が設定されており（図表２）、実践家が捉える問題意識に依拠しつつ、現場のさまざまな意見を丁寧にくみとって策定されている[6]。このように、現場をあずかる実行団体と資金分配団体との合意が重視されているために、事業の実効性は高く、進捗管理も行いやすい。その反面、この評価手法では、アウトカムが当該事業を行った結果であると科学的な根拠を持って明らかにすることは難しい。

3　社会的インパクト評価の問題点

社会的インパクト評価は、アウトプットだけでなく、短期・中期のアウトカムを明示することにより、資金提供者（投資家や委託者）へのアカウンタビリティを定量的に提示しようとするものである。しかし、一般にアウトプット／アウトカムを測定するために用いられる上述の方法では外部要因による影響を排除できず、因果関係の推定の信頼性は低い［龍・佐々木二〇〇四］。それでも数量的な表現が重視されるのは、記述的表現よりも資金提供者に納得してもらいやすいと考えられるからである。藤垣［二〇〇三］が指摘するように、さまざまな統計データは、数量的に示されたとたんに信頼度が高まり、場合によりその結果が一人歩きしてしまう傾向を有している。社会的インパクト評価をめぐる一つの問題点は、それが必ずしも科学的に厳密な方法に則っているわけではないにも関わらず、その結果があたかも客観的であるかのようにみえてしまうことである。

社会的インパクト評価が資金提供者に対するアカウンタビリティのツールとして活用される以上、資金提供者をいかに満足させられるかという要請から逃れることはできない。資金提供者とそれを実施する非営利組織との権力の非対称性はこれまで多くの研究者によって指摘されてきたところである［Leat 1990］。非営利組織は、一般に弱い個人の声を代弁したり、コミュニティや住民と協働して地域課題に取り組む関係をつくりだしたりするなど、サービス供給以外の機能を多面的に発揮することが期待されている。というのは、非営利組織には、弱い個人を含む多様なステークホルダーに対して積極的に応答しようとする特性があると考えられているからである。だが、外部の資金提供者は、通常他のステークホルダーよりも当該組織に強い影響力を行使することができる。そのため、資金提供者側が目にみえる（量的に表現しやすい）成果の達成を求めれば求めるほど、当該組織が本来果たそうとするミッションからかい離してしまうというジレンマが生じやすくなる［原田二〇一三］。

この問題への一つの対応策は、当事者やその関係者も含む幅広いステークホルダーの参加による評価（参加型評価）を導入することである［源二〇一六］。参加型評価の意義は、事業のスタッフや受益者の視点を積極的に反映させることで、スタッフ、受益者、その支援者等の能力開発やオーナーシップを高めることである。当事者が抱く課題意識と資金提供者や実行団体が抱くそれとは往々にして隔たりがあるから、当事者や現場を熟知するスタッフの考え方に依拠した評価を行うことによって、より効果的な事業改善につながることも期待されている。だが、日本の休眠預金等に係る事業では、参加者は実行団体と資金分配団体であり、受益者やその関係者は含まれていない。

評価を通じて改善や学びを促そうとするのなら、アウトカムの表出にマイナスになるようなデータも積極的に示す必要がある。だが、自己評価によって資金提供者へのアカウンタビリティを果たそうとすれば、事業の問題点や欠陥などを積極的に示そうとする動機は薄れ、場合によっては自分たちに不利なデータを隠そうとさえするかもしれない。

実際、欧米では公的資金や助成を受ける際、資金提供者側が用いるフレームや言語を使わなければ、自らの価値を表出する機会が失われつつある［Gibbon and Dey 2011］。非営利組織にとっては好むと好まざるとにかかわらず、社会的インパクト評価のような手法で自己の活動の正当性を主張せざるを得なくなっているのである。Arvidson, et.al.［2014］は、公的セクターから社会的インパクト評価の導入を求められた非営利組織の対応をインタビュー調査から類型化している。それによると、煩瑣な手続の労力を最小限に抑える「デカップリング」戦略（資金を受けるためと割り切って導入する戦略）をとるところと、当初は反発したものの、その後積極的に受け入れる姿勢に変化したところが多かったという。後者の場合は、社会的インパクト評価を積極的に利用することで資金調達時の優位性を高めようとする戦略である。いずれの場合も、社会的インパクト評価を学びやステークホルダーの参加に生かそうとする動機で取り組んでいるわけではないのである。

三　公契約における社会的価値評価

1　社会的インパクト評価導入の試み

英国では、一九九〇年代後半頃から、非営利組織をはじめとする民間事業者が公的サービスを提供する場合、価格だけでなく品質や社会的価値もあわせて評価する方策が議論されてきた。二〇〇七年度には、大幅な組織改編を経て設置されたサード・セクター局の肝いりで、非営利セクターの中間支援組織と共同で三カ年にわたる「ＳＲＯＩプロジェクト」が実施された。ＳＲＯＩ（Social Return On Investment）とは、社会的投資の観点から、費用便益分析を用いて組織の活動を評価するツールとして開発されたものである［小関・馬場二〇一六］。その活動が生み出す社会的価値を貨幣換算し、それをもとに費用便益費率であるSROI比率（アウトカムの貨幣価値換算価額の合計／インプットの貨幣価値換算価額の合計）を求める［津富二〇一六：三五］。

英国内閣府は、同プロジェクトの成果を報告書として取りまとめている［Cabinet Office 2012］。それによると、SROIにおいて、社会的包摂や健康増進といった社会的価値に代理指標を設定して貨幣換算することで、当該事業のインパクト（中期・長期のアウトカム）として示すための方策が示されている。このねらいは、事業のインパクトを社会的価値として定量的に示すことで、より有効的・効率的な公的サービスを供給できる事業者を選定するためのツールとして活用することである。非営利組織は、そうした「付加価値」を発揮しうる存在であり［HM Treasury 2002; Cabinet Office 2015］、従来明示的に示しにくかったこれらの価値を定量的に表現することができれば、サービス供給型の非営利組織の発展にとって追い風になるとの期待もあった。

内閣府サード・セクター局は、当時政府・自治体の委託契約のプロセスに「社会条項」を埋め込み、これをSROIの手法を用いて測定・評価することを構想していたようである［藤井・原田二〇一一］。これについては紆余曲折を経て、後述するように二〇一二年に議員立法により成立した公共サービス（社会的価値）法（Public Services (Social Value) Act 2012）（以下「社会的価値法」という。）として具体化された。同法には社会的インパクト評価に関する記載はないが、内閣府は報告書などを通じて社会的インパクト評価の活用を推奨しているのである。

2　英国自治体をめぐる制度環境の変化

英国では、公的サービス領域における社会的インパクト評価は、公契約の際価格や品質以外に社会的価値を測定するツールとして、その導入が期待されている[7]。社会的インパクト評価に関する公式の定義や手法があるわけではないが、社会的価値を公契約に反映させることができるようにするために、次のような政策的基盤が用意されている。

①ＥＵ公共調達指令

第一に、ＥＵ公共調達指令（Directives 2014/24/EU）に基づく対応である。まず、政府や自治体が業務を発注する際には、⑴価格のみの基準、⑵ライフサイクル・コスト分析基準、⑶最善の価格―品質比の三つの基準の中から選択するものとされている。⑴については文具のような規格品の調達や、印刷サービスのように事前に仕様書で詳細を明確に定義できる業務を対象とする場合であり、⑵は物品、工事、サービスなどを調達する際、それを取得してから運用、廃棄に至るまでにかかるコスト全体を見積もる場合である。⑶は価格と品質を費用対効果のような手法を用いて比較考量するものである。品質評価には、社会的、環境的、経済的要素含めることができる。それに加え、発注者側は、社会的、環境的特性を示す認証やラベルの確認を求めたりすることができるようになった。

また、二〇一四年のＥＵ公共調達指令では、中小企業が入札に参加しやすくなるために、正当な理由がある場合に契約を分割して発注することが推奨されるようになった。自治体の契約は、契約手続きの簡素化や効率的で安価な入札を行うために大きくなる傾向にあり、それが地元企業の参入を拒む要因になっていた。契約を分割することで取引件数を増やし、多くの事業者が参入できるようにすることで競争性も高まると考えられたのである。

英国の公契約の基本法は二〇一五年公契約規則（The Public Contracts Regulations 2015）であるが、基本的にＥＵ公共調達指令に準じた内容になっている。これらの基準や方針は公契約規則で踏襲され、自治体の公契約に適用されている。

②平等法等の人権保護規定

第二に、同一労働・同一賃金の原則がある程度確立されていることである。英国では、一九七〇年に賃金の差別を禁止する同一賃金法（Equal Pay Act 1970）が制定され、その後労働条件の明文化や割増賃金等を規定した労働時間規則（Working Time Regulation 1998）、パートタイム労働者の不利益な扱いを禁止するパートタイム労働者（不利益取扱防止）規則（The Part-time Workers (Prevention of Less Favourable Treatment) Regulations 2000）などが規定され、二〇一〇年にはこれらは平等法（Equality Act 2010）に統合された。

平等法では、男女間の賃金格差について企業に情報公開を義務づけるなどの規定も設けられた。また、二〇一五年には奴隷と人身取引を禁止する現代奴隷法（Modern Slavery Act 2015）が制定され、さらに二〇一八年一二月には、政府は派遣労働者に対しても派遣先の正規職員と同一労働・同一賃金を義務づける等の改正を含む労働者の権利強化の方針が示されている［HM Government 2018］。

③社会的価値法

第三に、英国では公契約に社会的価値の要素を積極的に反映させることが義務づけられたことである。英国では、二〇一二年に社会的価値法が成立した。同法は、イングランドとウェールズにおけるすべての公共機関に対し、少なくともＥＵ公共調達指令の閾値を超える契約をする場合、その準備段階で、地域での経済的、社会的、環境的側面に配慮することを義務づけている。これがいわゆる社会的価値と呼ばれる要素である。ただし、同法では社会、経済、環境に関する価値の内容を具体的に規定しているわけではなく、その評価方法・手続きについての定めもない。

四　英国自治体の事例

1　調査対象団体

EU公共調達指令の改正は、グローバル資本主義の無原則な地域市場への参入に一定の歯止めをかけることをねらいの一つとしていたが、英国政府は、そうした対応の必要性も認めつつ、他方で政府の財政的なコスト削減も強く求めている［馬場二〇一六：一四三］。

公契約において社会的価値をどのように反映させるかについては自治体の判断に委ねられており、自治体によって取り組み内容に幅がある。そのため、全国に先駆けて対応したバーミンガム市(Birmingham City Council: 人口一〇八万人）およびウエスト・ミッドランズ・コンバインド・オーソリティ（West Midlands Combined Authority: WMCA）（以下「WMCA」という。）、二〇二〇年度より実施を予定しているロンドン特別区のタワーハムレッツ区（London Borough of Tower Hamlets: 人口三一万人）の契約担当者に継続的なインタビュー調査を行った。また、併せて、まだ社会的価値法関連施策を導入していない自治体（グロスターシャー県（Gloucestershire County Council: 人口六三万人）の調達・契約担当者にも複数回にわたるインタビュー調査を行い、同法への対応の有無が実際の契約にどのような違いをもたらしているかということについても検証してみた[8]（図表3）。

結論を先取りすれば、英国自治体の社会的価値評価の取組は、それぞれの自治体が抱える政策課題を

図表 3　社会的価値評価に関するインタビュー調査対象自治体

	バーミンガム市	ウエスト・ミッドランド大都市圏自治体	タワーハムレッツ区	グロスターシャー県
社会的価値法対応	○	○	△	×
立　地	地方大都市圏	地方大都市圏	首都	地方農村部
自治体の性格	シティ・カウンシル	コンバインド・オーソリティ	バラ・カウンシル	カウンティ・カウンシル
人　口	101万人	−	31.8万人	63.4万人
面　積	$268km^2$	−	$19.8km^2$	$3150km^2$

注）人口・面積データは各自治体から提供された資料に基づく。

反映させることに軸足が置かれており、社会的インパクト評価は部分的、限定的な利用にとどまっていた。以下、調査対象自治体の社会的価値評価の実際をみながらこの点を確認していきたい。

2　公契約における社会的価値評価の実際

①社会的価値法適用対象事業

社会的価値法では、EU公告の対象となる契約金額を同法適用の対象にしている。二〇二〇年一月までの閾値は、物品・サービスが一八一、三〇二ポンド（二、四四七・六万円）[9]、工事・コンセッションが四、五五一、四一三（六億一、四四四・一万円）ポンドである。多くの自治体ではこのEU公告の基準額を社会的価値法適用の対象にしているため、件数ベースでみれば、多くの契約は同法適用の対象外となる。

バーミンガム市では、当初適用対象をすべての公契約にしていたが事務が煩瑣になり、事業者からの反発も強かったため、概ねEU閾値に準拠して運用するようになっている。ただし、それ以下の金額の契約についても、バーミンガム・リビング・ウェイジ（Birmingham City Council's Living Wage）を適用している。リビング・ウェイジとは、労働者が最低限の生活水準の維持に必要な生計費をベースとして割り出される賃金のことである。リビング・ウェイジは法定の賃金基準ではなく、民間の非営利団体が主宰する社会運動として展開、定着させたものである。バーミンガム市のリビング・ウェイジは時給九ポンド（一、二一五円）であり、バーミンガム市の公契約の相手方となる事業者は、下請けを含め、原則としてこのリビング・ウェイジ以上の賃金を支払わなくてはならない。なお、ケア労働については、リビング・ウェイジを支払うと撤退する事業所が出てくるおそれがあったため、法定のナショナル・リビング・ウェイジの水準に設定されている。バーミンガム市では、慣例的にこれをバーミンガム・ケア・ウェイジと称してきた。

タワーハムレッツ区では、当初はEU閾値以下の契約に限定するが、将来的には段階的に適用対象を広げていく予定であるという。

②社会的価値の目標、評価の基準および手続

社会的価値のターゲットについては、インタビュー対象のいずれの自治体も、議会の承認を経て社会的価値方針（Social Value Policy）を策定して明示している（バーミンガム市の場合はこれをバーミンガム社会的責任事業憲章（Birmingham Business Charter for Social Responsibility）としてまとめている。）。

バーミンガム市とWMCA(10)では、社会的価値の評価指標として内閣府も推奨するTOMs（Themes Outcomes and Measures）を採用している。これは、自治体、企業、非営利組織、コンサルタント等で構成される全国社会的価値協議会（National Social Value Conference）で提案されたもので、ソーシャル・バリュー・ポータル（Social Value Portal）という民間組織が仲介役となって発足したものである。現在、TOMsの枠組みは五つの原則、一八のアウトカム、三五の評価指標で構成されてい

て、各々の自治体の必要に応じて取捨選択できるようになっている。WMCAとバーミンガム市の契約担当者は、同協議会のワークショップで実際の指標づくりに関わっていた。

タワーハムレッツ区では、社会的価値の中でも特にコミュニティの強化を重視している。タワーハムレッツ区は、伝統的に地域密着の相互扶助に近いグループがさまざまなサービスを提供しており、その裾野は幅広いものの、営利企業と入札で競い合える事業型組織は比較的少ない。そこで、区は非営利組織や住民グループとのコンサルテーションを経て、後述するようなコミュニティ支援を重視した評価指標を設定している。

③社会的価値の測定方法

社会的価値の評価は、バーミンガム市、タワーハムレッツ区とも価格—品質比評価の手法が援用されている。これは、あらかじめ価格、品質、社会的価値の三つの評価領域間の評価の重みを設定し、その上で、評価領域ごとに一定の指標に沿ってスコア化し、その合計点のもっとも高い事業者が落札する仕組みである。その基本的な仕組みはEU公共調達指令に示されている。

たとえば、バーミンガム市における基本的な按分比は、価格比四〇%、品質比四五%、社会的価値比一五%である（ただし、価格を重視する場合や品質を重視する場合など、契約の性質によって按分比を変えることができる。）。社会的価値比一五%分については、さらに定性評価（五%分）と定量評価（一〇%）分に分かれる。そして、すべての比をスコア化した合計点の多寡で落札者を決める仕組みである。考え方としては日本の総合評価落札方式の手法に類似している。

定量評価（全体の10%分）については、入札者は社会的責任事業憲章アクションプランに基づく表計算ソフトのテンプレートにあらかじめ数値とその根拠を記入することが求められる。この際、各評価指標で算出された数値は一定の単価で貨幣価値に変換され、その金額が点数化される。このテンプレートが図表4である。なお、二〇一九年度から、さらに地域（ward: 選挙区）をその荒廃度に応じて三段階に区分し、一〜三倍の重み付けをすることで、地域性を加味するようになっている。

タワーハムレッツ区の場合、図表5のように社会的価値分の算出方法や評価指標は異なるが、価格比、品質比、社会的価値比に按分し、それぞれの割合に乗じてスコア化するという点では同じである。社会的価値の定量評価部分については、まず、区としてめざすべき社会的価値を「雇用」「技能」「教育／スキル」「（地元）企業」「コミュニティ資源」と設定し、二〇もの評価指標を設けて各項目を定量的に評価し、一定の単価を乗じて貨幣換算した上で、社会的価値を金額ベースで表現しようとしている。その際、バーミンガム市の場合と比べ「コミュニティ資源」に関する価値をより重視していることが特徴である。

④社会的価値法適用外の自治体における社会的価値評価

社会的価値法の適用のないグロスターシャー県のソーシャル・サービス領域では、社会的価値基準はないものの、品質評価を重視することで、結果として同様の対応をとっている。たとえば、ケア・サポート・サービスの契約をみてみると、まず、入札者に提出させた資料に基づき、事前に設定された項目に沿って価格と品質についての定性・定量評価を行い、点数化する。その上で、価格評価と品質評価の比を三〇％対七〇％とし、その比を乗じた点数の合計点のもっとも大きな者を落札者にするというものである（図表6）。

品質比割合を高めた評価が可能なのは、一つには、当事者や関係者のニーズへのきめ細かな対応や配慮が求められるサービスは、地域に根づいた信頼性の高い事業者でなければ適切に対応できないことを

…の	区の状況	区の状況に応じた乗数	貨幣換算の総計	達成されたユニット	区の状況	達成された価値	達成された日時	達成の有無
…に …エ …用 …潔 …大	次の3つのドロップダウンから選択：GroupA：もっとも荒廃、GroupB：荒廃、GroupC：荒廃程度低	区の荒廃度に応じて1～3倍まで加算	地域性の乗数を加えた総合価値	目標と比較した場合の達成されたユニット数を記入	次の3つから区の状況を記入：GroupA：もっとも荒廃、GroupB：荒廃、GroupC：荒廃	目標と比較した場合の達成された貨幣換算価値（乗数効果を含まず）	測定法が達成された日時。完全に達成されていない場合、最終的に評価した日時	契約マネージャーと合意した達成有無（はい・いいえ）
			£0.00			£0.00		
			£0.00			0		
			£0.00			0		
			£0.00			0		
			£0.00			0		
			£0.00			0		

契約担当者が十分に認識していることである。もう一つは、労働集約型の事業の場合、価格による優位性を打ち出しにくいこともあげられる。というのは、上述のように労働条件が日本の場合に比べて比較的厳格に規定されていることに加え、企業買収や契約主体の変更などにより雇用主が変わった場合、新しい雇用主はすべての従業員に対し既存の雇用契約で定められた条件を引き継がなければならないという規則（Transfer of Undertakings（Protection of Employment) Regulations 2006: TUPE）が存在するためである。たとえば、自治体があるサービスをアウトソーシングし、契約更新時に別の事業者に切り替えた場合、従前の従業員の雇用条件はそのまま引き継がれる。

　こうした制度的な基盤のため、特に労働集約型のサービスでは、事業者のパフォーマンスの差は、現場のスタッフの力量というより

図表４　バーミンガム市における社会的価値評価
（定量評価：事業憲章アクションプラン）のテンプレート

事業憲章	アウトカム	測定法	測定単位	財政プロキシ（貨幣換算）	介入後の単位	財政プロキシ（貨幣換算）	目標日時	取組うにるか
	選択したテーマに関連するアウトカムの一つをドロップ・ダウンから選択（アウトカムを選択する前にテーマを選択すること）	選択したアウトカムに関連する測定手法の一つをドロップ・ダウンから選択（測定手法を選択する前にアウトカムを選択すること）	測定の仕方	測定手法の貨幣換算	目標日時までに達成されるべきユニット数を記入	目標貨幣換算値に目標ユニットを乗じた値	測定手法が達成される日時を記入	測定どの成してい潔に大2
				£0.00		£0.00		
Local_Employment	More_local_employment	Percentage_of_local_people_employed_on_contract_FTE_that_live_within_30_miles_of_where_the_service_is_being_delivered	Percentage	£0.00		£0.00		
						£0.00		
						£0.00		
						£0.00		
						£0.00		

出所：Commissioning and Procurement Services Strategic Services Directorate, Evaluating Tenders: Procedure, 1, October, 2018（内部資料）に基づき作成。

はそれを活かすマネジメント力によるところが大きくなる。一般的には、管理部門や本社機能が遠くはなれたところに立地していて現地組織の内部管理をきめ細かく行えていなかったり、現場を訪問する回数が極端に少なかったりする事業者は、パフォーマンスが悪い傾向にあるという。そこで、同県の契約担当は、当事者との関係や応答的なサポートも品質要素に含めている。そうすることで、多国籍企業よりも地元企業の落札率が高まるようである。

五　考察

英国自治体の公契約における社会的価値は、社会的インパクト評価のような手法によって演繹的に導き出されるわけではなく、民主的な手続を経て政策的に提起されている。むしろ、自治体が提起したい価値を具体的に表現するために、こうした手法が部分的

指標の単位	Caps (maximum of units that are accepted)	Minimum Requirements 'Wish List'	Your BID	Element Value	Total Cost
月以上採用された ムレッツ区民１人				£27,000	£0
月以上採用された ムレッツ区民１人				£17,074	£0
×２週間の就労				£300	£0
×２週間の就労				£300	£0
ト当たり300ポンド				£300	£0
当たり２万ポンド				£0	£0
当たり300ポンド				£300	£0
小企業当たり1200ポンド				£1,200	£0
ト当たり1000ポンド r event				£1,000	£0
り				£168	£0
り				£300	£0
ト当たり				£500	£0
ト当たり				500	£0
ト当たり				800	£0
ト当たり（半日）				£339	£0
ト当たり（半日）				£270	£0
料				£300	£0
料				£75	£0
料				£161	£0
料				£100	£0
RESERVE BID				£0	
TOTAL COST					£0

図表5　タワーハムレッツ区における社会的価値評価（定量評価分）のテンプレート

領　域	項　目	内　容	契約期間内に提供されるべきエ
雇　用	地元雇用	新規契約されるタワーハムレッツ区民の数。下請けや見習い工を含む。欠員はWorkpath（タワーハムレッツ区の雇用サービス部門）を通じて募集される。	タワーハムレッツ区民に対して た雇用記録実績数
	地元の中級レベルの職業訓練生雇用	契約期間内に見習い工を始めた、あるいは終了したタワーハムレッツ区民のための職業訓練	資格レベルを示す修了証明の写
技　能	タワーハムレッツ区の稼働年齢層の有償型就労体験	タワーハムレッツ区民のための2週間の有給就労体験	有給就労体験の実績とその開始 日、区民であることの証明
	タワーハムレッツ区の学習障害者の有償型就労体験	タワーハムレッツ区の学習障害者のための2週間の有給就労体験	有給就労体験の実績とその開始 日、区民であることの証明
教育／スキル	学校と若者支援	タワーハムレッツの学校その他教育機関を横断する就職フェアや就労前活動への積極的参加	タワーハムレッツの学校または での参加活動とそれを主催した レッジのイベント名、日時、事
企　業	地元のサプライチェーン	タワーハムレッツ区内に位置する事業者が請け負う契約	タワーハムレッツの登録住所を 契約または請求書
	地元中小企業支援A）	地元中小企業フォーラムへの参加	地元中小企業フォーラムへの参
	地元中小企業支援B）	地元中小企業のメンター	4つのメンター会議への参加記 委託契約の詳細
	地元中小企業支援C）	地元中小企業の交流や調達イベントの主催	地元中小企業の交流や調達イベ 録
コミュニティ資源	マネジメントタイム（経験年数4－7年）	入札書類作成、マーケティング、プロジェクトマネジメント、データ収集	コミュニティ組織からの確認文
	エグゼクティブタイム（経験年数10年以上）	入札書類作成、マーケティング、プロジェクトマネジメント、データ収集	コミュニティ組織からの確認文
	ラップトップとマウス	ウインドウズ8かそれ以上のバージョンのラップトップ	コミュニティ組織からの確認文
	プロジェクター	ケーブル配線がなされた整備済みの物	コミュニティ組織からの確認文
	ホワイトボード	状態のよいもの	コミュニティ組織からの確認文
	pcアップデートと修理サービス	熟練した事業者からのITCサポート（アンチウイルスソフトウエアのアップグレード、emailアカウントのセットアップサービス、システム構成とセットアップのアドバイス）	コミュニティ組織からの確認文
	会議室スペース	タワーハムレッツ区内に立地するwifi接続可能な最低16人以上の会議室	コミュニティ組織からの確認文
	Social Value UK	年間購読料	コミュニティ組織からの確認文
	Social Enterprise UK	年間購読料	コミュニティ組織からの確認文
	National Council for Voluntary Organisations	年間購読料	コミュニティ組織からの確認文
	Locality	年間購読料	コミュニティ組織からの確認文

出所：Corporate Strategy & Policy Team Strategy, Policy & Performance Division of Bo of Tower Hamlets Council 提供資料をもとに作成。

図表6　グロスターシャー県のケア・サポート・サービスにおける品質評価項目の例

質　　問	重み付け(%)	得　点	品質点の最大値(重み付け×獲得したポイント)
ヤング・ケアラー支援の認識と支援実績	8	5	40
ヤング・ケアラー支援に関する知識とサービス供給実績	8	5	40
サービス供給モデル	18	5	90
サービスの組織化・実施体制	4	5	20
ヤング・ケアラーのアセスメント、計画支援、報告	4	5	20
ヤング・ケアラーから成人ケアラーへの移行	4	5	20
パフォーマンスと評価	4	5	20
ガバナンスと品質	4	5	20
サービスの開発	8	5	40
サービスのアクセシビリティと参加	4	5	20
VFM とサービスの柔軟性	4	5	20
総得点	70%	N/A	350

出所：Outcomes Manager Youth Support – Commissioning of Gloucestershire County Council 提供資料をもとに作成。

に活用されているとすらいえるかもしれない。また、バーミンガム市のように、地域性に応じて結果を補正する例もみられる。英国の事例から学ぶべき点は、社会的価値の測定手法やその精緻化というよりは、社会的価値が反映される制度的な基盤のあり方にこそあるように思われる。そこで、最後に、このような視点から、日本で社会的価値評価を考える上で示唆的だと思われる点を次の三点にまとめてみた。

1　政策的に判断される社会的価値

第一に、社会的価値の評価においては、価値の測定よりも社会的価値を設定するための枠組みが大きな意味を持つということである。

公契約において社会的価値を評価しようとする場合、①社会的価値をどのように捉えるか(何を社会的価値と認知するのか)、

②価格や品質と比較して社会的価値にどれだけの重み付けをするか、③どのレベル（金額）の契約までを対象とするか、④具体的にどのような評価指標を設定し、どのような手法で測定するかを明確にする作業が必要になる。仮に社会的インパクト評価を用いるにしても、対応可能なのは④の場面に過ぎないが、実際には①〜③をどのように設定するかによって、社会的価値のあり方は決まってしまう。

社会的インパクト評価では、「社会的」インパクトという表現が端的に示すように、社会的な活動を行えば、社会的に有意な結果がもたらされるはずだという暗黙の前提に立っている。この場合の「社会的」なものの中味（社会的価値）は所与とされるが、何を社会的価値と捉えるかは立場や状況によって異なる。自治体の地域性や政治構造が異なれば、同じ社会問題でも社会的価値としての認識の仕方、優先順位、アプローチは異なるし、委託事業の発注者がいかに精緻な分析を経て社会的価値を提起したとしても、住民がそれを受け入れなければ正当化することは難しい。つまり、自治体政策の中で社会的価値を積極的に評価しようとすれば、住民との合意形成は避けられないのである。

本稿で言及したように、バーミンガム市をはじめとするいくつかの自治体では、すべての公契約について、当該契約の下で働く従業員に生活保障賃金を適用するよう求めている。これは、法定の仕組みではなく、イースト・ロンドンの貧困地区に住む住民グループが母体となったリビング・ウェイジ・ファンデーション（Living Wage Foundation）という非営利組織が全国に広めた運動である。また、タワーハムレッツ区では地域密着の相互扶助型のサービス供給団体が多く、彼らが入札に参入できないという声に配慮し、委託契約とは別に、小規模団体向けの包括的な補助金制度を創設した（図表7）。特性や形態の異なる団体に単一の評価の物差しを当てはめるのではなく、それぞれの違いに応じた資金メニューを用意し、各資金メニューに適合的な評価手法を導入したのである。

図表７　タワーハムレッツ・カウンシル「ローカル・コミュニティ・ファンド」の概要

〔名称〕Local Community Fund（LCF）
〔実施主体〕Tower Hamlets Council〔運営主体〕East End Community Foundation
〔資金種別〕補助金
〔補助期間〕42ヶ月（2019年９月～2023年３月）
〔審査結果〕応募団体131団体・応募プロジェクト237事業
採択プロジェクト：50事業（計931万ポンド：年平均266万ポンド）
〔補助プログラムのテーマと優先順位〕

表　ローカル・コミュニティ・ファンドのテーマとスキーム

テーマ	スキーム	優先事項
包摂、健康、福祉	スキーム1A：子ども、若者、家族	Youth Services へのアクセスの増加
		家族への Early Help 支援の提供
		若いケアラーのサポート
	スキーム1B：高齢者	上手に年を重ね社会的孤立を抑制
		高齢者の身体・健康増進活動の提供
	スキーム1C：アクセス、情報、セルフマネジメント	住民が健康状態をマネジメントするための情報や設備の提供
	スキーム1D：健康な生活と健康な選択	住民がより健康な選択をするための情報提供
		身体を動かすへの参加の増加
	スキーム1E：障がい者や精神的問題を経験した人々の包摂、健康、福祉のアウトカムの改善	障がい者の健康アウトカムの改善
		メンタルヘルス問題を抱える人に対するよりよいサポート
デジタル包摂、意識づけ	スキーム2A：IT スキルとデジタル・ケアラーズ	高齢者向け ICT サポートと講習へのアクセス
		子ども・若者向けデジタルスキルの開発
	スキーム2B：オンライン・セーフティ	子ども・若者のオンライン・セーフティ
	スキーム2C：デジタル・プラットフォームを通じた健康と福祉の改善	デジタル・プラットフォームを通じた健康と福祉の改善（セルフマネジメント、自己肯定感、自信、健康リテラシーの改善）
アドバイスと情報提供	スキーム3A：アドバイスと情報提供	社会福祉アドバイスの提供
雇用とスキル	スキーム4A：働くことの困難を抱える身体障害、学習障害、精神障がい等を持つ人々の雇用の場としてのグッド・プラクティスの開発と埋め込み	雇用者に労働生産性の改善を強調することで、倫理的な雇用者が不利な立場にある人々の雇用機会の改善に取り組む実践の促進
	スキーム4B：不利な条件にある人々の雇用障壁の削減	不利な条件にあるグループの雇用障壁の削減
		高齢者の雇用やボランティア機会
		ニートの若者に対する雇用スキル
		未熟練の若者の雇用とスキル
	スキーム4C：芸術・文化業界への就労に焦点を当てた支援	芸術・文化業界への就労に焦点を当てた支援
コミュニティの安全	スキーム5A：子ども、若者、その他社会的弱者への搾取の削減	子ども、若者、その他社会的弱者への搾取の削減
	スキーム5B：コミュニティにおける若者の意識改善	コミュニティにおける若者の意識改善
	スイーム5C：DV をはじめ安全でない状況下にある人々に対するサービス	DV をはじめ安全でない状況下にある人々に対するサービス

〔評価基準〕

組織評価基準
（90点満点中45点以上必要、「合否又は不合格」はすべて要合格）

基準	評価対象	配点
ガバナンスと運営	提出処理による審査	合格又は不合格
	質問票による審査	
事業計画	提出書類による審査	40
組織のマネジメント	提出処理及び質問票による審査	40
人的マネジメント	提出処理及び質問票による審査	合格又は不合格
財政運営と実現可能性	提出書類及び質問票による審査	合格又は不合格
平等と多様性	提出書類による審査	合格又は不合格
虐待のリスクのある子どもや若者の保護	提出書類による審査	合格又は不合格
保険	提出書類による審査	合格又は不合格
他の資源（ボランティアや他の財源等）	質問票による審査	10

プロジェクト評価基準

基準	評価対象	配点
供給能力	質問票による審査	25
実績	質問票による審査	5
サービスのコーデザイン	質問票による審査	10
品質保証	質問票による審査	10
平等と多様性	質問票による審査	5
コミュニティの結束と貧困の減少	質問票による審査	5
バリュー・フォー・マネー	質問票による審査	10
ローカルの価値	質問票による審査	15
アウトカム	質問票による審査	15

注１）１）大規模組織（年間事業額25万ポンド超）、２）中規模組織（同２万５千を超え25万ポンド以下）、３）小規模組織（同２万５千ポンド以下）という組織規模ごとに評価基準を設定。

注２）各項目のいずれかのスコアが半分以下の場合は不合格。

注３）各項目 excellent から fail の５段階で評価し、項目別の重み付けを加味する（例：実績は５×１＝５点、アウトカムは５×３＝15点）。

注４）満点は100点。

出所：Tower Hamlets Council Council Meeting（Agenda for Cabinet on Wednesday, 31st July, 2019）資料に基づき筆者作成。

社会的価値の評価方針は、議会の議決を経た社会的価値方針に規定され、限定的ではあるが、評価方針の策定や改定時にはコンサルテーションも行われている。この方針は、政権の意向を強く反映しており、政権交代があればほぼ例外なく変更される。

定量的に示された社会的インパクトの扱いも自治体によって異なっている。本稿で社会的価値法に準拠した三つの調査対象自治体では、いずれも社会的インパクトの定量評価の部分を貨幣換算している。しかし、指標のきめ細かな設定に腐心するバーミンガム市においてさえ、貨幣換算した金額はあくまで仮想の数値であり、最終的にはスコア化して評価される。結果として、社会的価値法が適用されていないグロスターシャー県のように、品質を丁寧に評価する自治体と比較して、社会的価値の反映度の違いはあまりないようにみえる。

これに対し、タワーハムレッツ区の場合は、貨幣換算した金額にリアリティが生まれている。というのは、社会的価値の定量評価によって求められた金額が事前にオンラインで入札者に公開され、競合相手の動向をにらみながら入力ができ、その結果がリアルタイムで他の入札者にも通知されるようになっているのである（図表5）。Ｙａｈｏｏ！やｅＢａｙのようなオークション・システムを模して民間企業が開発したソフトに依拠している。そして、落札者は、事業実施の際、入力した貨幣換算額をコミュニティに還元することが求められる。このように、タワーハムレッツ区では、入札者に対し、価格だけでなく社会的価値の内容や貢献する金額も競わせ、それを落札後に履行させる仕組みにしているのである。これは、ロンドンの中心部に位置し、圧倒的なグローバル資本の力に翻弄されてきた同区が、地域経済や相互扶助の活動を重視する姿勢を市場に示したメッセージともいえるであろう。

2　政治的な価値をめぐる「闘争の場」としての評価

第二に、政府の評価基準に対し、非営利セクター側からも独自の評価基準で対抗しようとする動きがみられることである。非営利セクター側の運動としては、上述のように社会運動を通じて社会的価値を公契約に反映させようとするアプローチがある一方で、非営利セクターの中間支援組織が、それぞれの傘下団体向けに自前の評価手法を開発し、その活用を促すことで自らの正当性を主張する取組がなされている(11)。

英国の非営利組織は、自らの活動に公的資金が投入されることを正当化するために、自らの活動の価値を説明する責任が強く求められるようになっている。公的資金が主に補助金だった時代には組織評価型の手法が主流であったが、次第に委託や結果による支払に比重が移るようになるにつれ、投入した資金に対するアウトカムを評価する手法に軸足が移りつつある。つまり、非営利組織側は、資金提供者側が求める内容・方向に応じて用いる評価手法に変更を加えてきたのである。

このとき、評価は、評価する側とされる側との間の交渉のツールにもなっている。たとえば、イングランド北東地区にあるコーポラティブの中間支援組織であるＳＥＳ（Sustainable Enterprise Strategies）は、域内の多くの小規模団体が補助金や委託金を打ち切られ、厳しい財政運営を強いられる中、社会監査（Social Audit）の枠組みにＳＲＯＩの評価基準を盛り込んだ評価手法を開発し、傘下団体にその実践を支援する活動を展開していた。これにより、自治体との契約交渉においてセクターの正当性を主張しようとしているのである［原田二〇一五］。

ＳＥＳはインパクト・マップを開発し、自らの活動の成果を量的に示しているが、当時の事務局長によれば、資金提供者側が求める成果に応じて評価基準や指標はアレンジされるという。調査手法や指標の設定は恣意的に行われうるという手法の荒さを逆手にとり、現場の詳細な情報や経験を武器に、交渉を有利に進める戦略をとっていたのである。

もっとも、このような評価の活用は、本来の意図とはかい離している。資金提供者側があまりに一方的な評価手法を押しつけようとすれば、サービス提供者側は組織の利益を防衛することに専念するようになり、形式的な要件の順守を行いつつ細部にわたりチェックされないようにして実態を覆い隠す方向に向かわないとも限らない。

それでも、非営利セクターが自らの評価基準を丁寧に表現しようとする努力と、そうした成果を組織間で共有しようとするネットワークづくりが、中間支援組織の音頭によって曲がりなりにも実践されている。このことは、評価は誰のためにあるのかを考える上で重要な点であるように思われる。個々の非営利組織の経験知や実践知を具体的に操作可能な評価基準にまで高めていくには、そうした経験をセクター全体で共有し、相互に利用しあえるような水平的な連帯関係が不可欠だからである。対照的に、日本では、社会的インパクト評価や非営利組織の評価業務を普及させようとする動きは、ある種の業界を形成する動きに向かっているようにみえる。

3　グローバリゼーションや「標準化」圧力に対する防波堤としての自治体調達

最後に、自治体はグローバル資本主義を背景としたルール・基準等の標準化圧力に対する防波堤の役割を果たしうるということである。

ＥＵ委員会は、公共調達について、ディーセントワーク、雇用機会確保、社会的諸権利、労働者の権利、社会包摂、平等な機会、倫理的取引などの社会的目的を達成する観点から地域の実情に応じて運営されるべきだとする立場を明確にしており［European Commission 2011; European Commission 2018］、すでに指摘しているように二〇一四年に大幅に改訂されたEU公共調達指令ではこうした点が明記された。また、地元中小企業や非営利組織への参入機会確保のために契約を分割して発注することも推奨されている。これらは、EU加盟国内の各地域で自発的に展開されていった運動を追認したものである。

自治体は無原則な自由競争に対して一定の歯止めをかけられる権限を得ており、この点で、いまだ価格の多寡を最重要の価値とみなす法体系の下にある日本の自治体とは状況が大きく異なる。しかしながら、それゆえ、英国の自治体には厳しいアカウンタビリティが課されている。それに対して英国の自治体がとっている対応は、評価手法の精緻化・厳格化というよりは、自治体として重視する社会的価値を明示することであり、その際の根拠は民意であった。

だが、英国の自治体は厳しい財政状況の中、職員や予算の大幅な削減が続いており、価格を重視した調達も引き続き推進せざるを得ない事情もある。グロスターシャー県では、リストラにより、以前各事業部門に置かれていた契約担当セクションが一つの部署に統合された結果、契約のロットを区切り、地域性に配慮した契約を締結することが難しくなっているという。自治体内部では、標準化された仕様や手続に従うことによって果たそうとする責任と、サービスの提供団体や当事者との相互作用を通じたローカルナレッジなどに依拠することで応答的に果たそうとする責任とのせめぎ合いが続いているようにみえる。公契約に社会的価値を反映させようとする取組は、そのねらいや対応如何によってグローバリゼーションの潮流を促す方向にも歯止めをかける方向にも向かいうるのである。そうした方向性を決める鍵は、詰まるところ自治体と住民との関係であり、住民相互の水平的なネットワークの有無だといえるのではないだろうか。

　非営利組織は、多様なステークホルダーを巻き込み、非営利組織間のネットワークを通じて、自治体の社会的価値評価に一定の影響力を行使している。非営利組織のこうした機能こそが、広い意味での参加につながっていると考えられる。そうした点からすれば、セクターとしての非営利組織と自治体とのパートナーシップのあり方が、評価を論じる上で重要なポイントになるように思われるのである。

謝辞

　本稿の執筆に当たっては、英国自治体の多くの職員の方々にお世話になりましたが、特に次の方には複数回にわたり大変お世話になりました。ここに感謝の意を表します。なお、本文の記述は、彼らのインタビュー記録を元にしていますが、文責はすべて筆者にあります。

○Haydn Brown 氏（Head of Procurement Strategy and Development, Commissioning and Procurement Services, Birmingham City Council）

・調査日：二〇一四年九月一六日、二〇一五年九月一二日、二〇一六年九月八日、二〇一八年九月一〇日、二〇一九年九月三日

○Kevin Hubery 氏（Head of Strategic Policy and Leadership Support, Birmingham City Council）

・調査日：二〇一四年九月一六日、二〇一五年九月一二日、二〇一六年九月八日

○Mohammed Abdul Ahad 氏（Strategy & Policy Manager（Corporate), Corporate Strategy & Policy Team, Strategy, Policy & Performance Division, London Borough of Tower Hamlets）

・調査日：二〇一九年三月一一日、二〇一九年九月六日

○Francis Gobey 氏（Outcomes Manager Youth Support, Gloucestershire County Council）

・調査日：二〇一四年九月一七日、二〇一五年九月九日、二〇一九年九月三日
○Tara Mackey 氏（officer in evaluation in third sector commissioning, Gloucestershire County Council）
・調査日：二〇一九年九月三日
○Rachael Morgan 氏（Procurement Manager, West Midlands Combined Authority）
・調査日：二〇一八年九月一一日
○Diana Billingham 氏（Lead Commissioner（Prevention）Public Health, Gloucestershire County Council）
・調査日：二〇一九年九月二日

なお、本稿における英国の取組は二〇一九年度末現在のものである。

注

（1）ソーシャル・インパクト・ボンドとは、アウトカム・ベースの契約により、成果の達成を条件とするサービスに対して外部資金の調達を可能にする手法のことである。政府・自治体や投資家などは、プロジェクトの開始時に資金を支払い、その後プロジェクトで達成された成果に基づき報酬を受け取る。なお、「ボンド」(bond）と表現されているが、債券ではなく市場流通しているわけでもない。

（2）内閣府は、成果連動型民間委託契約を行った国内事例のリストをウェブ上で公開している。このサイトでは、ソーシャル・インパクト・ボンドは成果連動型民間委託契約のうち、民間からも資金調達を行ったものと定義している。URL: https://www8.cao.go.jp/pfs/index.html（最終閲覧日：二〇二〇年一一月三〇日）。

（3）内閣府社会的インパクト評価検討ワーキング・グループ「社会的インパクト評価の推進に向けて〜社会的課題解決に向けた社会的インパクト評価の基本的概念と今後の対応策について〜」二〇一六年三月。

（4）一般財団法人国際開発機構「社会的インパクト評価促進に向けた現状調査と提言」二〇一五年三月。

（5）佐々木亮「インパクト評価事例集：実験デザイン（ＲＣＴ）から専門家判断まで16の評価事例」

URL:https://www.idcj.jp/9evaluation/sub5_files/impact_eval_jirei_28july2011.pdf（最終閲覧日：二〇二〇年一一月三〇日）。

（6）筆者は、当該資金分配団体内部に設置された評価委員会の委員として関わっている。

（7）公契約における社会的インパクト評価は、当初ソーシャル・インパクト・ボンドに採り入れられたが、適用事例が少ないため、本稿では自治体の公契約一般に適用される取組を考察の対象にしている。

（8）本稿で取り上げた事例のデータは二〇一九年度末のものである。

（9）1ポンド＝135円として計算。以下同様。

（10）The Social Value Portal ホームページ URL:https://socialvalue portal.com/national-toms/ 二〇二〇年四月一日。

（11）The New Economics Foundation ホームページ URL: https://www.nefconsulting.com/our-services/evaluation-impact-assessment/prove-and-improve-toolkits/（最終閲覧日：二〇二〇年一一月三〇日）。

引用参考文献

Cabinet Office（2012）, *A guide to Social Return on Investment*.

Cabinet Office（2015）, *Social Value Act Review*.

European Commission（2011）, *Buying Social: A Guide to Taking Account of Social Considerations in Public Procurement*.

European Commission（2018）, *Public Procurement Guidance for Practitioners*.

HM Government（2018）, *Good Work Plan*, December 2018.

HM Treasury（2002）, *The Role of the Voluntary and Community Sector in Service Delivery: A Cross Cutting Review*.

Leat, D. (1990) "Voluntary Organizations and Accountability: Theory and Practice", in *The Third Sector: Comparative Studies of Nonprofit Organizations;* eds. by Anheier, H. and Seibel, W.; Walter De Gruyter Inc.

Rawhouser Hans, Cummings Michael Cummings and Newbert L. Scott (2017), Social Impact Measurement: Current Approaches and Future Directions for Social Entrepreneurship Research, *Entrepreneurship: Theory and Practice*, 43 (1).

青柳恵太郎（二〇〇七）「インパクト評価を巡る国際的動向」『国際開発における評価の課題と展望』国際開発高等教育機構。

エプスタイン、マーク・ユーザス、クリスティ（鵜尾雅隆・鴨崎貴泰監修、松本裕訳）（二〇一五）『社会的インパクトとは何か―社会変革のための投資・評価・事業戦略ガイド』英治出版。

小関隆志・馬場英朗（二〇一六）「インパクト評価の概念的整理とＳＲＯＩの意義」『ノンプロフィット・レビュー』一六（一）。

津富宏（二〇一六）「ＳＲＯＩ（社会的収益投資）に関する批判的考察」『日本評価研究』一七（一）。

原田晃樹（二〇一三）「サード・セクターと政府セクターの協働―日英の政策動向とアカウンタビリティ」『闘う社会的企業―コミュニティ・エンパワーメントの担い手』勁草書房。

原田晃樹（二〇一五）「英国地方自治の危機とレジリエンス―英国サンダーランド市と中間支援組織の取組みから―」『協同組合研究誌 にじ』六五〇。

馬場英朗（二〇一八）「インパクト評価は公共サービスの質を改善するか？」『関西大学商学論集』六三（一）。

藤井敦史・原田晃樹（二〇一一）「イギリス保守党・自由民主党連立政権下のサード・セクター政策と社会的企業」『社会運動』三七四。

藤垣裕子（二〇〇三）『専門知と公共性―科学技術社会論の構築へ向けて』東京大学出版会。

源由理子（二〇一六）「参加型評価実践の基礎」『参加型評価―改善と改革のための評価の実践』晃洋書房。
龍慶昭・佐々木亮（二〇〇四）『政策評価の理論と技法（増補改定版）』多賀出版。

（はらだ　こうき・地方自治論）

2 大規模インフラ事業と住民参加

野田　崇
（関西学院大学）

はじめに

本稿では、広範囲に影響を及ぼす行政決定に対して付近住民や、より広く市民が持つ不満に着目し、住民参加ないし市民参加の拡充が不満解消につながる可能性、およびその機能的限界を探る。

大規模インフラ事業を巡る紛争事例は枚挙にいとまがないが、議論のきっかけとして二つの紛争事例を挙げる。一つ目は、五〇年前に都市計画決定された都市計画道路の都市計画事業認可申請を巡る紛争である。哲学者の國分功一郎は、規律密度が極めて低く、かつほぼ参加機会のない法律(1)に基づいて事業が決定されていることの非民主性を指摘している(2)。都市計画事業認可については現在でも市民参加制度は存在しない。また、國分が議論のきっかけとしている小平市都道三・二・八号線については環境影響評価も不要であるから、そのルートからの参加機会も存在しなかったと思われる。付近住民が散策していた雑木林を切り開いて四車線道路を敷設するという、地域像を大きく変貌させる事業であるのに、その影響を受ける者には甘受のみが要求される事への違和感であろう。これは民主主義ではないのではないか？[3]　二つ目は、全国総合開発計画に位置付けられた高速道路である圏央道（首都圏中央連絡自動車道）を巡る紛争である。圏央道に対してはいくつかの訴訟が提起されたが、[4]それらのうち、あきる野インターチェンジ訴訟[5]と呼ばれる訴訟に着目する。この訴訟において原告の多くは地権者であり、騒音被害など事業から生じる負の影響を主張するとともに、インターチェンジ周辺の渋滞緩和、都心部への交通流入現象を通じた都心部での渋滞緩和の効果を疑問視する。さらに、「首都圏の交通混雑解消のために、一極集中型の都市構造を改造して、首都圏の広域的多核都市複合体を形成するという多極型への転換を図り、その多極化した中核都市を連絡すること」という事業効果については、首都機能の一極集中が進む現状との不整合を指摘する。渋滞緩和効果とともに、首都圏とそこから四方八方へと延びる交通網全体のあり方にもかかわる政策の是非も紛争の対象となったのである。

都市計画やインフラ計画の策定における住民参加や市民参加の不十分さは従来から指摘されている。参加手続は行政庁にとっての情報収集機能、利害関係人の権利保護機能とともに、参加手続を通じて個別の行政決定を民主化する機能も有するといわれる。[6]この、「手続を通じた民主化」は二つのレベルで考えることができる。第一に、個別の行政決定の「民主化」がある。個人の権利利益を制約する行政決定には必ず法律の根拠が存在しているが（法律の留保の原則）、一般に大規模公共事業に関わる法律、例えば都市計画法や土地収用法は規律密度が低いため、それらに基づいて行われる個別の行政決定が、法律によって表現される（擬制された）国民の意思に従って行われているとは直ちにはいえない状況が存在している。参加手続を通じた行政決定の民主化という議論は、このような法律による行政コントロールの不足を、参加手続を通じて埋め合わせようとするものである。しかし第二に、個別の行政決定のレベルでの参加手続を充実させたとしても、個々の行政決定の前提としてより上位の決定が存在している場合がある。その場合、事業の必要性や大まかな位置および経路が既に決定されているとしたら、個別の行政決定の段階での参加が無意味化しかねない。より上位の政策決定も法律による内容的なコントロールをほぼ受けていないとしたら、このレベルについても何らかの形で民意を反映させ、法律を通じた民主的コントロールの不足を埋め合わせる必要性が生じてくる。

なお、手続を通じた行政決定の民主化が、正確には何を意味しているのかは必ずしも判然としない(7)。本稿では、市民の共同生活において共通の利益として追及されるべき利益を公益と捉え、個別的な公益決定に反対した者にまで服従義務を及ぼすことの正当化根拠を正統性(8)と呼ぶ。そのような正統性は、民主政国家において通例は、公の職務が、選挙によって選出された議員からなる国会に対して責任を負う大臣ないし大臣によって選任され監督される官職者によって、国会の制定する法律に従って遂行されることによって確保される(9)。手続を通じた行政決定の民主化は、そのような意味での民主的正統性だけでは、個別の行政決定への服従を強要する根拠として十分ではない、との問題意識によるものである。

一　個別行政決定の民主化

1　個別事業の許可の段階

國分が指摘する、小平市都道三・二・八号線の都市計画事業認可の非民主性には、五〇年前に旧都市計画法下で都市計画決定された都市計画道路がいまさら事業化されることに対する違和感という面がある(10)。旧都計法には市民参加手続は一切存在しなかった(11)。現在の都市計画法は都市計画決定について一定の参加制度を用意しているが、基本的には公告縦覧・意見書提出（都計法一七条一項、二項）および公聴会（都計法一六条一項）にとどまる。さらに、事業認可手続に参加手続は法定されていない。認可がされた後、関係市町村の事務所で、事業地を表示する図面と設計の概要を表示する図書が公衆の縦覧に供されるのみである（都計法六二条二項）。

個別の都市計画決定や都市計画事業認可の段階の正統性向上のための方策としては、都市計画事業認可の際の参加手続の導入、都市計画決定・事業認可での早期参加制度の導入[12]、公告・縦覧および意見書提出よりも充実した参加制度の導入、一定期間が経過した都市計画決定の見直し制度の導入[13]、出訴可能性の拡大[14]、それと軌を一にした実体法の規律密度の向上などが考えられる。國分が小平の道路事業の進め方に関して感じた非民主性は、以上のような諸制度が導入されればかなりの程度解消されるのではないか、とも思われる。

2　個別事業の根拠となる上位計画段階

しかし、インフラ事業計画の「民主化」については、個別の許可段階にはとどまらない問題がある。高速道路のインターチェンジ建設のために行われた、土地収用法に基づく事業認定および収用裁決の取消訴訟である圏央道あきる野インターチェンジ訴訟を例として検討する。

土地収用法二〇条は、事業が同法三条に掲げられた収用適格事業に該当すること（一号）、起業者に事業遂行能力があること（二号）のほか、事業計画が土地の適正且つ合理的な利用に寄与するものであること（三号）、土地を収用し、又は使用する公益上の必要があるものであること（四号）を事業認定の要件として掲げている。訴訟において争点となるのは主として三号要件の充足であるが、この要件の解釈を確立したのは東京高裁昭和四八年七月一三日判決行裁例集二四巻六・七号五三三頁（日光太郎杉事件控訴審判決）である。それによれば、その土地がその事業の用に供されることによって得られるべき利益と、その土地がその事業の用に供されることによって失われる利益との比較考量により、前者の利益が後者の利益に優越すると認められる場合に、三号要件の存在が認められる。

第一審は、土地収用法二〇条に掲げられていない黙示の前提的要件[15]を設定し、原告側が主張した騒音被害、大気汚染はここで認定した。判決は、当該道路が供用開始されれば国家賠償責任を生じさせる程度の生活環境被害が生じると予想されるのでそもそも事業認定の対象とはなり得ないという、土地収用法二〇条の解釈論としては特徴的な判断を示した。その上で傍論として三号要件の判断を行った。第一審は、事業効果として主張されていた、近隣及び都心部での渋滞緩和効果の有無を検討し、いずれも否定した。

それに対して控訴審は、三号要件の判断において考慮されるべき事業利益として、「全国総合開発計画や首都圏整備計画等が基本的な目標として掲げた、首都圏が、都心部への一極依存構造からネットワーク型の地域構造への転換を図り、都心部の交通渋滞を緩和するとともに、圏央道の近傍に位置する広域連携拠点都市間で相互に補完、触発しあいながら交流する多極分散型の国土を形成するという公共の利益」なる利益を認定し、それは失われる諸利益よりも優先されるものとして、事業認定は適法であると判断した。

問題は、この利益が渋滞緩和などのように実証可能な利益ではなく、上位計画の実現に資することそれ自体が一つの利益と理解されていることである。この利益は事業から生じる不利益と比較衡量されるので、そのまま事業を可能とするものではない。しかし、事業の正当性の根拠となるものである。そうすると、個別事業の実現段階の民主化を問題視するのであれば、個別事業の根拠とされた上位計画の民主性をも問題にする余地が出てくる。より一般的にいうと、上位計画ないし構想が段階的に具体化されていくような制度においては、最終的な事業具体化段階でいくら参加制度を充実させても、その段階で事業を左右する余地はほとんどないので、上位計画のあり方が問われることになる。(16)

正にこの点が活発に論じられた近年の例として、外国の例ではあるが、ドイツの鉄道事業であるシュツットガルト21を巡る紛争がある。

二　上位計画の民主化

1　シュツットガルト21

シュツットガルト21とは、シュツットガルト・ウルム間の高速鉄道専用線新設、シュツットガルト中央駅新営工事、シュツットガルト中央駅線路跡地再開発等からなる大規模開発事業である。(17)一九八〇年代に構想され、法律上の手続を経て確定されたこの事業に対して、着工段階に至って激しい反対運動が発生し、負傷者、逮捕者が生じるまでに至った。法律上定められた参加手続が履践されたのみならず、シュツットガルト中央駅構内に常設のブースも設置され、市民はそこで事業に関する情報に接することもできたので、市民はある日突然現れたブルドーザーによって事業を知った、という状態に置かれていたわけではない。事業が連邦交通路計画に位置付けられて（一九八五年）から最初の計画確定決定（二〇〇五年）まで二〇年経過しており、着工はそこから更に五年後の二〇一〇年であった。その間、州議会やシュツットガルト市議会での討論、法定の公衆参加手続、新聞報道など、様々な情報提供が行われ、意見を述べる機会が存在した。にもかかわらず、激しい反対運動が発生したのである。(18)この問題がやっかいなのは、「だからこそ」反対運動が激化したのだ、との見解も存在することである。

(1)鉄道計画の手続

一般に鉄道事業をはじめとする大規模インフラ事業は、三段階の手続を経て実現される。鉄道事業に即すると、第一段階は、需要計画［Bedarfsplan］である。連邦政府は基本法により、連邦遠距離道路、連邦鉄道、連邦水路の建設と維持管理の責任を課せられており、連邦交通路計画［Bundesverkehrswegeplan］が連邦交通省により策定され、連邦政府により決定される。連邦交通路計画においては、各交通手段について、新たな整備の必要性とそのための費用が示される。連邦交通路計画は法律に基づかない計画であり、内部的拘束力を持つにとどまるが、その中に示された整備の必要性のうち連邦遠距離道路に関するものと連邦鉄道に関するものは、それぞれ連邦遠距離道路整備法［Fernstraßenausbaugesetz］ないし連邦鉄道路線整備法［Bundesschienenwegeausbaugesetz］の別表に記載される。この別表が需要計画である[19]。これにより、当該路線の必要性、即ちそれに対する需要の存在が法律上確定され、後の段階で行われる、鉄道施設設置のための計画確定［Planfeststellung］（一般鉄道法［Allgemeines Eisenbahngesetz］一八条）を拘束する（連邦鉄道路線整備法一条二項）。事業の必要性はこの段階で確定され、のちの段階では争えなくなる。また、後の段階での代替案審査において、この段階で示された路線網の構築にとって有用でない代替案を考慮しなくても、衡量の瑕疵とは評価されない。

第二段階で、鉄道の経路が決定される。国土整備法［Raumordnungsgesetz］に基づいて策定されるラント国土整備計画の「目標［Ziele der Raumordnung］」として経路が指定される。国土整備の「目標」は拘束力を有しており（国土整備法三条一項二号）、のちに行われる計画確定や建設管理計画の策定において順守されねばならない。さらに、当該事業が既に国土整備計画中に目標として位置づけられているため改めて国土整備計画が変更されない場合であっても、空間関連的な事業計画や措置についてはラントの国土整備行政庁が当該事業の空間親和性〔Raumverträglichkeit〕を審査しなければならない（国土整備法一五条一項一文）。これを国土整備手続〔Raumordnungsverfahren〕という。国土整備手続においては、国土整備計画内在的な整合性が審査されるのみならず、事業によって影響を受ける全ての空間関連的諸利益が審査される。連邦行政裁判所の判例[20]によれば、国土整備手続の結論は鑑定的意見に止まるとされる。

第三段階は計画確定手続〔Planfeststellungsverfahren〕であり、この段階で、事業が即地的に決定される（一般鉄道法 Allgemeines Eisenbahngesetz〕一八条一項）。計画確定決定とは、行政手続法〔Verwaltungsverfahrensgesetz〕72条以下に定められたインフラ施設などに対して行われる設置許可であり、関係する公益および私益を包括的に考慮しつつ、空間を占める施設の建設と操業を可能とすることを目的としている。

(2)参加手続

以上の諸段階の全てで、何らかの形で参加手続が実施されている。

第一段階の連邦交通路計画は環境親和性審査法〔Gesetz über die Umweltverträglichkeitsprüfung〕別表5の1.1にいう「連邦レベルの交通路計画」に当たるので、同法三三条以下の定める戦略的環境調査[21]を実施しなければならない。その際、「利害関係ある公衆「betroffene Öffentlichkeit」」に対して意見書提出の機会が与えられている（環境親和性審査法四二条三項）。また、連邦鉄道の需要計画は整備計画として連邦鉄道整備法の中へ位置づけられるので、この段階の計画は法律であり、立法手続が取られることになる。

第二段階の国土整備計画の策定についても、公衆参加が予定されている。国土整備法九条二項によれば、公衆は国土整備計画の原案についてできる限り早期に意見表明の機会を与えられなければならない。国土整備手続においては、公衆には公告縦覧意見書提出の機会が与えられる（国土整備法一五条三項）。

第三段階の計画確定手続においても公衆の参加が予定されている。計画確定手続の主要部分をなすのは聴聞手続であるが、そこでは、まず事業主体が提出した事業計画が縦覧に付され（行政手続法七三条三項）、「事業によってその利益に影響を受ける可能性のある者」は事業に対する異議を提出することができる（行政手続法七三条四項一文）。その後、事業主体、行政庁の代表者、利害関係人、異議を提出した者、意見書を提出した団体、計画確定庁の代表者による討議が行われる（討議期日[Erörterungstermin]）（行政手続法七三条六項）。

(3)具体化段階の被拘束性

第一段階の需要計画を通じて、事業の必要性が法律の形で確定される。つまり後の段階で、当該事業の必要性の意味での公益性を争うことはできないことになる。さらに第二段階では、大まかな経路が決定される。この経路は、通例は国土整備の目標として決定されるので[22]、計画画定決定や建設管理計画策定において遵守されねばならない（国土整備法四条一項）。したがって、個別許可段階である第三段階では、事業の要否も、経路も原則としてもはや検討の対象ではなくなっている。

(4)まとめ

以上のように、シュツットガルト21をはじめ、鉄道事業は多段階の計画を経て個別許可にまで至る。その各段階で、公衆参加が行われている。したがって参加機会に乏しいわけではないし、参加のタイミングが遅かったわけでもない。しかし、事業のそもそもの必要性と大まかな経路は既に需要計画と国土整備計画の段階で決定されており、以後の手続でそれらを覆すことはできない構造になっている。

2　学説の反応

(1)正統性問題なのか？

大規模インフラ事業については、事業の根拠となる法律に含まれる実体的基準が乏しいため、行政庁に大幅な形成余地が存在している。したがって、立法者が個別の行政決定の内容を予め定めているとはいい難い。この点に、民主的正統性の不足が見いだされた[23]。間接民主政一般に対する不信感も指摘されている。また、選挙の中間期における有権者の権利や、一般的公益とも個人的利益とも異なる集団的利益［gruppenbezogene Interesse］が正面から主張されるようになると、法律、すなわち議会の意思のみでは行政決定を十分には正統化し得なくなる。つまり、選挙を通じて行政に与えられた民主的正統性は常に暫定的なものであり、市民はいつでも委任を撤回したうえで行政決定への直接的参加を求めるようになる、というのである[24]。そうすると、計画確定手続への参加が利害関係人参加にとどまっていること（行政手続法七三条四項一文、六項一文）が批判されることになる。むしろ、参加手続を権利保護と潜在的紛争に関する情報収集手段にとどめるのではなく、行政と市民との対等な対話の場［Mitsprache］とすべき、と主張されるようになる[25]。

それに対して正統性問題の存在を否定する見解がある。まず、上で見たように鉄道事業がその構想から実現に至るまでの過程は三段階に分けられ、需要計画から国土整備計画、計画確定に至るまでのそれぞれの段階で参加手続が実施されている。最終の計画確定手続においては利害関係人のみが参加し得るが、上位計画では公衆参加が実施されている。したがって決定の民主的正統性は形式的にも実質的にも十分に確保されていると主張される[26]。

第二に、受容の有無でもって行政決定の正統性を論じることへの批判がある。民主政は常に反対派の存在を前提としており、行政決定はそのような反対者との関係でも正統化されていなければならない以上、反対意見の存在それ自体は行政決定の民主的正統性の存在を損なわないといわざるを得ない、というのである[27]。

第三に、実体的決定基準の不足による正統性の不足を手続によって埋め合わせる必要を肯定しつつも、現行が定める参加制度は十分であるとする見解がある[28]。

(2)現行法の問題点

シュツットガルト21を巡る紛争を行政決定の正統性問題と捉える立場からは、現行法の改善が提案される。改善すべき問題として指摘されたのは、第一に、計画確定手続の段階では事業の必要性と経路の概要は決定済みであるため、参加手続が事業の要否にまでは及ばない点である[29]。第二に、多段階的計画の見通し難さがある。どの段階で何が決定され、何を主張し得るのかが分かりにくいため、市民にとって参加の有意味性が疑わしくなる、というのである[30]。第三に、手続の長期化がある。多段階的計画プロセスの早期の段階での決定事項は、時間とともに集団的記憶から薄れていく。そのため、多くの市民にとって事業着工は驚くべき事態ということになり、その結果、市民の意見が無視されたように感じるのである[31]。

(3)早期公衆参加導入論

以上の問題点の改善策として、事業主体による事業計画作成段階への参加制度の創設が提案された[32]。

計画確定手続段階では事業の要否の判断は既に動かしがたいので、手続開始以前の段階での事業者による公衆参加を導入すべき、との主張である。事業の要否の判断への参加こそが、市民を異議中立人から政治的参加権保持者にする、というのである。[33] もっとも、事業主体による事業構想の内部的とりまとめ段階への公衆参加は事業主体の内部管理事項への介入であるので、公的主体が事業主体となる場合を念頭に置いて提案された。

(4)公衆参加集約論

次に、多段階的決定構造の市民にとっての分かりにくさが指摘された。[34] そのため、需要計画、国土整備手続、個別許可の三段階のうち、個別許可段階の参加は利害関係人を対象とする権利保護参加へと純化する一方で、抽象度の高い需要計画段階では、団体参加に限定することが提案された。[35] その上で、中間段階である国土整備手続が公衆参加のタイミングとして適切であるとされた。[36] これは、事業案の熟度に応じて参加範囲、参加手続の趣旨を決めるという発想である。

(5)手続の中立性

インフラ事業の根拠法律が事業実現を目的としているため、事業に反対する利益が手続において公正に扱われないのではないかという計画確定行政庁の中立性への疑いが、事業に対する受容を損なっているとの指摘もある。[37] そこで、手続における中立性を再建すべきことが主張される。そこでもやはり、国土整備手続に期待がされる。なぜなら、国土整備計画は分野横断的かつ統合的に策定される総合計画であり、国土整備担当行政庁は、例えば鉄道や道路、発電所を担当する行政庁とは異なり、空間関連諸利益を総合考慮する任務を負っているからである。そのため、国土整備手続に公衆参加を集中させ、事業から距離のある国土整備行政庁が手続を主宰することで、計画プロセスの中立公正性に対する市民の信頼を再建することが提案されるのである[38]。この提案は、多段階的計画プロセスといえども結局は一定の事業実現を目指したものであり、その意味では一貫して事業を実現する側へのバイアスがかかっているため、そのプロセスから生み出される決定がたとえ実体的には適法であったとしても容易には受容されないという認識のもと、プロセスの中間地点にバイアスのかかっていない審級を挟むことで、結論の説得力を増そうというものである。

(6) ある種の諦観が表明されることもある

参加手続の充実は一九六〇年代以来営々と行われてきたが、今もなお受容問題が生じるのは手続法に対する過大評価があったからではないか、と指摘されることもある[39]。参加手続の改善論は、それによって受容が改善するという想定に立脚しているが、原発に対する原理的反対者が参加を通じて態度を変更するとは想定しがたいし、一定範囲の住民にそれなりに重い負担が生じるような計画に、それら住民の同意を調達することも期待できない、というのである[40]。さらに、そもそも受容や同意は正統性に関連するのか、との疑問も提示されている。適法な行政決定は反対者をも拘束するし、また通例はその拘束に服することが正当に要求されうる、すなわち正統化されているからである。したがって、行政決定を受け入れない者がいるという事実それ自体は、正統性の不足を意味しない、といわざるを得ない[41]。

三　若干の検討

1　ドイツでの議論について

参加手続自体が決定の民主的正統性をもたらすと考えるか否かにかかわらず、公衆参加、特に討議期日が当事者間の対等な対話を促進し得ること、決定プロセスに一定の透明性をもたらし得ることが認められている。そのため、上述したように各計画段階で参加手続が履践されている。それでもなお激しい抗議活動が発生したことに、行政実務家も公法学者も困惑したのであった。

2　日本の課題

(1)最終段階の許可手続の充実

上述したように（二2(4)）、ドイツにおいては、より抽象度の高い上位計画への参加を環境保護団体等専門知識と情報収集能力を備えた団体に限定する一方で、利害関係人の範囲と影響の内容程度が明確になる個別許可段階での参加を権利保護参加に純化することが提案されていた。(42) しかし日本においては、そもそもこの個別許可段階での参加も不十分である。

土地収用法によれば、事業認定は事業認定申請書の公告縦覧（土地収用法二四条二項）・利害関係人意見書提出（土地収用法二五条一項）、また利害関係人の求めがある場合の公聴会（土地収用法二三条一項）と、関係行政機関および社会資本整備審議会の意見聴取（土地収用法二一条一項、同法二五条の二第一項）を経て行われる。まず、公告縦覧・意見書提出で十分か、との問題がある。この点については、意見書を提出することができるのであれば計画内容について意を尽くした見解の表明ができるのだからそれ足りるということもできよう。問題はそれが十分に考慮されることである。慎重考慮を確保する手段として、現在は認められていない、都市計画決定を直接争う訴訟を可能とする必要があるし、(43) その訴訟を意味あらしめるためには、実体的審査基準を法律中に定める必要もあろう。つまり、計画法の規律密度を現在よりは高めることが有効ではないかと思われる。

さらに、都市計画事業認可は取消訴訟の対象とされているが、取消訴訟の原告適格は狭く解されている。小田急訴訟最高裁判決[44]は都市計画事業認可取消訴訟で付近住民に原告適格を認めた画期的判決であるとされるが、そうではあっても路線沿いの一定距離内の住民に原告適格を認めたにとどまる。その他の最高裁判例も、「生命、身体の安全等及び財産としてのその建築物」[45]を原告適格を根拠づける利益として挙げるなど、抑制的である。原告適格の根拠として認められていない利益を主張しても、それが真摯に検討される制度的担保はない[46]ので、原告適格を根拠付ける利益の範囲を拡大すべきである。

(2)中立性

ドイツでは、計画確定庁の二重のバイアスが指摘されている。すなわち、需要事項が既に決定済であるという上位計画によるバイアスと、申請内容が考慮の前提をなしているという申請制度内在的バイアスである。

日本の場合、圏央道あきる野IC事件を例にとれば、事業は上位計画である全国総合開発計画、首都圏整備計画に位置付けられていた。紹介した高裁判決は、事業認定の審査において、その計画実現自体を事業によって実現される公益であるとした。ドイツの制度になぞらえれば事業の必要性に相当するので、需要計画段階の話である。さらに、全国総合開発計画は内閣総理大臣が作成し（平成一一年法律一六〇号による改前の国土総合開発法七条一項）、閣議決定が行われ、首都圏整備計画も内閣総理大臣が作成していた（昭和四九年法律九八号による改正後から平成一一年法律一六〇号による改正まで）。事業認定庁は内閣の構成員である国土交通大臣であるから、閣議決定には拘束されるはずである。また首都圏整備計画も関係行政機関の長の意見を聴いて決定される（首都圏整備法二一条一項）とされており、この点からみても国土交通大臣も関与しているといえる[47]。したがって、事業認定庁（国土交通大臣）には当初から、事業実現へのバイアスが強くかかっていたといえる。換言すると、国土交通大臣は閣議決定を経た計画に位置付けられた事業について、それを促進する論拠とそれに反対する論拠を予断なく比較検討し得る立場にはないのではないか、と考えられるのである。

それに対して申請制度内在的バイアスとは、申請段階において既に事業の内容や立地ないし経路、規模は申請者の内部で決定済みである[48]（だからこそ申請に及んでいる）ため、その後の行政庁による審査は申請内容を前提としてそれに対立する事情の有無の判断に縮減される、という問題である[49]。申請制度内在的バイアスは、立法上、申請応答システムが採用されたことの結果である。だからこそ、事業者の内部的意思決定への公衆参加が主張されたのである。もっとも、民間企業等私人が事業主体である場合、内部的意思決定への参加を構想することは困難であろう。

3　上位計画の正統性

大規模インフラ事業の場合、段階的な構造を採ることは不可避であると思われ、その意味で、最終的な許可段階では事業の概要が変更不可能な程度に事実上決定されているという事態はやむを得ないともいえる。都市計画は、国土形成計画（以前の全国総合開発計画）や首都圏整備計画（首都圏整備法）に「適合」することが求められている（都市計画法一三条一項柱書）が、その結び付きは緩やかなものである[50]。まして事業認定に関しては、何らかの計画がそれに対して拘束力を有する旨の規定は存在しない。にもかかわらず、それら計画が具体的な土地利用に関して一定の法的意味を有していることは合理的な説明が必要である。

ドイツにおいて需要計画や国土整備計画などの上位計画への公衆参加が導入されたのは、それら計画が個別の事業許可に対して有する拘束性を合理的に説明するためであったといえよう。日本の場合、国土形成計画法上の全国計画等を定める場合には意見書提出が可能とされている（国土形成計画法六条五項、国土形成計画法施行規則一条一項）。その前身である国土総合開発法には国民の意見を聴く手続が含まれていなかったことと比べると進歩である。しかし意見書提出は一方的な意見表明にとどまり、対話ではない。行政過程の民主化が行政と市民の対話可能性に見いだされてきたこと(51)に鑑みると、行政手続法上のパブリックコメントと同様に、少なくとも、提出された意見の検討結果を公表することが望ましい。

もっとも、事業の必要性を根拠付ける上位計画段階についてはまた別種の考慮が可能であると思われる。上位計画は個別の事業の根拠となるが、それ自体としては個々の市民の権利利益に具体的影響を及ぼさない。したがってこの段階での市民参加の導入は、ドイツでの経験と議論を参照する限り、行政にとっての情報収集を主な目的としたものとなるだろう。むしろ上位計画段階で問題となるのは国土の構想である。そしてこの構想は、国土総合開発計画や首都圏整備計画の作成が内閣総理大臣の権限とされていたことを踏まえると、政党内閣の政治的判断に基づくものであるといい得る(52)。そうすると、この段階での決定に求められるのは、市民参加よりもむしろ、政治責任ではないか。市民が決定に深く関与する仕組みは、少なくとも上位計画段階では、この政治的答責性を曖昧にしてしまう可能性を否定できないように思われる(53)。

おわりに

大規模公共事業によって権利利益に影響を受ける者には一定の保護が必要であるが、日本においてはなおこの部分が不十分であることを述べた。また、ここでいう利益には、個々人の個別的利益のみならず、一定の範囲で共有された生活環境利益（「共同利益」[54]）を含めて考えるべきである。大規模公共事業であっても、事業地が即地的に最終確定される段階では、上記の利益の主体に、出訴可能性に担保された参加権が与えられるべきであるし、一定の限度を超えて権利利益侵害が生じる場合には、事業の変更や、場合によってはその断念もあり得るべきであろう。

それに対して、広域を対象とする構想段階では権利利益保護よりも政治的構想が問題となるのであり、そこでは権利利益保護よりも決定の民主性が課題となる。そしてその民主性は、間接民主制の下では、第一には法律による内容的コントロールの強化を通じて確保されるべきであろう。

注

(1) 小平市都道三・二・八号線は一九六二年に都市計画決定されているが、当時の都市計画法（大正八年法律三六号）には、住民・市民の参加機会は形式的なものすら存在しなかった。

(2) 國分功一郎『来るべき民主主義　小平市都道三二八号線と近代政治哲学の諸問題』（幻冬舎、二〇一三年）一〇頁以下。

(3) 國分・前掲書三五頁。

(4) 八王子ジャンクション訴訟：東京地裁平成一七年五月三一日判決訟月五三巻七号一九三七頁、東京高裁平成二〇年六月一九日判決裁判所ウェブサイト、最高裁平成二一年一一月一三日決定 LEX/DB25471732、高尾山訴訟：東京地裁平成二二年九月一日判決判時二一〇七号二二頁、東京高裁平成二四年七月一九日判決 LEX/DB25482676 など。

(5) 東京地裁平成一六年四月二二日判決判時一八五六号三二頁（第一審）、東京高裁平成一八年二月二三日判決判時一九五〇号二七頁（控訴審）。

(6) 宇賀克也『行政法概説I行政法総論〔第六版〕』(有斐閣、二〇一七年)四六三頁以下、芝池義一『行政法総論講義〔第四版補訂版〕』(有斐閣、二〇〇六年)二七八頁以下、塩野宏『行政法I〔第六版〕』(有斐閣、二〇一五年)二九四頁、藤田宙靖『行政法総論』(青林書院、二〇一三年)一五二頁以下。
(7) 参照、野田崇「市民参加の『民主化機能』について」法と政治六〇巻三号(二〇〇九年)一頁以下。
(8) 参照、立法の正統性について、井上達夫「立法の哲学としての法哲学」日本法哲学会(編)『立法の法哲学—立法学の再定位—』(二〇一五年)一〇六、一一〇頁。
(9) 角松生史「行政過程と民主主義」公法研究七九号(二〇一七年)七四、七七頁以下。
(10) 参照、國分・前掲書三六頁以下。
(11) 旧都市計画法による都市計画は、都市計画委員会の議を経て主務大臣が決定し、内閣の認可を受けることとされていた(旧都市計画法三条)。
(12) 参照、亘理格・環境アセスメントと公共的合意手続・法学六七巻五号(二〇〇三)二八四、三〇六頁。
(13) 内海麻利「土地利用規制の基本構造と検討課題」論究ジュリスト一五号(二〇一五年)七、一五頁。
(14) 参照、「人口減少社会に対応した都市計画争訟のあり方に関する調査業務報告書(国土交通省地域整備局都市計画課、二〇〇九年)。
(15) 「行政機関である事業認定庁が瑕疵ある営造物の設置を許すことは、法の支配に服すべき行政機関が自ら法に違反することを意味するのであって、法秩序の否定につながるものである。法がこのような事態を是認しているものとは到底考えられず、上記のように明文の規定を欠いているのは、公共工事の起業者がそのような瑕疵ある営造物の設置を計画するはずがないとの前提に立っていることによるものと理解すべきであり、法はこの点を事業認定における黙示的な前提要件としているものと解すべきである。
　そうであるとすると、事業認定庁としては、事業認定申請書とその添付資料により、当該事業によって設置される営造物に瑕疵があるものと認めた場合には(…)、法の想定している公共事業ではないとの理由により、そのままでは事業認定をすることはできないとの判断をすべきであり、その点を指摘してもなお起業者が計画の変更等をしない場合には、…比較衡量等をするまでもなく、申請を却下するか、瑕疵のない内容への変更を条件に事業認定をすべきである。すなわち、この点につき、事業認定庁には、要件裁量の余地はなく、効果裁量も上記のとおり限定されたものとなるのである。」

(16) 亘理格「環境アセスメントと公共的合意手続」法学六七巻五号（二〇〇三年）二八四、二九九頁。

(17) 以下の記述は基本的に野田崇「大規模施設設置手続と市民：シュツットガルト21を巡る議論（1）（2・完）」法と政治六五巻二号（二〇一四年）一頁以下、六五巻三号（二〇一四年）四七頁以下に依拠しているので、紙幅の関係もあり、以下では各記述についての参照文献を逐一注に挙げることはしない。

(18) シュツットガルト21の構想段階からの詳細な経緯の紹介として、Uwe Stuckenbrock, Das Projekt „Stuttgart 21" im zeitlichen Übernblich, in: Frank Brettschneider/ Wolfgang Schuster (Hrsg.), Stuttgart 21 Ein Großprojekt zwischen Protest und Akzeptanz, 2013, S. 15.

(19) 別表には、連邦鉄道路線需要計画［Bedarfsplan für die Bundesschienenwege］との表題が付され、第一節：着工済みもしくは着工予定の緊急整備路線、第二節：新規事業（緊急整備路線、その他の路線）に分けて列挙されている。

(20) BVerwG, Bes. vom 30. 8. 1995, NVwZ-RR 1996, S. 67.

(21) 行政庁が計画等を策定する際に内部的に実施する手続であり（環境親和性審査法三三条）、行政庁が環境報告書を作成し、それに対して他の行政庁と公衆に対して意見表明の機会を与える。行政庁はその意見を踏まえて、計画等を策定する。

(22) Wolfgang Durner, Möglichkeiten der Verbesserung förmlicher Verwaltungsverfahren am Beispiel der Planfeststellung, ZUR 2011, S. 354, 358.

(23) Thomas Groß, Stuttgart 21: Folgerungen für Demokratie und Verwaltungsverfahren, DÖV 2011, S.

510, 511.

(24) Arndt Schmehl, „Mitsprache 21" als Lehre aus „Stuttgart 21"? Zu den rechtsstaatlichen Folgen veränderter Legitimitätsbedingungen, in: Veith Mehde/ Ulrich Ramsauer /Margrit Seckelmann (Hrsg.), Staat, Verwaltung, Information, Festschrift für Hans Peter Bull zum 75. Geburtstag, 2012, S. 347, 353.

(25) Claudio Franzius, Stuttgart 21: Eine Epochenwende ?, GewArch 2012, S. 225, 229.

(26) Durner, ZUR 2011, S. 356.

(27) Klaus Ferdinand Gärditz, Angemessene Öffentlichkeit bei Infrastrukturplanungen als Herausforderung an das Verwaltungsrecht im demokratischen Rechtsstaat, GewArch 2011, S. 273, 274f.

(28) Fabian Wittreck, Demokratische Legitimation von Großvorhaben, ZG 2011, S. 209, 220.

(29) Winfried Erbguth, Infrastrukturgroßprojekte: Akzeptanz durch Verfahren und Raumordnung, DÖV 2012, S. 821, 823.

(30) Franzius, GewArch 2012, S. 228.

(31) Schmehl, FS Bull, 2012, S. 347, 358.

(32) Alexander Schink, Öffentlichkeitsbeteiligung—Beschleunigung—Akzeptanz, DVBl. 2011, S. 1382; Stüer, UPR 2011, S. 340; Franzius, GewArch 2012, S. 225, 228; Stüer/ Buchsteiner, Stuttgart 21: Eine Lehre für die Planfeststellung ?,UPR 2011, S. 335, 340; Schmehl, FS Bull, S. 361.

(33) Martin Burgi, Das Bedarfserörterungsverfahren: Eine Reformoption für die Bürgerbeteiligung bei Großprojekt, NVwZ 2012, S. 277, 278.

(34) Erbguth, DÖV 2012, S. 821 f.

(35) Erbguth, DÖV 2012, S. 823 f.

(36) Erbguth, DÖV 2012, S. 824.

(37) Schink, DVBl. 2011, S. 1380.

(38) Erbguth, DÖV 2012, S. 826.

(39) Durner, ZUR 2011, S. 362.

(40) Hien,DVBl. 2014, S. 496.

(41) Steffen Augsberg, Gesellschaftlicher Wandel und Demokratie : Die Leistungsfähigkeit der parlamentarischen Demokratie unter Bedingungen komplexer Gesellschaften, in: Hans Michael Heinig/Jörg Philipp Terhechte (Hrsg.), Postnationale Demokratie, Postdemokratie, Neoetatismus, 2013, S. 27, 39 f.; Gärditz, GewArch, 2011, S. 276.

(42) 参加者を、取消訴訟であれば原告適格が認められる者など利害関係人に限定する一方で、参加人の地位を強化すること、参加手続の瑕疵を処分の取消し事由とすることなどが考えられる。注35の文献を参照。

(43) 佐藤岩夫「ドイツにおける都市の「法化」と住民の自律」社会科学研究四五巻四号（一九九四）一九九、二一二頁以下は、インフォーマルな交渉から排除された利益の影響力を回復させる手段として、出訴可能性を挙げる。

(44) 最高裁平成一七年一二月七日判決民集五九巻一〇号二六四五頁。

(45) 最高裁平成一四年一月二二日判決民集五六巻一号四六頁。

(46) 参照、都市計画争訟研究会「都市計画争訟研究報告書」（二〇〇六年）五頁。

(47) 平成11年以降は国土交通大臣が首都圏整備計画を決定する。

(48) Schink, DVBl. 2011, S. 239.

(49) 山田洋『大規模施設設置手続の法構造』（信山社、一九九五年）六三頁以下。

(50) 安本典夫『都市法概説〔第三版〕』（法律文化社、二〇一七年）五九頁。

(51) 参照、林知更「憲法学が民主政を論じる意味—毛利透『民主政の規範理論』（勁草書房、二〇〇二年）をめぐって」比較法史学会編『比較法史研究：思想・制度・社会＝Historia Juris 12 戦争装置としての国家』（二〇〇四年）二六二、二七三頁以下。

(52) 計画策定の政治性について、Gärditz, Europäisches Planungsrecht, 2009, S. 9 ff.

(53) 井上達夫『現代の貧困―リベラリズムの日本社会論』（岩波書店、二〇一一年）一九九頁以下。

(54) 亘理格「共同利益論と『権利』認定の方法」民商一四八巻六号二三頁以下。

（のだ　たかし・行政法学）

Ⅲ　防災と災害復興

1　災害時の共助と地域の絆との関係性
――熊本地震における避難所調査の事例から――

澤田道夫
（熊本県立大学）

一　はじめに

「災害ユートピア」という言葉をご存じだろうか。これは、アメリカのノンフィクション作家R．ソルニットの著書*A Paradise Built in Hell*の邦訳のタイトルであり、同書を契機に広まった言葉である。ソルニットによれば、災害の直後には誰もが利他的になり、隣人や見も知らぬ人びとに対して思いやりを示し、お互いに助け合うことに喜びを感じるようになる。この喜びは、普段は忘れられている市民生活や市民社会への帰属への欲求である。大惨事に直面した場合、ややもすれば人間は利己的になり、パニックに陥り、略奪などに走るという一般的なイメージは、現実には存在しない。危機やストレスは競争や孤立を生むよりむしろ社会的結合を強くするというのがソルニットの主張である（ソルニット二〇一〇：一〇―一一、一三二、一六六―一六七）。

しかし、このような美しい災害ユートピアの概念については、あくまで「事後」の話に過ぎないという見方も可能である。災害ユートピアが、あまねく災害のいずれにおいても常に誕生するのであれば素晴らしいことであるが、実際にはこのような単純な話にはならないことはこれまでの災害を見れば明白である。それでは災害ユートピアが機能するためにはどのような条件が必要なのであろうか。

一つの答えとしてあげられるのが「地域の絆」である。防災行政の現場においてよくいわれる言葉の一つに「祭りのある地域は人的被害が少ない」というものがある（五百旗頭二〇一六：八九）。日頃から住民同士のつながりがある地域はお互いをよく知っているため、いざ災害というときに相互に助け合うことができる、というのがその理由である。この言葉は、地域社会における人々の関係性のネットワークこそが、実際の災害発生時に共助を機能させ、（観念ではなく実質としての）災害ユートピアを実現させるということを示している。すなわち、災害時の共助が機能するためには、その地域に絆が存在していることが重要であるということになる。

本論はこのような視点に立ち、日頃からの地域社会における絆と、実際の災害時における住民同士の共助との関係性について考察を行うものである。なお、「絆」という概念規定のやや曖昧な言葉については、ソーシャル・キャピタルの概念を用いて論じることとしたい。地域の祭りの有無や近隣同士の挨拶、地域の避難訓練などの頻度をソーシャル・キャピタルの指標としたうえで、一般的に使用されるソーシャル・キャピタルの二つの類型である「結束型」と「橋渡し型」について考察を行うこととしたい。また、災害時に共助が機能しているかどうかについては、避難所運営に住民がどのくらい関わったか、その強弱によって測ることとする。災害時の避難所運営において、住民が避難所運営に強く関与した地域においては共助が機能していると考えてよく、そうでない地域は共助が機能していないと考えられる。これらについて、熊本地震において実際に設置・運営がなされた避難所に対する調査結果を基に検証を行う。そのうえで、災害時の共助と地域の絆の両者の相関関係を調べることにより、「災害時の共助が機能するためには、その地域に絆が存在していることが重要である」という命題について検証することとしたい。

地域におけるソーシャル・キャピタルと災害復興に関する研究は、二〇〇〇年代以降、国内外で盛んに行われている(1)。特に日本においては、二〇一一年の東日本大震災以降、この両者の関係性について指摘する研究成果が次々と発表されている。しかしながら多くの研究では、その従属変数を「復興の速度」等の極大的な部分に設定したり、あるいは「個々の住民の行動特性」といった極小的な部分に焦点を合わせたりしてきた。その結果、肝心の自治体の防災行政の現場において、地域の絆の醸成の必要性が実利のあるものというよりも目指すべき理想像のようなものとして捉えられてしまい、その重要性の認識が十分に浸透してこなかった嫌いがある。本研究では、実際の防災行政に関わる避難所運営への住民の関与を従属変数に設定することで、日頃から地域の絆を育んでおくことが行政にとっても地域にとっても実利があることを論じる。同時に、単純な災害ユートピア論(2)ではなく実際に災害ユートピアが実現するための条件を提示するとともに、それを実現するための隘路について考察を行うこととしたい。

二　共助、絆、ソーシャル・キャピタル

本論では「災害時の共助が機能するためには、その地域に絆が存在していることが重要である」という命題について検証を行うと述べた。この命題の中で用いられている「共助」、「絆」などの用語は、人口に膾炙してはいるものの、その意味合いは曖昧模糊としている。本論で概念装置として使用するこれらの言葉について、今少し整理しておきたい。

1　自助・共助・公助という言葉

「自助・共助・公助」は、今やすっかり国民の認知を得た一般的な言葉となっている。およそ全国いずれの行政機関においても、また市井の人々の間においても、自助・共助・公助という表現を使用して通じないということはほとんどない。しかしながら、ワンセットで使用されるこの三つの言葉のうち、「公助」については辞書に載っている訳ではなく、また法律用語というわけでもないため、定義は若干曖昧である。内閣府が行った「平成29年度 防災に関する世論調査」においては、自助・共助・公助についてたずねた設問において、以下のような説明がなされている。

災害が起こったときに、その被害を少なくするために取る対応には、
「自助《じじょ》」…自分の身は自分で守ること(3)
「共助《きょうじょ》」…地域や身近にいる人どうしが助け合うこと
「公助《こうじょ》」…国や地方公共団体が行う救助・援助・支援
という考え方があります。

この自助・共助・公助という言葉は、従前から国の防災関係の資料において使用されていたが、阪神淡路大震災を経て一般にも認知が進み、東日本大震災以降すっかり人口に膾炙するようになった。両震災では、交通網が寸断されたり、地震や津波によって行政庁舎が被災したり、首長をはじめとする行政職員が犠牲となったりして行政機能がマヒする事態が起こり、いわゆる「公助の限界」というものを理

念ではなく現実の姿として我々に突きつけることとなった。いざというとき行政が助けに来てくれるのを待っていても間に合わない、公助を当てにするのではなく自らの身は自分で守り（自助）、さらにコミュニティで互いに助けあう（共助）ことが重要であるということを多くの国民が実感したことにより、自助・共助・公助という言葉が、自助＞共助＞公助という順列的な意味合いを含めて国民の間に浸透したのである。

自助・共助・公助のうち、国や自治体が最も期待を寄せるもの、そして地域住民にとって最も重要なものはいずれかといえば、それは明らかに「共助」である。自助というのは自分、そして家族を守るというある意味当たり前の行動であり、周りが特段の働きかけをせずともこの努力を放棄する者は少ない。行政にとっても、非常用備蓄や災害保険加入の促進等の周知啓発はできるにしても、それ以上の私的領域に踏み込む必要性は感じられないであろう。公助の方はといえば、財政的・人的な制約の中で、行政にできることはやはり限られている。ひとたび通常業務の範囲を超えるような大規模な災害が起きれば、やはり公助の限界が露呈せざるを得ないこととなる。このように、私的領域における自助、公的領域における公助のいずれにも限界がある中で、両者の中間に位置する地域コミュニティに行政の期待が集まることとなるのもまた当然の成り行きであった。特に東日本大震災以降、国や自治体において自助・共助・公助という言葉が盛んに謳われるようになったが(内閣府二〇一四・文科省二〇一四ほか)、自助・共助・公助の重要性を強調するということは即ち共助の重要性を強調することに他ならない。

ただし、このような行政側の思惑は別にして、現実の災害対応において共助が実際に重要であることは論を俟たない。これを裏付けるものとして最も有名なのは、阪神淡路大震災における自助・共助に関する研究である。それによると、地震によって倒壊した建物から救出された人を助けた主体のうち八

図1　重点を置くべき防災対策の推移

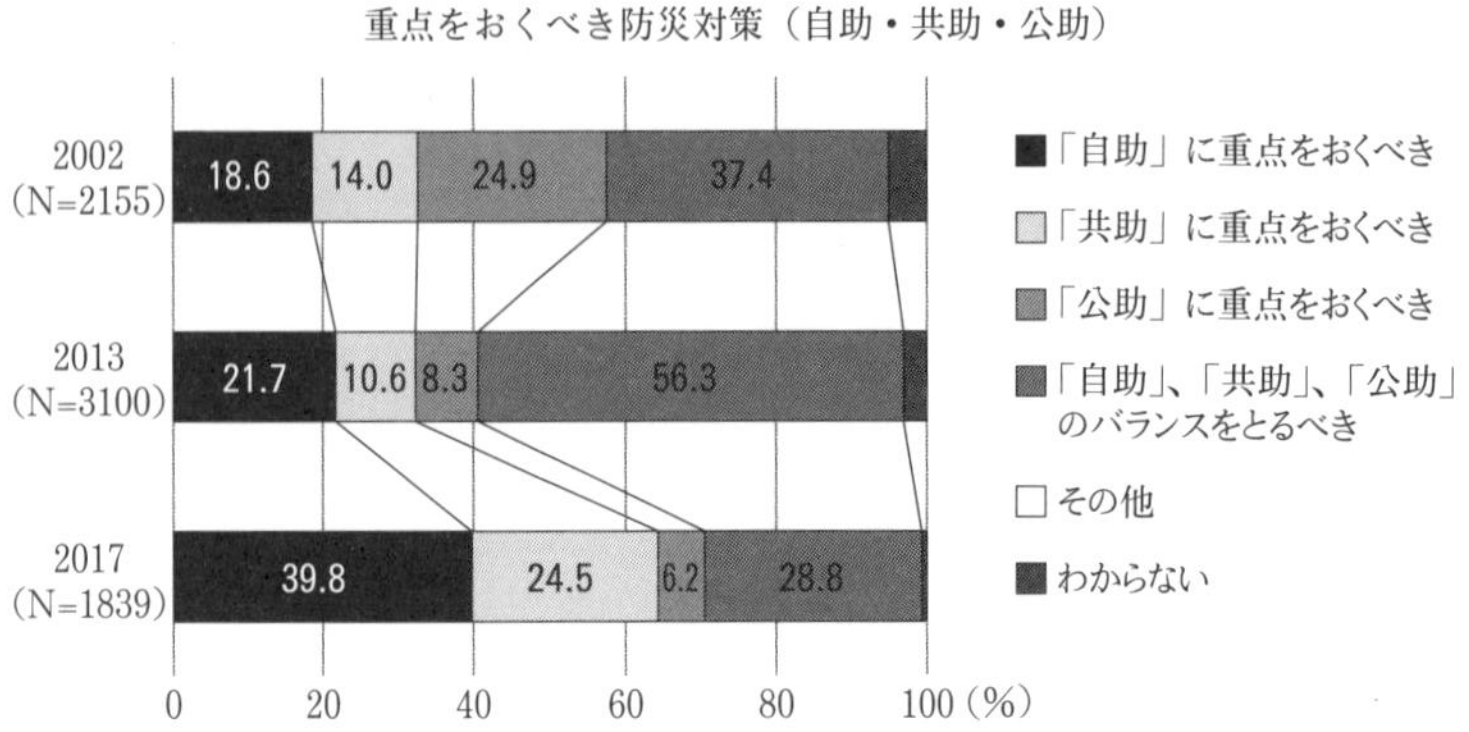

出典：内閣府「防災に関する世論調査」

割が家族や近所住民等といった自助・共助によるものであったという研究結果や（河田一九九七）、生き埋めや閉じ込められた際に自力・家族といった自助による救助が六七%、友人・隣人・通行人といった共助による救助三一%がであったという結果（日本火災学会一九九六）が示されている。東日本大震災においても、日頃から防災教育を受けていた小中学校の生徒が、自分たちのみならず周りの大人達にも声を掛け合って津波の被害を逃れたといういわゆる「釜石の奇跡」と呼ばれる例も存在する。これらは皆、共助の本質的重要性を示すものといえよう。

先述の内閣府による「防災に関する世論調査」では、二〇〇二年、二〇一三年、二〇一七年の三回に渡り、災害が起こったときに自助・共助・公助のいずれに重点を置くべきかをたずねている（図1）。それによると、東日本大震災発生前の二〇〇二年では自助・共助・公助について「公助」に重点を置くべきだと答える割合が一番多かったが、二〇一三年には自助との間で割合が逆転した。さらに二〇一七年になると、自助と共助がその割合を伸ばし、公助を大きく上回るようになっている。

この結果を見ると、国民の間に共助の重要性の認識も十分に浸透していると考えられよう。しかしながら、災害時にそれが自動的に発露するとは限らない。災害時に的確に共助を機能させるためには、それが機能する条件を理解し、あらかじめ育んでおくことが重要となるのである。

2　絆とソーシャル・キャピタル

絆という単語もまた、東日本大震災以来、広く使われるようになっている。試みに辞書（三省堂大辞林）で絆を引くと、以下のような意味合いが記載されている。

【絆】
①家族・友人などの結びつきを、離れがたくつなぎとめているもの。ほだし。「―を断ち切る」
②動物などをつなぎとめておく綱。

一般的に使用されている言葉としての絆は、①の方の意味合いであろう。すなわち絆とは、主に人と人の結びつきや一体感、連帯意識などという、関係性の概念で使用されている言葉である[4]。そして近年では、その関係性が地域コミュニティ、自治体、さらには社会全体へと拡張して使用されている。

この絆という用語は、観念的にはよく知られてはいるものの学術的に厳密な概念規定はなされておらず、考察対象としてはやや扱いにくい。幸いにも、絆の意味合いに極めて近く、かつ学術用語として研究の蓄積が豊富な「ソーシャル・キャピタル」という概念がある。「地域の絆」を「地域社会のソーシャル・キャピタル」と読み替えても大意は変わらずに論考することが可能であろう。そのため、本論においても考察対象としての地域の絆を便宜的にソーシャル・キャピタルに代替したうえで論じることとしたい。

では、そのソーシャル・キャピタルとは何であろうか。本論で取り扱うソーシャル・キャピタルの理論枠組みについても整理しておこう。ソーシャル・キャピタルは、日本語で「社会関係資本」と訳されるとおり、金融資本、物的資本、人的資本といった他の形態の資本と類似する概念である（アルドリッチ二〇一五：四〇―四一）。大まかにいうならば、社会における人と人との関係性やネットワークを指すといってよい。キャピタル（資本）という言葉が示すとおり蓄積が可能であるが、代償を払う心配なく自由に使用・処分することが可能な個人的資本とは異なり、個人のネットワークあるいは交友関係の中に埋め込まれ、関係性を通してのみアクセスできる資源である（リン二〇〇八：七二）。

最も初期（一九一六年）にソーシャル・キャピタルという言葉を使用したL．ハニファンは、それを思いやり、親交、共感であり、個人や家族間における社会的な関わり合いであるとした。ここでは、ソーシャル・キャピタルの持つ関係性は、親族間や友人関係に絞られている。社会学者のP．ブルデューは、一九八六年の論文で、ソーシャル・キャピタルがメンバー間の関係に正当性と信任を与えるものであり、それが世代間で受け継がれる可能性を指摘している。また、J．コールマンは一九八八年、ソーシャル・キャピタルについて、社会構造内のアクターに特定の行動を促進するつながりであるとする（アルドリッチ二〇一五：三八―四一）。

ソーシャル・キャピタルの論者として最も有名なのは政治学者のR．パットナムである。パットナムは、イタリアの地方制度について論じた *Making Democracy Work*（『哲学する民主主義』）と、アメリカのコミュニティを調査した *Bowling Alone*（『孤独なボウリング』）においてソーシャル・キャピタルを取り扱い、その考え方の普及に大きな役割を果たした。パットナムはソーシャル・キャピタルについて、「調整された諸活動を活発化することによって社会の効率性を改善できる、信頼、規範、ネットワークといった社会組織の特徴」であるとする（パットナム二〇〇一：二〇六―二〇七）。この定義が示すとおり、パットナムにおけるソーシャル・キャピタルとは、個々人が利用する資源というよりも、社会全体における信頼や互酬性などの規範意識を指している。さらに、パットナムはソーシャル・キャピタルを「結束（ボンディング）型」と「橋渡し（ブリッジング）型」という二つの類型に分けて論じる（パットナム二〇〇一：一九）。結束型のソーシャル・キャピタルは、擬集性の高い集団に見られるような同質的で内向きの強い結びつきであり、橋渡し型のソーシャル・キャピタルは、ある集団のメンバーとその外部のネットワークのメンバーとの間につくられる弱いつながりである。

ソーシャル・キャピタルの研究において、パットナムと並びよく参照されるのがN．リンの理論枠組みである。リンはその著書*Social Capital*（『ソーシャル・キャピタル』）において、ソーシャル・キャピタルを「人々が何らかの行為を行うためにアクセスし活用する社会的ネットワークに埋め込まれた資源」と定義する（リン二〇〇八：三二）。そして、資本とはそもそも何か、社会関係資本（ソーシャル・キャピタル）の特徴は何か、そこで利用される資源とは何か等、それぞれの概念を丁寧に積み上げて論じている。リンのソーシャル・キャピタル論の特徴は、個人の行為に焦点を当て、その成功にソーシャル・キャピタルがどのような影響を与えるかについて論じているという点にある。リンによれば、社会関係資本と行為の成功との間には正の相関関係がある。個人は、何らかの利益を得るために、関係性の中に存在する資源にアクセスを試みるが、その際、現在保有している資源の維持を求めている場合には、強い紐帯の方が有効となる。一方で、個人が新たな資源の獲得を求める場合には、弱い紐帯の方がより良いソーシャル・キャピタルにアクセスできる可能性が高くなるとされる(5)（リン二〇〇八：八五—八九）。

リンにおけるソーシャル・キャピタルは、パットナムのそれのような人々の信頼と規範のネットワークといった（やや漠然とした）定義ではなく、経営資源論や組織ヒエラルキー論的なアプローチに立った定義である。パットナムは個々人をつなぐネットワークや関係をソーシャル・キャピタルと捉え、リンはそこを行き交う情報や資源をソーシャル・キャピタルと捉えているといってよい（アルドリッチ二〇一五：四三）。しかしながら、いずれの論者もソーシャル・キャピタルを、人と人とをつなぐ関係性であり、かつその存在が社会の改善にとって有効となるものとして捉えていることは間違いない。そのため、地域の絆を地域のソーシャル・キャピタルと読み替えて操作化することで以下の議論を進めることとしたい。

三　ソーシャル・キャピタルと災害研究

ソーシャル・キャピタルは、特にパットナム以降、その概念の理解が深まるとともに、社会学のみならず政治学、行政学の分野においても広く注目を集めてきた（Ganapati 2012: 419）。災害研究の分野においても、それは同様である。二〇〇〇年代以降、国内外において災害とソーシャル・キャピタルの関係性を取り扱う重要な研究が次々になされてきた。ここではそれらのうち主なものについて確認しておきたい。

ソーシャル・キャピタルを用いた災害研究で最も著名なのはP. アルドリッチの理論枠組みである。アルドリッチはその著書 *Building Resilience*（『災害復興におけるソーシャル・キャピタルの役割とは何か』）において、災害後の復興度合いの差を説明するものとして、ソーシャル・キャピタルの役割に焦点を当てて論じている。

災害からの迅速な復興に当たっては、政治的リーダーシップや経済的な支援が重要とされがちである。しかしアルドリッチによれば、中長期的には同じ政府の元でも地域によって復興のスピードが異なっており、政治的リーダーシップが被災地の復興の進捗の差を説明する最大の要因であるとはいえない。また、支援額が大きいほど良好な復興が実現するという論拠はほとんどないばかりか、巨額の支援は逆効果となるという研究結果も多く存在するとされる（アルドリッチ二〇一五：九―一二）。これらの点を踏まえてアルドリッチは、「社会経済的状況、人口密度、被害の大きさ、支援量といった一般的によく取り上げられる要因よりも、高い水準のソーシャル・キャピタルが復興の原動力としてより大きな影響を与える」と主張する（アルドリッチ二〇一五：一九―二〇）。同書では関東大震災（一九二三年）、阪神・淡路大震災（一九九五年）、インド洋大津波（二〇〇四年）、ハリケーン・カトリーナ（二〇〇五年）という四つの災害について事例研究が行われる。そして、四つの事例全てにおいて、より高い水準のソーシャル・キャピタルを持つ地域が効果的で効率的な復興を達成していることが示される（アルドリッチ二〇一五：一九七）。

同書においてアルドリッチは、ソーシャル・キャピタルを三つに類型分けする。そのうち二つは前出の「結束型」と「橋渡し型」であるが、アルドリッチはさらにリンのヒエラルキー構造を用いた理論を踏まえて「連結型」ソーシャル・キャピタルの類型を提示する（アルドリッチ二〇一五：四五―四八）。この連結型は、権力との間の信頼関係によるネットワーク、すなわち地域住民と政府や自治体などとの間での縦の協力関係を意味する。アルドリッチの枠組みにおいては、結束型は地域における閉じたネットワーク、橋渡し型は結束型同士をつなげるような水平関係のネットワーク、そして連結型が垂直方向のネットワークとなる。事例の中では、いずれのソーシャル・キャピタルについてもその重要性が指摘されている。

ただし、ソーシャル・キャピタルには負の側面も存在することを忘れてはならない。特に、強固な結束型ソーシャル・キャピタルは、内部のメンバーに対して大きな利益をもたらす反面、ネットワークの外部にいる者を排除することにつながる場合がある。効果的な復興政策を策定するためには、地域の結束を強めていくと同時に、橋渡し型と連結型のソーシャル・キャピタルを育成していく必要があるとアルドリッチは述べている(アルドリッチ二〇一五:二一七)。

日本におけるソーシャル・キャピタルに着目した災害研究についても比較的新しいものを紹介しておこう。藤見(二〇一一)では、熊本市の壺川・慶徳地区および熊本県山都町菅地区において、近所付き合いなどの「信頼・互酬性」および結束型・橋渡し型の「社会ネットワーク」と、自助・共助意識との関連性について調査を行った。調査では、いずれの地区においても結束型の社会ネットワークが自助・共助意識に影響を与えていることが明らかになる反面、信頼・互酬性や橋渡し型の社会ネットワークと自助・共助意識には関連が見られないという結果となった。藤見らは、当該調査を踏まえて災害対応における結束型ソーシャル・キャピタルの有効性を改めて確認するとともに、いずれの地区においても脆弱さが見られた橋渡し型ソーシャル・キャピタルについても今後の育成の必要性を指摘している。

渡辺(二〇一三)では、埼玉県飯能市における防災訓練参加者を対象に、避難所運営の望ましい主体(自助・共助・公助)や、運営への参加意識を調査している。それによると、日頃から地域活動に参加していない層では、避難所運営主体における自助意識が低く、行政への依存傾向が高い。また、運営スタッフとしての参加を希望する割合も低くなっている。他方、福祉ボランティアなど日頃から対人的な支援活動に従事している層においては、避難所運営における自助意識や運営スタッフとしての参加割合も高い。また同調査では、自治会活動へ参加している層の自助意識や積極的なスタッフ参加意識の意外な低さも指摘されている。

川脇（二〇一四）では、日本NPO学会が被災地で行った意識調査の結果を基に、地域のソーシャル・キャピタルと被災者個人の支援行動・受援行動との関係性について考察が行われた。災害に際しては、他の被災者を支援するだけではなく、自らが被災者として受援側に回ることも常に想定される。川脇はこの両者の関係性を分析し、受援した者は支援も行うとともに、支援した者ほど受援も受けること、逆に、支援や受援をしていない人は他者からもそれが受けられないという支援と受援の相互関係を明らかにした。さらに、震災前のソーシャル・キャピタルを示す社会参加の度合いと支援・受援の相関関係では、「自治会などの地縁活動への参加」・「ボランティア等の市民活動への参加」・「その他の団体への参加」の項目について、支援・受援の両者ともに有意な相関が見られることが分かった。調査結果に基づき川脇は、活発な地縁活動は地域の受援力を高めることや、活発な市民活動は地縁活動に比べてより一層支援活動への関与を高めることについて論じている。

川本（二〇一五）は、仙台市と静岡県浜松市の住民を対象に、ソーシャル・キャピタルと地域内の共助行動の関係を調査し、信頼やつきあい・交流などのソーシャル・キャピタルが地域内共助行動に影響を与えていることを明らかにした。さらに川本は、ソーシャル・キャピタルの伝搬についてコンピュータ上でマルチエージェント・シミュレーション(6)を用いた分析を行っている。それによると、東日本大震災を経験した仙台市においては、被災経験により形成されたつきあい・交流や潜在的復興力が地域内共助を増幅させていた。年代別シミュレーションでは、二〇代・三〇代では避難時における近隣ネットワークの構築割合が減少していたが、六〇歳以上の場合はいずれの段階でも安定的にネットワークが構築されていたとされる。

吉澤（二〇一七）は、日本総研のソーシャル・キャピタルに関する調査をもとに、都道府県ごとのソーシャル・キャピタルの蓄積度合いと災害における人的被害の数の相関関係を分析している。この調査では、ソーシャル・キャピタルの指標についてボンディング（結束型）指数・ブリッジング（橋渡し型）指数に加えて信頼の度合いを含む社交性指数を追加している。その結果、全体およびボンディング指数・社交性指数において人的被害の減少に有意な影響が見られるということが分かった。また、単独世帯と高齢世帯については被害の拡大と正の相関が見られた。特に、信頼や社会的交流を加味した社交性指標が、人的被害の抑制に最も大きな影響を及ぼしているという結果は、社会参加が被害の拡大を抑制するという意味で、共助と絆の関係性を示唆する。

いわゆる「災害弱者」といわれる要配慮者について、その災害時の避難支援の体制とソーシャル・キャピタルとの関係性を調べたのが松山（二〇一九）である。調査結果では、結束型のソーシャル・キャピタルが強い場合、要配慮者の避難支援体制づくりにマイナスの影響が及ぼされることが分かった。この結果は、アルドリッチも指摘したような結束型の排他性という負の側面が現れたものと見ることができる。地域住民の一人であるはずの障がい者が、地域コミュニティから外集団として扱われ阻害されてしまう可能性を示唆する結果であり、我々がソーシャル・キャピタルを考えるうえで非常に重大な問題が突きつけられているといってよい。

黒木（二〇二〇）は、現実の被災地の事例をもとに災害時におけるソーシャル・キャピタルの推移について論考を行っている。平成二十八年熊本地震における震源地として大きな被害を受けた益城町のうち、山間部の津森地区では被災者自らの判断により地域全体で集団避難するとともに、避難所となったホテルにおいても地域住民による避難所運営が行われた。熊本地震においては住民主体での自主的な避難所運営が行われたケースは少なかったが、本事例においてはそれが可能となっていたとされる。黒木はその理由について津森地区におけるソーシャル・キャピタルの存在をあげるとともに、避難所運営期における橋渡し型から結束型へのソーシャル・キャピタルの変容を指摘している。

アルドリッチや松山が述べた結束型ソーシャル・キャピタルの抱える排他性という問題点は、海外の研究においても繰り返し指摘されている。ソーシャル・キャピタルがジェンダーに及ぼす影響に着目した研究を行ったGanapati（二〇一二）は、トルコのGolcukでのケーススタディをもとに、ソーシャル・キャピタルの被災女性エンパワーメントへの有効性について論じている。その中でGanapatiは、ソーシャル・キャピタルに欠けている視点の一つとしてジェンダーの問題点を指摘する。ソーシャル・キャピタルは昔ながらの家族や近隣関係などの伝統的な役割を強調しており、パットナム自身、『孤独なボウリング』の中で、アメリカ社会においてソーシャル・キャピタルが喪われることとなった原因の一つに女性の社会進出をあげている程だが、このような伝統的結束性の重視が、性別役割分業の固定化など女性に対する有形無形の抑圧・偏見につながる可能性は確かに存在している。その意味で、Ganapatiの批判は鋭い。

Ireni-Saban（二〇一二）は、ハリケーン・カトリーナ、スマトラ沖地震、四川大地震の事例の分析から、コミュニティのエンパワーメントにおける行政の役割の重要性と、コミュニティが災害時の行政による政策的介入を受け入れることの必要性を強調する。そしてアメリカや中国等の復興の例を比較したうえで、「強力な行政」と「多様性の低い社会」の方がより効率的に復興が進むのではないかと指摘している。ここで述べられている多様性の低い社会とはすなわち、(橋渡し型ではなく)結束型のソーシャル・キャピタルが強い社会である。Ireni-Saban の研究からは、災害復興には行政主導による強固な結束型ソーシャル・キャピタルの育成が重要であることが示唆される。結束型ソーシャル・キャピタルの有効性については首肯できるものの、自治のあり方を考えるうえではやや暗澹とさせられる指摘といえよう。

ここまで、ソーシャル・キャピタルを災害研究に適用した事例について瞥見してきた。多くの研究において、災害復興の速度や地域住民の防災意識の向上に与えるソーシャル・キャピタルのよい影響が指摘されている。しかし、そこで高く評価されているソーシャル・キャピタルの類型を見ると、その多くは「結束型」であって「橋渡し型」ではない。そして、結束型のソーシャル・キャピタルについてはその有効性と同じくらい、問題点も指摘されているものである。従って、我々はソーシャル・キャピタルを手放しに褒め称えるわけにはいかない。結束型のソーシャル・キャピタルが生み出すユートピアは、弱者やよそ者を切り捨てた土台の上に作られた楽園であるかもしれないのである。

四　熊本地震における避難所調査

1　熊本地震の概要

今回調査の対象とした熊本地震は、二〇一六年四月一四日と一六日に発生した震度七の地震である。この地震は、人口が集中する県都熊本市とその周辺地域に大きな被害をもたらすこととなった。この地震の大きな特徴は、前震と本震の二回にわたり震度七の地震が発生したことにある。熊本地震よりも以前には、規模の大きな地震が起こり、その後余震が次第に規模を小さくしながら続いていくという「本震・余震」型の地震が大半であった。そのため熊本地震においても、前震の翌日の四月一五日には比較的規模の大きな余震が頻発してはいたものの、その時点では地震はこのまま収束していくという楽観的な見方が大半を占めていた。しかしその晩再び震度七の本震が発生し、被災地に更なる追い打ちをかけることとなったのである。このような「前震・本震」型の地震は、過去に例を見ないものであった。

余震の多さも熊本地震の特徴の一つである。地震発生から四月末までの半月の間に発生した余震は三〇〇〇回を超えており、これは同じく直下型の地震である阪神淡路大震災の二三〇回、中越地震の六八〇回と比べても非常に多い（熊本市二〇一八：四）。また、地震の規模についても、二回の震度七の他に、震度六クラスの余震が五回、震度五クラスは一七回も観測されている。ゴールデンウィーク明けまで毎日のように余震が数十回規模で発生しており、これらが行政による建物調査や被災住宅・家財の片付けなどを妨げることとなった。

この地震が、熊本県内でも人口が比較的増加していた地域を襲ったということも特徴として指摘してよい。特に大きな被害を受けた市町村としては、震源となった益城町のほか、熊本市東区、西原村、南阿蘇村などがあげられる。このうち熊本市東区は、政令指定都市である熊本市の五区の中で最も人口が多く、若い世代を中心に人口増加も著しい。また益城町は、その東区に隣接する自治体であり、熊本市のベッドタウンとして人口が増加していた。西原村・南阿蘇村についても、二〇〇〇年代までに村と熊本市をつなぐ幹線道路が整備されて以降、居住人口や観光客が着実に増加していた。熊本県内においても、大半の自治体において人口は減少傾向にあるが、今回の被災地は例外的に人口が増加しているエリアであった。このような地域が大きな被害を受けたことによって、行政職員の手に余るほどの大量の被災者が一度に出現することとなり、避難所運営や罹災証明書の発行に大きな支障を生じる原因となったのである。この地震で避難した住民の数は、ピーク時には一八万人と、当時の熊本県の人口一七九万人の一割強に上った。その結果、多くの避難所において運営に携わる行政職員が不足し、混乱が見られることとなった（澤田二〇一六：二五）。東日本大震災においては多くの地域で住民自身による避難所運営の自治組織が事前に制度化されており、実際にそれらの組織が行政と連携しながら避難所を運営したとされるが（慶長二〇一二：五、仙台市二〇一三：一四九ほか）、熊本地震においてはこのような自治的組織が活躍した避難所は多くはなく、大半の避難所で行政中心の運営がなされていた（浦野二〇一七：一〇三）。このことは、熊本県が行った熊本地震の初動対応に関する検証結果においても、避難所運営について行政への「過度な依存」があったしてと総括されているところである（熊本県二〇一八a）。

しかしながら、県民の一割に上るほどの大量の被災者を前にしては、行政だけで十分なサービスを提供していくのは到底不可能である。自主的な避難所運営を始めとして住民にできることは住民が共助で行い、その分行政はり災証明書の発行等の行政にしかできないことに注力するというのが緊急時における望ましい災害対応のあり方であろう。では、どのような条件があれば災害時に住民同士の共助が機能し、どうだったら行政主体の公助に依存することになるのだろうか。

2　熊本地震避難所調査について

そもそも避難所（指定避難所）とは、避難のための立退きを行った住民を必要な間滞在させたり、被災者を一時的に滞在させたりするために、自治体が指定する施設である（災害対策基本法第四九条の七)。避難所の開設・供与は自治体等が行うこととされており、いざ設置された場合はその施設は行政の管理下に入り公費で運営されることとなる[(7)]。ニュース番組でよく見かけるような台風接近に伴う公民館の避難所としての開放などもこのスキームで動いており、基本的には市町村が運営し住民は単に避難してくるだけである。そのため、そもそも住民の間に「避難所は行政が運営してくれて当たり前」という意識が存在することは想像に難くない。地域で行われる避難訓練なども「災害が起きたら避難所へ」という意識の刷り込みにつながっており(古橋二〇一四:一四八)、その先の避難所運営については通常は住民には想定されていない。

ところが、東日本大震災などの大規模な災害では、行政側に避難所を迅速に設置して住民に対し十分なケアをするような余裕・余力が存在しない。従って、このような大規模災害において行われる住民主体での避難所運営は、いずれも行政の指示・命令によるものではなく住民自身の内発的な相互支援行動と捉えられる。つまり、大規模災害時の避難所運営において、住民が避難所運営に強く関与した地域においては共助が機能していると考えてよく、そうでない地域は共助が機能していないと考えてよい。

先述のとおり、熊本地震においては避難所運営に関して公助への過度な依存があったとされているが、実際には、住民主体による避難所運営が行われた事例も存在している(熊本県二〇一八b:一二)。そこで、熊本地震において設置された避難所に対し、住民がどの程度その運営に関与していたかを調べることで、当該地域における共助の度合いを把握することを試みた。

①調査対象

今回の熊本地震にかかる避難所調査では、熊本地震で大きな被害を受けた自治体のうち、震度六強以上の揺れを観測した熊本市東区、益城町、西原村の三市町村を対象に行った。各々の自治体の特徴は表

表1　避難所調査の対象自治体

市町村名	震　度	2016.4人口	特　徴
熊本市	6強	739,991	都市部
益城町	7	33,748	ベッドタウン
西原村	7	6,792	中山間地域

図2　避難所調査対象自治体位置図

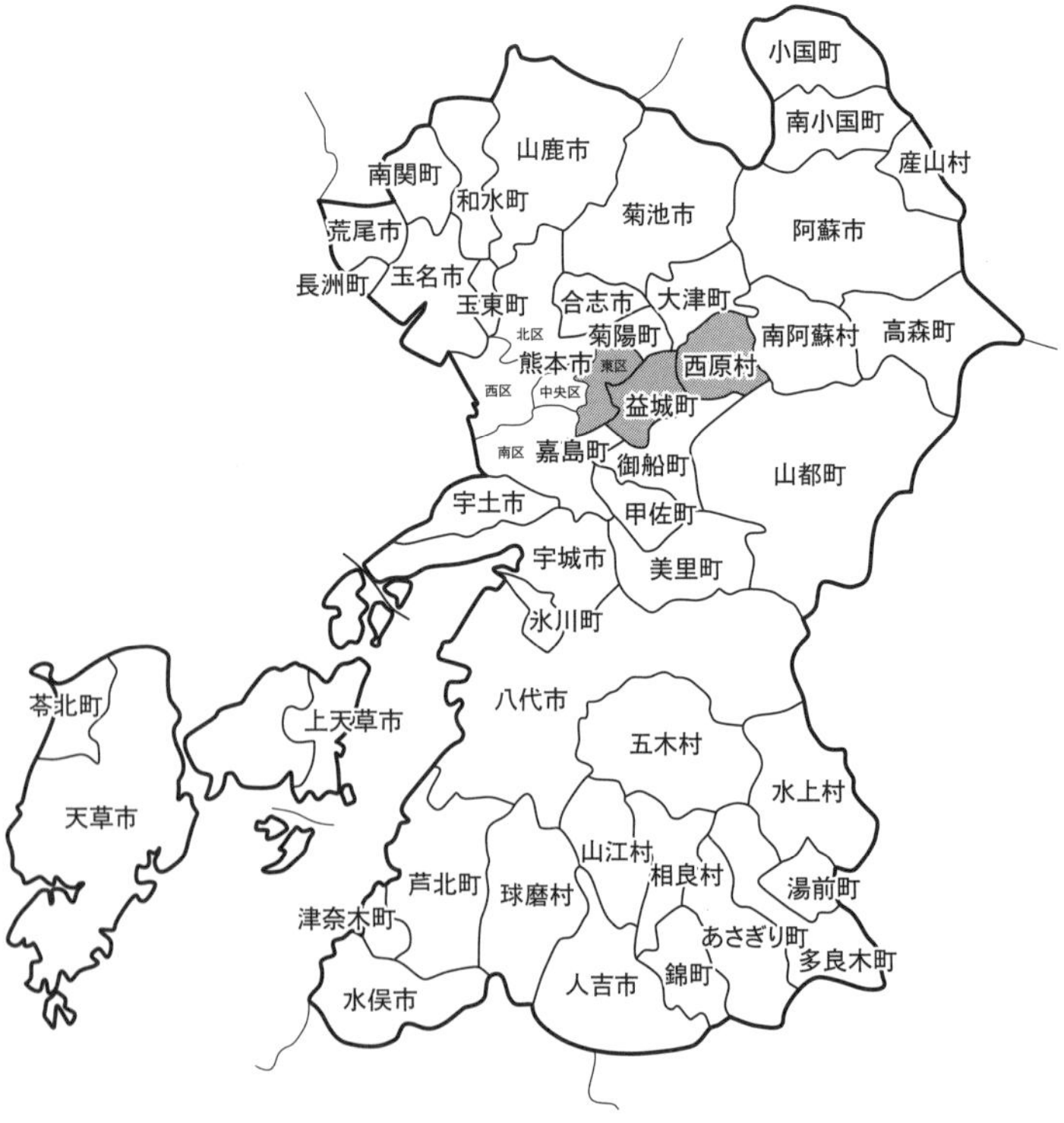

表2　調査項目一覧

A）基本情報
　1．施設名
　2．運営形態（学校・それ以外）
　3．避難所開設期間
　4．避難者数の推移
B）避難所運営への各主体の関与度の推移（0～100％までの数値を記入）
　1．行政（市町村職員・県職員・他自治体応援職員等）
　2．住民組織（町内会・自治会・校区単位の協議会・区長・行政嘱託員・民生委員等）
　3．地域住民（PTA・住民ボランティア）
　4．外部支援組織（NPOなど）
　5．外部個人・ボランティア（地域外個人・社協派遣ボランティア等）
　6．施設管理者自身
C）当該地域のソーシャル・キャピタルの強度（大変活発・やや活発・平均的・あまり行われていない・全く行われていない）
　1．校区単位のお祭り
　2．町内のお祭り
　3．町内運動会
　4．地域の防災訓練
　5．住民同士の挨拶・声かけ
　6．正月の共同行事（どんど焼き）
D）その他

1、各自治体の位置関係は図2のとおりである。

調査は、対象自治体における全ての公設避難所二七三施設を対象に、二〇一六年一一月に当該施設の施設管理者に対してアンケート調査を実施した(8)。有効回答数一二六、回収率は四六・二％となった。

②調査項目

本論で考察している「災害時の共助が機能するためには、その地域に絆（ソーシャル・キャピタル）が存在していることが重要である」という命題について検証するため、表2の項目について調査を行った。

なお、Bの避難所運営への関与度については、1～6の各主体が何％くらい運営に関与していたか、合計が一〇〇％になるように記入を求めた。また、時間の経過による関与度の割合の変化を知るため、以下の五つの時系列で関与度の数値を尋ねている。

1．前震〜　4／14〜4／15まで
2．本震直後　4／16〜4／18まで
3．地震翌週　4／19〜4／24まで
4．GW明けまで　4／25〜5／8まで
5．閉鎖まで　5／9〜避難所閉鎖

3　避難所調査の結果①―誰が避難所を運営していたか

熊本地震において、実際に避難所を運営していたのは本当に行政なのか、それとも住民なのか、それを明らかにするため、避難所運営への各主体の関与度について、全ての回答の平均値を求めた。それを時系列ごとに並べたのが図3である。

図3の棒グラフの一番下の色の濃い系列が行政の関与度、その上の二つ系列がそれぞれ住民組織と地域住民である。これを見ると、前震（4／14）から本震直後（4／16〜18）までは行政が突出して大きいわけではない。この期間、住民側（住民組織と地域住民の合計）も行政と同程度に避難所運営に関与していたということが分かる。特に本震直後は、行政の二〇・九％に対して住民側の合計は二一・七％と行政の関与度を上回る結果となった。避難所運営に過度の行政依存があったといわれる熊本地震の被災地ではあるが、決して住民同士の共助が働いていなかったわけではない。

その後、地震翌週以降から行政の割合が徐々に大きくなり、最終的に避難所閉鎖前には五割程度にまで達した。これは、一時的に避難所に身を寄せていた者や、被災したものの自力再建が可能な体力・経済力のある者が避難所から帰宅し、自力再建が困難な社会的弱者の割合が大きくなったためと想定され

図３　熊本地震における各主体の避難所運営への関与度の推移

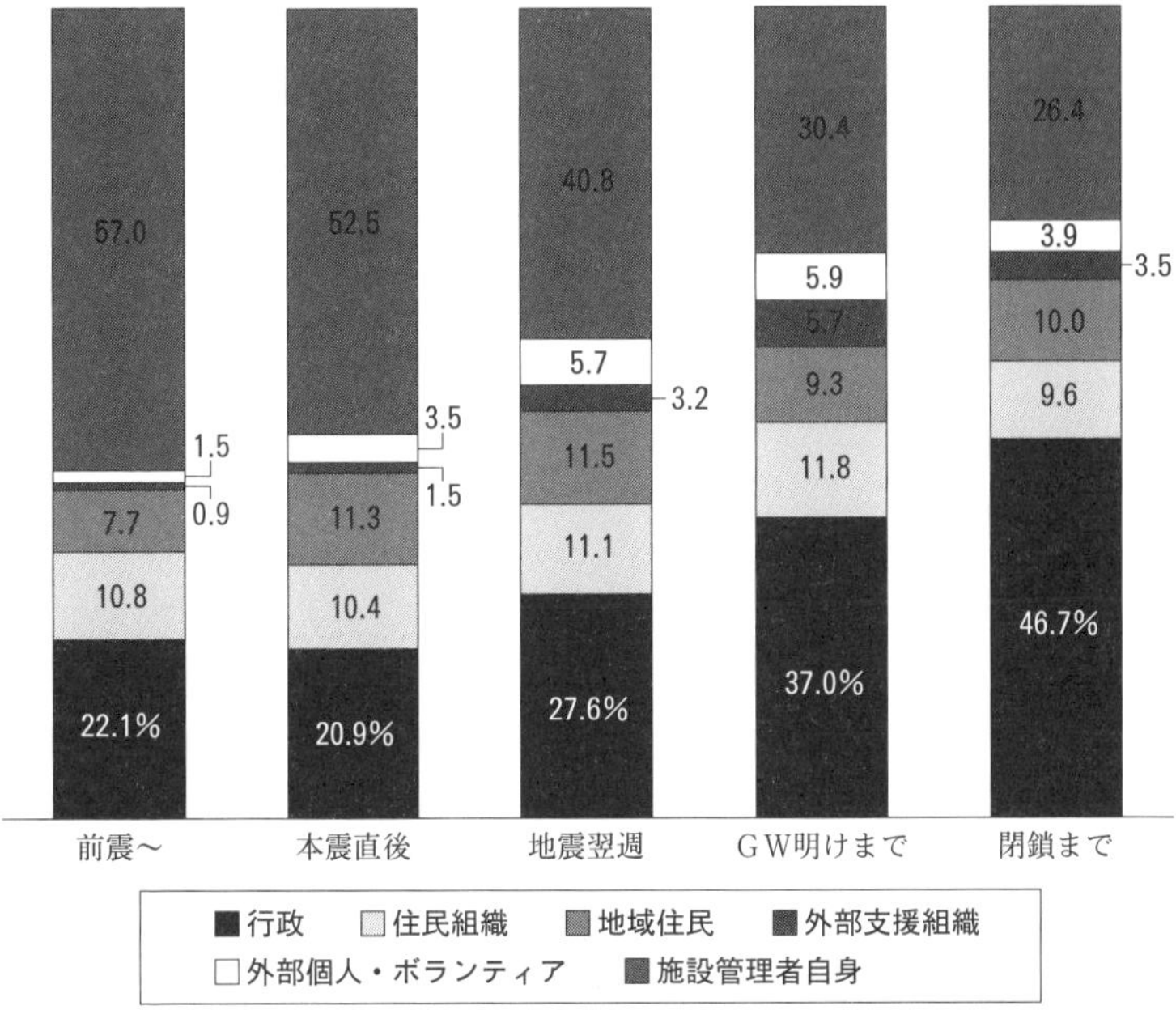

る。この段階の避難所運営になるとどちらかといえば福祉業務の側面が強くなるため、行政の関与度が増えるのはある意味当然であろう。

棒グラフの一番上の色の薄い系列は施設管理者自身の避難所運営への関与度である。やや意外ではあるが、地震翌週までの避難所運営において最も中心的な役割を担ったのは行政でも住民でもなく、施設管理者である。本アンケートは施設管理者に対して行ったため、回答者が自らの苦労を過大に評価する傾向にあったのは事実だが、それを差し引いてもこの割合は大きい。これは、公設避難所の多くに小中学校が指定されていることから、学校教員が施設内で行われた避難所運営に積極的に関与したことによるものであろう。確かに、体育館などの学校施設について最も熟知しているのは学校教員であり、また、教員の方が行政職員よりも児童の保護者などからの協力も得やすかったであろう。このことは、東日本大震災における各種の事例報告とも符合する（佐藤二〇一二：二七八、文科省二〇一四：三〇）。通常、避難所運営については行政や地域住民の果たすべき役割が議論されがちであるが、現実の運営に当たっては施設管理者のウェイトが極めて大きいというのがこの結果から得られる含意である。我々が避難所運営について議論するとき、この施設管理者の重要性という点を常に念頭に置く必要があろう。

4　避難所調査の結果②―運営への関与度とソーシャル・キャピタルの関係性

日頃からの地域の「絆」の有無が災害時の共助に影響するか否かについて明らかにするため、避難所運営への各主体の関与度の強弱について、ソーシャル・キャピタルを示す指標を説明変数として相関関係を分析した。

その際、ソーシャル・キャピタルの強弱の指標として用いたのは、以下の六つである。

1. 校区単位のお祭り
2. 町内のお祭り
3. 町内運動会
4. 地域の防災訓練
5. 住民同士の挨拶・声かけ
6. 正月の共同行事（どんど焼き）

これらの指標をソーシャル・キャピタルの結束型と橋渡し型に分けるとすると、[9] 結束型に分類できるのは2の町内のお祭り、3の町内運動会、4の地域の防災訓練、5の住民同士の挨拶・声かけ、6の正月の共同行事となるだろう[10]。一方、1の校区単位のお祭りは、参加団体や対象範囲が広く、どちらかといえば橋渡し型に近いといってよい。これらの指標について、「大変活発」から「全く行われていない」まで5段階で評価をしてもらい、それを説明変数とした。そして、住民組織・地域住民・行政の3つの主体について、それぞれの避難所運営への関与度の強弱を目的変数として、重回帰分析を行うこととする[11]。もし、ソーシャル・キャピタルの強さが避難所運営への関与度を高めているなら、いずれかの指標と関与度との間に正（プラス）の相関が現れるであろう。また本研究の特徴的な点として、時系列に着目し時間の経過による各主体の関与度の変化について重回帰分析を行っている。時系列にかかわらず常に相関が見られる指標があるならば、そのソーシャル・キャピタルの指標は避難所運営への関与度に大きな影響を与えているといってよいだろう。他方、特定のタイミングのみで相関が見られる指標については、何らかの理由があるのかもしれない。

重回帰分析の結果を表3～5に示す。この表の大まかな見方についても説明しておきたい。一番上の行の中央付近に「目的変数となる時系列＋対象の主体の名称」が記載されている。例えば「前震住民組織」と記載がある場合は、前震の際の住民組織の避難所運営への関与度に対する相関ということとなる。そして、変数名の下に記載されている「校区祭り」から始まるリストがそれぞれのソーシャル・キャピタルの指標、その右に書かれている数字が相関係数である。相関係数は-1～0～1までの値を取り、値が大きいほど強い相関となる。なお、プラスであれば正の相関（片方が増えればもう片方も増加）だが、マイナスの場合は負の相関（片方が増えればもう片方は減少）となる。また、相関係数の横のアスタリスクなどのマークは有意水準を示す。**は一％水準、*は五％水準、+は一〇％水準で有意

地域のソーシャル・キャピタルを示す指標を説明変数とした避難所運営関与度の重回帰分析

表 3　住民組織

変数名	前震住民組織	95%下限	95%上限	VIF
校区祭り	-.022	-0.403	0.359	1.890
町内祭り	.736 **	0.277	1.195	2.746
町内運動会	-.160	-0.512	0.191	1.606
地域防災訓練	.305 +	-0.047	0.657	1.615
住民挨拶	-.302	-0.753	0.150	2.654
どんど焼き	-.363 +	-0.765	0.040	2.113
施設区分（学校1、その他2）	.283 +	-0.033	0.598	1.298
R^2	.348 *			

変数名	本震後住民組織	95%下限	95%上限	VIF
校区祭り	-.041	-0.428	0.345	1.890
町内祭り	.730 **	0.264	1.195	2.746
町内運動会	-.104	-0.461	0.252	1.606
地域防災訓練	.292	-0.066	0.649	1.615
住民挨拶	-.348	-0.806	0.110	2.654
どんど焼き	-.365 +	-0.773	0.044	2.113
施設区分（学校1、その他2）	.274 +	-0.046	0.594	1.298
R^2	.329 *			

変数名	翌週住民組織	95%下限	95%上限	VIF
校区祭り	-.276	-0.691	0.139	1.890
町内祭り	.445 +	-0.055	0.946	2.746
町内運動会	-.009	-0.392	0.373	1.606
地域防災訓練	.290	-0.094	0.674	1.615
住民挨拶	-.249	-0.741	0.243	2.654
どんど焼き	.074	-0.365	0.513	2.113
施設区分（学校1、その他2）	.220	-0.124	0.564	1.298
R^2	.226 *			

変数名	GW 住民組織	95%下限	95%上限	VIF
校区祭り	-.037	-0.470	0.395	1.890
町内祭り	.628 *	0.107	1.149	2.746
町内運動会	-.133	-0.531	0.266	1.606
地域防災訓練	.158	-0.242	0.558	1.615
住民挨拶	-.328	-0.840	0.184	2.654
どんど焼き	-.241	-0.698	0.217	2.113
施設区分（学校1、その他2）	.042	-0.317	0.400	1.298
R^2	.160 *			

変数名	閉鎖住民組織	95%下限	95%上限	VIF
校区祭り	-.070	-0.492	0.352	1.890
町内祭り	.651 *	0.142	1.159	2.746
町内運動会	-.347 +	-0.735	0.042	1.606
地域防災訓練	.240	-0.149	0.630	1.615
住民挨拶	-.375	-0.874	0.125	2.654
どんど焼き	-.201	-0.647	0.246	2.113
施設区分（学校1、その他2）	-.041	-0.390	0.309	1.298
R^2	.200 *			

** $p < .01$, * $p < .05$, + $p < .10$

表 4　地域住民

変数名	前震地域住民	95%下限	95%上限	VIF
校区祭り	.011	-0.427	0.449	1.890
町内祭り	.011	-0.517	0.538	2.746
町内運動会	.003	-0.400	0.407	1.606
地域防災訓練	.309	-0.096	0.713	1.615
住民挨拶	-.144	-0.663	0.374	2.654
どんど焼き	.032	-0.431	0.494	2.113
施設区分（学校1、その他2）	-.249	-0.611	0.114	1.298
R^2	.139 *			

変数名	本震後地域住民	95%下限	95%上限	VIF
校区祭り	.016	-0.419	0.451	1.890
町内祭り	-.021	-0.545	0.504	2.746
町内運動会	.061	-0.341	0.462	1.606
地域防災訓練	.308	-0.095	0.710	1.615
住民挨拶	-.159	-0.675	0.357	2.654
どんど焼き	.019	-0.442	0.479	2.113
施設区分（学校1、その他2）	-.246	-0.607	0.115	1.298
R^2	.148 *			

変数名	翌週地域住民	95%下限	95%上限	VIF
校区祭り	-.171	-0.602	0.260	1.890
町内祭り	.337	-0.183	0.856	2.746
町内運動会	.000	-0.397	0.398	1.606
地域防災訓練	.152	-0.246	0.550	1.615
住民挨拶	-.035	-0.545	0.475	2.654
どんど焼き	-.033	-0.489	0.422	2.113
施設区分（学校1、その他2）	-.173	-0.530	0.184	1.298
R^2	.167 *			

変数名	GW 地域住民	95%下限	95%上限	VIF
校区祭り	.023	-0.414	0.459	1.890
町内祭り	.357	-0.170	0.883	2.746
町内運動会	-.126	-0.529	0.276	1.606
地域防災訓練	.156	-0.247	0.560	1.615
住民挨拶	-.091	-0.608	0.426	2.654
どんど焼き	.058	-0.404	0.519	2.113
施設区分（学校1、その他2）	-.110	-0.471	0.252	1.298
R^2	.144 *			

変数名	閉鎖地域住民	95%下限	95%上限	VIF
校区祭り	.045	-0.379	0.470	1.890
町内祭り	.360	-0.152	0.871	2.746
町内運動会	-.128	-0.520	0.263	1.606
地域防災訓練	.400 *	0.008	0.792	1.615
住民挨拶	-.261	-0.764	0.242	2.654
どんど焼き	-.038	-0.487	0.411	2.113
施設区分（学校1、その他2）	-.144	-0.496	0.207	1.298
R^2	.191 *			

** $p < .01$, * $p < .05$, + $p < .10$

表5　行政

変数名	前震行政	95%下限	95%上限	VIF
校区祭り	-.059	-0.456	0.337	1.890
町内祭り	.138	-0.340	0.616	2.746
町内運動会	.065	-0.300	0.431	1.606
地域防災訓練	.083	-0.284	0.449	1.615
住民挨拶	-.529 *	-0.999	-0.059	2.654
どんど焼き	.167	-0.252	0.586	2.113
施設区分（学校1、その他2）	.253	-0.076	0.581	1.298
R^2	.294 +			

変数名	本震後行政	95%下限	95%上限	VIF
校区祭り	-.175	-0.596	0.247	1.890
町内祭り	.080	-0.428	0.589	2.746
町内運動会	.014	-0.375	0.403	1.606
地域防災訓練	.025	-0.365	0.415	1.615
住民挨拶	-.264	-0.764	0.236	2.654
どんど焼き	.229	-0.217	0.675	2.113
施設区分（学校1、その他2）	.272	-0.078	0.621	1.298
R^2	.200 *			

変数名	翌週行政	95%下限	95%上限	VIF
校区祭り	.048	-0.371	0.466	1.890
町内祭り	-.256	-0.761	0.249	2.746
町内運動会	.048	-0.338	0.434	1.606
地域防災訓練	-.104	-0.491	0.283	1.615
住民挨拶	.071	-0.425	0.567	2.654
どんど焼き	.089	-0.354	0.532	2.113
施設区分（学校1、その他2）	.388 *	0.041	0.735	1.298
R^2	.212 *			

変数名	GW 住民組織	95%下限	95%上限	VIF
校区祭り	-.284	-0.689	0.120	1.890
町内祭り	-.470 +	-0.957	0.018	2.746
町内運動会	.186	-0.187	0.559	1.606
地域防災訓練	-.157	-0.531	0.217	1.615
住民挨拶	.092	-0.388	0.571	2.654
どんど焼き	.233	-0.195	0.661	2.113
施設区分（学校1、その他2）	.134	-0.201	0.470	1.298
R^2	.264			

変数名	閉鎖行政	95%下限	95%上限	VIF
校区祭り	-.376 +	-0.784	0.031	1.890
町内祭り	-.466 +	-0.957	0.025	2.746
町内運動会	.181	-0.195	0.556	1.606
地域防災訓練	-.273	-0.649	0.104	1.615
住民挨拶	.235	-0.248	0.718	2.654
どんど焼き	.338	-0.092	0.769	2.113
施設区分（学校1、その他2）	.067	-0.271	0.405	1.298
R^2	.254 *			

** $p < .01$, * $p < .05$, + $p < .10$

であることを示す。このマークが付いている場合は、数値が低かったとしても一定の相関が見られるといってよい。逆に、マークが付いていなければ相関係数が大きくても統計的に有意であるとはいえない。表3～5ではこの有意水準が10％以上のものについて、見やすくするために網掛けをした。

①住民組織

自治会等の住民組織の避難所運営への関与度については、様々なソーシャル・キャピタルとの相関が見られた。中でも最も影響が強いと思われる指標が「町内のお祭り」の指標である。町内のお祭りは、時系列に分けた全期間を通じて一貫して有意な影響を与えており、明らかに共助との関係性を持つ指標といえよう。

その他の指標では、前震時の地域防災訓練について有意な正の相関が見られる一方で、前震時と本震後の正月の共同行事（どんど焼き）、そして閉鎖までの町内運動会については逆に負の相関となっている。正月行事の活発度が、しかも住民組織の関与が比較的大きかった前震から本震直後の時期において、負の相関として影響を与えている理由については判然としない。町内運動会や正月行事自体が現在ではあまり行われなくなっていることは回答からも見て取れ、そのことが影響を与えている可能性もあるが、なお慎重な考察が必要であると思われる[12]。

なお、「施設区分」の項目については、1学校と2その他で施設を分け、それぞれの特徴を見たものである。この場合、正の相関とは「学校ではない施設の場合は関与が高まる」ということを意味する。前震や本震の直後においては、住民組織の活動は学校よりもそれ以外の施設の方が盛んだったということになる。これは、学校が自治会等の住民組織よりも広い範囲の校区の人間が集まっていることや、住民組織以外のリーダーシップ（学校教員など）が強かったためかもしれない。

②地域住民

地域住民については、住民組織のそれとは裏腹に、重回帰分析からはほとんど指標について共助行動との相関が見られないという結果となった。唯一有意だったのは、避難所閉鎖までの間の地域の防災訓練の指標のみであった。

③行政

行政についても、どのような条件のときに避難所運営への関与度が上昇するのか、運営への関与度とソーシャル・キャピタルとの関係性を検証した。

行政で有意な相関が見られたのは、前震時の住民同士の挨拶・声かけ、ゴールデンウィークの町内祭り、閉鎖までの校区祭り・町内祭りである。ただし、これらは全てがマイナスの相関係数、すなわち負の相関であり、地域のソーシャル・キャピタルが弱いほど行政の関与が強まるということを示唆するものとなっている。このことは、ソーシャル・キャピタルの弱い地域では住民の共助が機能しないために、行政がその穴埋めをしなければならなくなって関与度が上昇する、ということを意味するのかもしれない。あるいは、もともと住民同士の繋がりが薄く共助が期待できない地域であるという判断から、行政が集中的に支援を行ったという可能性も考えられよう。いずれにしても、住民組織とは逆のベクトルから、災害時の共助とソーシャル・キャピタルの関係性をより強調する結果となったことは興味深い。

五　共助とソーシャル・キャピタル

本論においては「災害時の共助が機能するためには、その地域に絆（ソーシャル・キャピタル）が存在していることが重要である」という命題を検証することを目的に、熊本地震での調査結果の分析を行った。最後に、共助とソーシャル・キャピタルの関係性について得られる示唆をもう一度整理しておこう。

1　ソーシャル・キャピタルの有効性

熊本地震避難所調査の結果を見ると、特に自治会等の住民組織について、地域のお祭りなどで培われたソーシャル・キャピタルが災害時における共助に対して有効に機能していることが確認できた。他の指標の与える影響が途切れとぎれにしか現れない中で、町内のお祭りだけは全期間を通じて一貫して影響を与えており、その重要性は疑念の余地がない。逆に、そのような取組が行われていない地域においては、自治会や町内会といった組織が存在していたとしても、災害時に積極的に行動することは難しいということになる。

祭りのような継続したイベントは、地域コミュニティの中に信頼関係を生み出すとともに人々の集合行為を促進する（Bhandari2010：143-146）。町内のお祭りは、自治会や町内会が中心的な役割を果たすことで、地域における住民組織のリーダーシップを繰り返し確認する場となるとともに、連絡調整を通じて、住民組織内部の結束性を強化する効果も併せ持つ。今回の調査結果は、このような取組を熱心に行っているコミュニティほど、いざ災害の時に共助が機能することを示唆するものであった。この結果を見る限り、住民組織に限っていえば、共助とソーシャル・キャピタルとの関係性は一定程度証明されたと考えてよいだろう。また、本論の冒頭に掲げた「祭りのある地域は人的被害が少ない」という言葉についても、どうやら真実であるといってよさそうである。このような経験則について、それを科学的に証明することにつながる貴重な知見が得られたことは、今後の災害行政を考えるうえでも非常に重要なことと思われる。

もう一点、今回の調査で現れた相関関係については、結束型のソーシャル・キャピタルが中心であったことも指摘しておきたい。結束型のソーシャル・キャピタルは、内向きの強い結びつきである。このような内向きの「密な」仲間意識の存在が、災害時における共助に影響を与えている可能性が高い。対照的に、比較的広範囲で行われる校区のお祭りについては、それが住民組織の内部に共助を喚起するという結果は確認できなかった。このことは、橋渡し型のソーシャル・キャピタルの存在が、災害時の共助にとってあまり意味を持たないということを示唆する。この傾向は藤見（二〇一一）や吉澤（二〇一七）でも同様であり、橋渡し型のソーシャル・キャピタルが地域の防災意識や人的被害の減少に与える影響についてはやはり有意な結果が得られていない（藤見二〇一一：四九四、吉澤二〇一七：五八）。パットナムやアルドリッチによる橋渡し型ソーシャル・キャピタルの重要性の強調とは裏腹に、災害時の共助に橋渡し型ソーシャル・キャピタルが関係しているというエビデンスはなかなかに見つからない。

地域住民に関する調査結果からは、期間は限定されているものの、地域防災訓練と避難所運営への関与度の間に正の相関が確認された。このことは、一般の地域住民であっても、防災訓練を繰り返すことで非常時に必要となる行動様式に習熟していれば、いざ実践のとき共助行動に取り組むことができるという可能性を示している。しかしながら、地域の防災訓練についてはいわば「練習」行為であり、ソーシャル・キャピタルを示す指標とはいい難いという見方もできる。その他の指標が影響を与えていないことに鑑みれば、個別の住民においてはソーシャル・キャピタルと共助が結びつきづらいとも考えられよう。地域住民の共助を強化するためには、住民組織への参加の呼びかけ（自治会加入の促進）やボランティアやまちづくり団体、サークル活動等の地域活動への参加の働きかけなど、人々をできるだけ組織に関わらせるような取組が重要となるのではないだろうか。

2　結束型ソーシャル・キャピタルの問題点

今回の調査結果は、結束型ソーシャル・キャピタルの重要性を示すものであった。しかしながら、結束型についてはその問題点も多数指摘されているところである。アルドリッチは、「強固で結束的なソーシャル・キャピタルは、既存の排他的な体勢を強めて、市域全体ではなく特定の地域だけが恩恵を受けるようなプログラムを正当化し、社会の辺縁の人々を苦しめることになる」（アルドリッチ二〇一五：二二）と述べる。例えばインドのカースト制度のような階層社会の問題点や、関東大震災時の在日朝鮮人の迫害のような高い同質性に起因する偏見、アメリカにおける根強い人種差別などが、災害発生時にマイノリティを災害弱者の枠に押し込んでしまう。Ganapati（二〇一二）が指摘するソーシャル・キャピタルのジェンダーに関する視点の欠如の問題や、松山（二〇一九）の要配慮者の避難支援体勢の構築に対するマイナスの影響など、結束型ソーシャル・キャピタルには負の側面も存在する。主に人と人の結びつきや一体感、連帯意識を表す「絆」という言葉は、どちらかといえば結束型ソーシャル・キャピタルに近い使われ方をすることが多い。ということはすなわち、絆も結束型と同じ問題を抱えているということになる。美しい概念として使用されることの多い言葉ではあるが、絆にはダークサイドも存在するということを忘れてはならない。

それでは、結束型ソーシャル・キャピタルのもたらす弊害を緩和し、橋渡し型とのハイブリッド（松山二〇一九：一三一）とするためにはどのような手法が考えられるであろうか。そのヒントの一つは、リンのソーシャル・キャピタル論の中で示されている「ネットワークにおけるブリッジ」の考え方であろう（リン二〇〇八：九三―九四）。リンによれば、結束型ネットワークと外部との連結点（ブリッジ）の近くにいる個人は、よりよいソーシャル・キャピタルにアクセスしやすくなるという「位置の強み」を持つ。このことは、組織論・組織心理学でいう「境界連結」概念、そして境界連結者の重要性にも符合する（森二〇一六：八四）。

地域における結束型ネットワークと外部との境界連結者は、多くの場合、自治会長などの地域リーダーがその役割を果たしている。これらの地域リーダーに対して境界連結行動や他のネットワークとのブリッジングに関する重要性を十分周知・啓発し、さらに日常的に外部の者と接する機会を提供することで、結束型の内向性に起因する弊害の発生を抑制できるかもしれない。あるいは、現在既に境界連結者の役割を果たしている若手住民などに既存の住民組織に参加してもらうことによって他の主体とのブリッジを投入するという手段も考えられよう。いずれにしても、いかに弊害があるからといって、結束型ソーシャル・キャピタルの全体を「橋渡し型になれ」というわけにはいかない(13)。既存の結束型ソーシャル・キャピタルについて、その有効性を保ちながら、少しずつ外部につながる橋を架けていく方法を模索する方がより現実的といえよう。

六　終わりに

今回、「災害時の共助が機能するためには、その地域に絆が存在していることが重要である」という命題について、熊本地震における避難所運営に関する調査のデータをもとにソーシャル・キャピタル概念を用いて分析を行った。分析の結果からは、自治会や町内会などの住民組織においてはこの命題が真であることが一定程度証明されたものと考える。中でも特に大きな影響を与えていたのが「町内のお祭り」の活発さという指標であった。このことは「祭りのある地域は人的被害が少ない」という経験則を裏付けるものであるといえよう。地域の絆を示す指標について、それらが強いほど災害時に住民組織が積極的に避難所運営に関わる傾向にあるという事実は、日頃からの地域づくりが結果的に災害に強い地域を作り出すということを示す。本研究が明らかにした地域の絆と災害時の共助の関係性は、今後の災害行政を考えるうえで重要な示唆を与えるものであろう。

なお、共助との関連性が見られたのは主に結束型ソーシャル・キャピタルに関するものであった。本調査や他の先行研究の結果を見る限り、結束型ソーシャル・キャピタルの重要性は疑いようもないが、その一方で結束型の閉鎖性に起因する問題点もつとに指摘されているところである。結束型の弊害を抑えつつ地域の共助を強めていくための具体的な方策について、今後とも検討していく必要があろう。

「ビルは崩れ落ちるが、人的な資源はそこに残る」といわれる（アルドリッチ二〇一五：二二〇）。災害が多発する日本にあって、自治体は否応なしに災害対応の最前線に立たなければならない。乏しい財源と限られたマンパワーの中で、自治体が地域の安全安心を守っていくためには、公助だけではなく自助・共助の力を借り、それを活かしていく必要がある。そのためには、日頃から地域のソーシャル・キャピタルを育み、いざ災害の時にはある程度共助に「頼る」ことも考えなければならないだろう。本研究が、これからの災害行政のあり方に少しでも示唆を与えうるものとなるならば幸いである。

注

（1）特に一九九五年に起きた阪神淡路大震災に関する様々なデータは、日本国内のみならず海外においても広く参照されており、二〇〇〇年代以降ソーシャル・キャピタルと災害復興の関係性に関する研究が盛んになる重要な契機の一つとなっている。

（2）ソルニットについて付言しておくと、ソルニット自身は必ずしも何の前提条件もなしに自動的に災害ユートピアが発生すると主張しているわけではなく、社会学者のクライネンバーグを引用する形で、ユートピアの差は住民同士の絆の質にあるとしてソーシャル・キャピタルの重要性に言及している。しかしながら、「災害ユートピア」という言葉のイメージが先行し、悲惨な状況になれば人は皆自動的に利他的行動を取るようになるという単純な理解が広まっているため、あえてこのような表現を使用した。

（3）ただし、自助については、自分のみならず家族もそのなかに含むことが防災白書等で補足的に説明されている。内閣府『令和2年版防災白書』、四〇頁参照。

（4）「震災後、人と人との結びつきの重要性、換言するなら、一体感、連帯意識の持つ意義を痛感させられたといった文脈で、「絆」の果たす役割が意識されるようになった」三省堂『新明解国語辞典　第七版』序文、二〇一一。

（5）パットナムの表現を借りるならば、「個人が保有している資源を維持するためには結束型ソーシャル・キャピタルが有効となるが、新たな資源を獲得するには橋渡し型ソーシャル・キャピタルの方が有効である」と言い換えられよう。社会学者M．グラノヴェッターによる「弱い紐帯」に関する研究においても、求職に関する情報は強い紐帯よりも弱い紐帯を通じて伝わることが示されている。cf. Granovetter, M.(1973), The Strength of Weak Ties, *American Journal of Sociology*, Vol.78-6.

（6）マルチエージェント・シミュレーションとは、自律的に決定した行動基準に基づき自己の利益を追求する活動主体（エージェント）の集合する環境をコンピュータ上に設定し、そこでシミュレーションを行うもの。

（7）災害対策基本法第八六条の六および災害救助法第三条～第四条参照。なお、災害対策基本法と災害救助法では避難所の提供主体の捉え方が若干異なっている。災害対策基本法では地域における災害対策の主体は市町村であり、避難所の指定も市町村長が行う。都道府県の役割は市町村を助けその総合調整を行うことである。一方、災害救助法においては、避難所の供与主体は都道府県とされ、市町村の役割は都道府県の補助となる（同法第一三条第二項）。両者の差異は、発生した災害に対して災害救助法が適用されるか否かということになる。実際の大規模災害においては、まずは市町村が避難所を開設し、災害救助法の適用を決定した都道府県がそれを災害救助法に基づく救助の供与であると認めるという流れとなる。それによって、避難所設置にかかる費用を都道府県と国が負担することで市町村の財政負担の軽減をはかることができる。

（8）施設管理者を調査対象者に設定した理由は、避難所運営への行政・住民双方の関与度を第三者的に判断してもらうためである。従って、回答結果の傾向については施設管理者自身のバイアスがかかっているであろうことに留意されたい。

（9）今回の調査においては行政との縦の関係性については尋ねていないため、アルドリッチのいう「連結型」を表す指標のデータを得ることができていない。連結型ソーシャル・キャピタルの強弱は、特に住民組織や行政に影響を与えているのではないかと想定される。これについては今後の研究課題としたい。

（10）指標のうち、「町内のお祭り」と「町内運動会」については、回答した避難所の大半を占める熊本市においては、「町内会レベルでのお祭りおよび運動会」という校区よりも狭い範囲の活動として理解されている。そのため、結束型ソーシャル・キャピタルの指標として用いた。なお、この理解は西原村においても同様であった。一方で益城町の場合は自治体の区分が「町」であるため、校区よりもさらに広い「益城町全体のお祭りや運動会」と勘違いして回答してしまう懸念があった。有効回答数が限られていたこともあったため、この点については回答先に直接確認を行い、概ね熊本市と同様の理解での回答がなされていることを確認したところである。誤解の生じかねない設問設計であったことを率直に反省したい。

（11）これらの説明変数について、複数の説明変数間に相関関係があることが分析結果に影響を与える多重共線性による問題が生じていないか確認を行ったところ、それぞれの説明変数間の相関係数は最大で〇・五七であり多重共線性の問題は発生していないことが確認された。

（12）町内運動会、どんど焼きのいずれも、他の指標に比べて活動の活発さを低く評価する回答が多い。例えば「全く行われていない」という回答の全体に占める割合については、校区祭り五・八％、町内祭り一・〇％、町内運動会一三・一％、防災訓練五・三％、住民挨拶〇・九％、どんど焼き一六・五％となっており、町内運動会とどんど焼きの低さが突出している。

（13）「橋渡し型と結束型の社会関係資本は交換可能なものではない、ということを認識する必要がある。」、パットナム（二〇〇六）二二頁。

参考文献

五百旗頭真（二〇一六）『大災害の時代　未来の国難に備えて』、毎日新聞出版

浦野愛（二〇一七）「熊本地震における避難所運営の実態と課題」、消防防災科学センター「平成28年度 地域防災データ総覧「平成28年熊本地震編」」、一般財団法人消防防災科学センター

大矢根淳（二〇一〇）「災害・防災研究における社会関係資本（Social Capital）概念」、『社会関係資本研究論集』第一号、専修大学社会関係資本研究センター

落合知帆・原口統・小林正美（二〇〇九）「自然災害に対する〝地域力〟に関する一考察―和歌山県田辺市の沿岸部集落を事例として―」、『都市計画報告集』No.8、（社）日本都市計画学会

河田惠昭（一九九七）「大規模地震災害による人的被害の予測」、『自然災害科学』第一六巻第一号、日本自然災害学会

川本清美（二〇一五）「地震災害時の地域内共助行動に影響するソーシャル・キャピタルシミュレーション」、『地域学研究』Vol.45 No.3、日本地域学会

川脇康生（二〇一四）「地域のソーシャル・キャピタルは災害時の共助を促進するか―東日本大震災被災地調査

に基づく実証分析」、『ノンプロフィット・レビュー』Vol.14, Nos.1&2, 1-13、日本ＮＰＯ学会
熊本県（二〇一八ａ）『平成28年熊本地震　熊本県はいかに動いたか（初動・応急対応編）』、ぎょうせい
熊本県（二〇一八ｂ）「自主防災活動事例集　熊本地震対応編」
熊本市（二〇一八）「平成28年熊本地震　熊本市消防局活動記録誌」
黒木誉之（二〇二〇）「災害とソーシャル・キャピタルに関する一考察」、『非営利法人研究学会誌』Vol.22、非営利法人研究学会
慶長寿彰（二〇一二）「「大規模災害から学ぶ」教訓ノート3―5避難所運営」、ＧＦＤＲＲ・世界銀行
佐藤健・恋水康俊・昆野辰樹（二〇一二）「東日本大震災における仙台市内の避難者発生の地域特性」、日本地震工学会論文集 第一二巻第四号
澤田道夫（二〇一六）「熊本地震の被害状況の特色と課題」、『教育展望』第六二巻八号、教育調査研究所
清水裕士（二〇一六）「フリーの統計分析ソフトＨＡＤ：機能の紹介と統計学習・教育，研究実践における利用方法の提案」、『メディア・情報・コミュニケーション研究』1、59-73.
仙台市（二〇一三）「東日本大震災 仙台市震災記録誌」
消防庁（二〇〇九）「災害対応能力の維持向上のための地域コミュニティのあり方に関する検討会報告書」
内閣府（二〇二〇）「令和2年版防災白書」
内閣府（二〇一四）「平成26年版防災白書」
日本火災学会（一九九六）「１９９５年兵庫県南部地震における火災に関する調査報告書」
藤見俊夫・柿本竜治・山田文彦・松尾和巳・山本幸（二〇一一）「ソーシャル・キャピタルが防災意識に及ぼす影響の実証分析」、『自然災害科学』二九―四、日本自然災害学会
古橋信彦（二〇一四）「東日本大震災　避難と避難所から見えるこれからの防災」、消防防災科学センター「東日本大震災関連調査（平成二五年度）編」、一般財団法人消防防災科学センター

松山雅洋・川見文紀・立木茂雄（二〇一九）「災害時要配慮者の避難行動支援体制づくりに及ぼすソーシャルキャピタルの効果—神戸市の防災福祉コミュニティを事例として—」、『地域安全学会論文集』No.35

森裕亮（二〇一六）「官民関係研究と「境界連結」概念—新しい分析枠組みに向けて」、『同志社政策科学研究』、同志社大学

文部科学省（二〇一四）「災害に強い学校施設の在り方について」

吉澤朋子（二〇一七）「地方自治体の災害リスクガバナンスにおけるソーシャル・キャピタルの重要性について」、『京都産業大学経済学レビュー』四号、京都産業大学通信制大学院経済学研究会

渡辺裕子（二〇一三）「震災時に想定される避難所運営の課題—防災訓練参加者調査から—」、『駿河台経済論集』第二三巻第一号

Aldrich, D. P. (2012), *Building Resilience: Social Capital in Post-Disaster Recovery*, University of Chicago Press　D．P．アルドリッチ（二〇一五）『災害復興におけるソーシャル・キャピタルの役割とは何か—地域再建とレジリエンスの構築—』、石田祐・藤澤由和訳、ミネルヴァ書房

Lin, N. (2001), *Social Capital: A Theory of Social Structure and Action*, Cambridge University Press　N．リン（二〇〇八）『ソーシャル・キャピタル—社会構造と行為の理論—』、筒井淳也ほか訳、ミネルヴァ書房

Putnam, R. D. (1993), *Making Democracy Work*, Princeton University Press　R．D．パットナム（二〇〇一）『哲学する民主主義』、河田潤一訳、NTT出版

Putnam, R. D. (2000), *Bowling Alone: The Collapse and Revival of American Community*, Simon & Schuster　R．D．パットナム（二〇〇六）『孤独なボウリング』、柴内康文訳、柏書房

Solnit, R. (2009), *A Paradise Built in Hell: The Extraordinay Communities That Arise in Disaster*, Viking Press　R．ソルニット（二〇一〇）『災害ユートピア　なぜそのとき特別な共同体が立ち上がるのか』、高月園子訳、亜紀書房

Bhandari, R. B., Okada, N., Yokomatsu, M. and Hitoshi Ikeo (2010), Building a Disaster Resilient Community through Ritual Based Social Capital: A Brief Analysis of Finding from the Case Study of Kishiwada,『京都大学防災研究所年報』第五三号B

Ganapati, N. E. (2012), In Good Company: Why Social Capital Matters for Women during Disaster Recovery, *Public Administration Review*, Vol.72 No.3

Ireni-Saban, L. (2012), Challenging Disaster Administration: Toward Community-Based Disaster Resilience, *Administration & Society*, 45(6)

Iuchi, K. (2012), Policy-Supported Social Capital in Postdisaster Recovery; Some Positive Evidence, *Public Administration Review*, Vol.72 No.3

Sasaki, Y., Aida, J. and H.Miura (2020), Social capital in disaster-affected areas,『保健医療科学』Vol.69 No.1、国立保健医療科学院

（さわだ　みちお・行政学）

2　大災害に対する県の生活復興財政の分析と評価

菒田但馬
（岩手県立大学）

はじめに

日本は大地震の頻度で世界トップクラスであるが、東日本大震災は戦後の日本災害史で最大の被害をもたらした。被災地の復興は多岐かつ長期に及ぶために、それを担う国（中央政府）・地方自治体、民間企業、非営利・協同組織などの強力かつ継続的な連携を不可欠とする（Abou-Bakr,2013）。同時に、復興には過去にない莫大な費用を要し、国と地方自治体の財政もその例外ではない。むしろ、震災対応について国と地方自治体に第一義的責任がある領域が大きいために、それらの財政は被害が大きいほど重要性を高めることになる。それがゆえに、震災対応にかかる財政のあり方を巡って、その定期的な振り返りは欠かせない。この作業は、二〇一九年一〇月時点で、東日本大震災から八年半が過ぎて、生活や産業の再建や社会インフラの整備が大きく進んでいることから、ポスト復興の財政の検討にとって重要な意義を持つことになる。

地方財政分野における災害財政研究は宮入（二〇〇六、二〇一三など）にみるように、地方分権・住民自治および被災地・被災者の視点から、国の災害対策・復興政策に対する批判を中心に展開し、国と地方自治体の財政課題を提起してきた。また、東日本大震災にかかる地方財政の実態と課題は、日本地方財政学会や日本財政学会におけるシンポジウムや個別報告などを通して議論されてきたが、それらの研究視点は先行研究とそれほど大きな差異はなく、財政分析は国と自治体の関係および国・自治体と住民等の関係の側面から行われることが多い。こうした研究動向のなかで、筆者は地方財政に欠かせない行財政運営（地域マネジメント）の側面も重視し、財源面に加えて支出面も詳細に分析してきた（桒田二〇一六、二〇一八など）(1)。これに対して、自治体と言っても、県を対象とする包括的な分析は、県が復興の政策・実施主体として不可欠であるにもかかわらず、皆無に等しい。

本論の目的は、筆者が震災直後から現地調査を続けてきた岩手県を主な分析対象にして、東日本大震災対応財政の八年間、つまり二〇一一年度から二〇一八年度までの実態を明らかにすることである。なお、紙幅の制限から、ポスト復興の財政に関する政策課題については別稿で提示したい(2)。

一　東日本大震災に対する復興事業の進捗状況

岩手県、宮城県、福島県では二〇一六・一七年度に入って、仕事・店舗や生活・住宅の再建が加速し、まちの姿は大きく変わり始めたが、二〇一九年六月現在の震災避難者は岩手二・五千人、宮城一・六千人、福島一一・二千人（全国五〇・七千人）に及ぶ（復興庁調べ）。仮設住宅（建設型）やみなし仮設などの居住者は三県で二〇一九年四月末現在七千人、うち岩手で一九百人、宮城で四百人である（各県等の調べ）。岩手で仮設生活の解消は二〇二〇年度末が見込まれる。他方で、被災し、劣悪な居住環境から脱せない在宅被災者（自宅避難者）の存在もあげられる。仮設店舗の入居者は二〇一九年六月末現在、岩手で五〇七事業者、宮城で七三事業者まで減少しているが、これらでは再建への模索が続いている(3)（中小企業基盤整備機構調べ）。住宅や仕事の再建を果たせずに亡くなる被災者は多いし、地域内の施設不足により、地域外の介護施設に入居する高齢者も少なくない。他方、店舗と住居を新築した事業者のなかには、「二重・三重ローン」を抱えるケースがみられ、返済負担は重い。復興（支援）事業のために一時的に雇用されたスタッフの離職が住宅等の再建に伴い進み、雇用も大きく変動している。

以上のデータだけからでも、大半の被災地域で人口の減少が進み、被災事業者の多くが廃業するなか、復旧・復興に超長期を要することがわかる。以下、岩手県を主たる分析対象にするが、宮城県にも対象を広げる。

次に、岩手県と宮城県のホームページや筆者の沿岸被災地における調査などを参考にしながら、両県の主な復興事業の進捗状況を整理する。両県ではいわゆるハコモノ（公共施設）整備はほぼ終了したが、災害公営住宅整備は二〇一九年度に入っても岩手で継続されている（宮城県二〇一九年三月完了）。岩手県は盛岡市をはじめ内陸部に避難し、移住を希望する被災者のために住宅を整備しており、完成に至っていない。災害公営住宅を被災者以外の住民に開放する市町村が増え、岩手では二〇一九年六月末現在で陸前高田市や大船渡市など七市町村に及ぶ(4)。これは第一義的には恒常的な空室の発生に対する措置である。他方、被災世帯のうち岩手では1／4、宮城では四割が自力で宅地や民間賃貸物件を見つけて住宅再建したとされるが、被災者生活再建支援金（加算分）をはじめ公的支援の未申請世帯が多く、関連制度の運用に課題が残っている（河北新報二〇二〇年四月一四日付）。

いわゆる面的整備の進捗については、防災集団移転促進事業（以下、防集）や被災農地の復旧はほぼ終了したものの、震災復興土地区画整理事業（以下、土地区画整理事業）は継続されている。かさ上げ地に宅地が造成されたものの、その多くで住宅等は建設されておらず、大槌町中心部の町方地区では造成区画数の半分が未利用や未定などである（二〇一九年一月末現在）。これは宅地造成の長期化と関わっており、被災者が内陸部で住宅を再建したり、災害公営住宅に入居したりしたことが大きく影響している。また、災害危険区域に指定され、宅地利用が認められない防集の移転元地（市町村有地）の活用は進んでいるものの、岩手では依然としてその五割超（二〇一九年一月末現在）が検討中、未定である。企業は浸水区域であることから、格安で借りることができても利活用を避ける傾向にあり、移転元地にかかる自治体の維持管理費が懸念される。

防潮堤や水門などの海岸保全施設の整備に至っては、岩手では箇所数で四割超が完成していない（二〇一八年末現在）。宮城の防潮堤整備では半分以上（延長ベース）が未完成で、住民との合意に至っていないケースさえある。防潮堤整備の多くは完成年度の延長がみられ、この要因として、地域住民や関係機関との調整、他事業との調整などがあげられる。

こうした状況から、岩手県、宮城県が策定した復興計画の期間内（岩手二〇一一～二〇一八年度、宮城二〇一一～二〇二〇年度）には復興事業が終了しない可能性が非常に高い。ハードが整備されても、復興事業は終わりでないが、ハードそれ自体が終わらない。ハード面では多くの大型事業が同時進行したり、完了時期の延長が相次いだりして、住民を「そんなに時間がかかるのか」と落胆させる結果になった。ソフト面を含めて復旧・復興事業において過去にない国・自治体レベルの法制度が創設されたが、その成果と限界が問われることになった。

二〇二〇年度末で設置期限を迎える復興庁は、二〇二一年度以降も存続することになっている一方で、復興特区制度の支援対象が見直されると、このことは被災程度が大きく、復旧・復興に時間を要する住民・企業や自治体からみれば不公平となる。そのうち財政面で復興交付金は後に詳述するように、新規に加えて既存の復興事業でも国庫負担拡充のための財源となっているので、そのあり方は地域に多大な影響を及ぼす。地域・自治体にとって必要な事業に対する国の財政措置の縮小が懸念されるが、とくに心身のケアや孤立化・孤独死防止、生きがいづくり、コミュニティ活動などソフト面があげられる（被災者健康・生活支援総合交付金（以下、被災者支援総合交付金）など）。国と自治体、県と市町村、公と民などの間の財政的な分担が問われるなかで、例えば、岩手県では被災者の医療費免除措置が継続されており、自治体独自の支援継続もポイントになる。他方、災害公営住宅にいったん入居して、将来的に震災前の居住地等で自力再建したい被災者に対する国・自治体からの財政支援も望まれている。逆に、国の災害救助法に基づく応急修理制度を利用すれば、自宅での生活が困難になっても、災害公営住宅に入居できないが、見直しの余地はないのか。こうした被災者ニーズは枚挙に暇がなく、多様化、複雑化している。

二　東日本大震災復興財政の概況

本節では岩手県や宮城県のホームページ（「予算」、「決算」のサイト）や両県の財政課の提供資料などから、両県の復興財政の概況を整理する(5)。ここでの狙いは、震災被害に対して県財政がどのように対応してきたかを把握することであり、それは歳出と歳入などにあらわれる。

表１　岩手県の復旧・復興事業（決算）の概況　（金額：億円、構成比：%）

復興計画区分		2011年度	2012年度	2013年度	2014年度	2015年度	2016年度	2017年度	合計
「安全」の確保	防災のまちづくり	332	640	1,098	497	677	762	821	4,827(17.6)
	交通ネットワーク	174	335	483	513	663	852	765	3,785(13.8)
「暮らし」の再建	生活・雇用	1,235	564	381	273	506	262	168	3,389(12.4)
	保健・医療・福祉	30	96	71	43	57	85	72	454(1.7)
	教育・文化	27	27	28	59	52	22	19	234(0.9)
	地域コミュニティ	24	13	10	13	8	8	7	83(0.3)
	市町村行政機能	0	1	0	1	0	0	0	2(0.0)
「なりわい」の再生	水産業・農林業	302	747	872	778	547	503	377	4,126(15.1)
	商工業	538	793	870	839	872	876	857	5,645(20.6)
	観光	0	2	3	3	3	6	6	23(0.1)
計画該当なし		2,559	1,179	197	279	239	258	135	4,846(17.7)
合計		5,221	4,397	4,013	3,298	3,624	3,634	3,227	27,414(100.0)

（出所）岩手県財政課提供資料より筆者作成。
注）各項目の構成比は四捨五入のため、全て足しても100.0%にならない。

1　歳出

岩手県の復興基本計画には復興に向けた三つの原則があげられており、それは「『安全』の確保」、「『暮らし』の再建」、「『なりわい』の再生」である。これらの区分でみた復旧・復興事業の概況は表1のとおりである。事業費の合計は二〇一一年度から二〇一三年度までが最も大きく、この期間では「生活・雇用」の災害救助関連事業や「防災のまちづくり」の災害廃棄物緊急処理支援事業が目立つ。三原則の区分では「『なりわい』の再生」が三五・八%で最大の比重を占め、そのうち「商工業」が二〇・六%である。「商工業」と「水産業・農林業」における中小企業等の復旧支援が特徴的であり、県の役割が顕著にあらわれている。これに対して、宮城県の復興基本計画には「分野別の復興の方向性」という章があり、それにしたがい区分した復旧・復興事業の概況は表2のとおりである。事業費では「公共土木施設」が三二・五%で最大の比重を占め、次いで、「環境・生活・衛生・廃棄物」となっている。公共土木施設には道路や防潮堤など費用が大きくなる事業が多く含まれる。ただ

表２　宮城県の復旧・復興事業（決算）の概況　（金額：億円、構成比：％）

区　　分	2011～17年度の執行済み額（決算）
⑴環境・生活・衛生・廃棄物	15,919（26.2）
⑵保健・医療・福祉	2,152（3.5）
⑶経済・商工・観光・雇用	8,913（14.7）
⑷農業・林業・水産業	9,987（16.4）
⑸公共土木施設	19,794（32.5）
⑹教育	2,003（3.3）
⑺防災・安全・安心	1,398（2.3）
⑻その他	671（1.1）
合　　計	60,837（100.0）

（出所）宮城県震災復興・企画部から中嶋廉県会議員へ提供された資料より筆者作成。
注）合計は市町村との重複分等を含む。

し、「経済・商工・観光・雇用」と「農業・林業・水産業」の比重は足せば三一・一％となり、構造面では両県はそれほど違いがない。

次に、普通会計に限定して、震災対応財政の特徴を整理する（表3、表4など）。岩手県の性質別歳出は災害復旧事業費と普通建設事業費（ほとんど補助事業）が突出しており、両者を合計すれば五〇％超となる。これらは公共事業（ハード）を中心に構成されており、災害復旧事業費には災害廃棄物緊急処理支援事業が含まれる。また、貸付金の比重がほぼ二〇％であることも特徴的であり、これは主に中小企業再建向け（中小企業等グループ設備等復旧整備資金貸付金を含む）である。目的別歳出をみると、災害復旧費、土木費、商工費の順に大きく、性質別歳出との連動が明瞭にみられる。また、災害復旧費をみれば、県の漁港や河川などの復旧においてより大きな役割が垣間見えるし、土木費では県が宮城と違い、災害公営住宅整備（性質別では普通建設事業費に分類）を直接に担ったことが反映されている。ただし、経費の分類の違いから、宮城県との構造面での大きな違いが生じていることに注意を要する。宮城県の性質別歳出では、積立金と補助費等の比重が災害復旧事業費や普

表3　岩手県と宮城県の普通会計（震災対応分）・性質別歳出（2011～2018年度決算）

（金額：百万円、構成比：％）

	岩手県		宮城県	
	金額	構成比	金額	構成比
人件費	24,688	0.8	41,064	0.8
扶助費	4,889	0.2	4,745	0.1
公債費	3,780	0.1	9,558	0.2
普通建設事業費	800,024	26.1	984,133	19.7
災害復旧事業費	843,409	27.5	1,033,790	20.7
物件費	62,371	2.0	520,896	10.4
補助費等	277,121	9.0	925,278	18.5
積立金	438,962	14.3	995,528	19.9
繰出金	10,901	0.4	21,967	0.4
貸付金	593,316	19.3	448,022	9.0
その他	8,178	0.3	8,311	0.2
合計	3,067,639	100.0	4,993,292	100.0

（出所）岩手県ホームページ、宮城県ホームページの「決算」サイトより筆者作成。

表4　岩手県と宮城県の普通会計（震災対応分）・目的別歳出（2011～2018年度決算）

（金額：百万円、構成比：％）

	岩手県		宮城県	
	金額	構成比	金額	構成比
総務費	338,293	11.0	800,084	16.0
民生費	213,971	7.0	945,210	18.9
衛生費	104,027	3.4	257,254	5.2
労働費	165,466	5.4	257,237	5.2
農林水産業費	141,360	4.6	430,726	8.6
商工費	600,257	19.6	647,239	13.0
土木費	616,220	20.1	514,207	10.3
教育費	33,699	1.1	85,865	1.7
災害復旧費	843,409	27.5	973,108	19.5
公債費	3,793	0.1	9,558	0.2
その他	7,143	0.2	72,804	1.5
合計	3,067,639	100.0	4,993,292	100.0

（出所）表3に同じ。

通建設事業費とほぼ同じである。この要因として積立金は、緊急雇用創出事業臨時特例基金造成を含め基金積立の規模がより大きいことをあらわしているが、この点から特徴のある財政運営が示唆される。補助費等は復興関連基金にかかる交付金、中小企業等復旧支援費、緊急雇用創出事業費など多様であるが、中小企業等復旧支援は岩手と経費分類の違いがあり、構造的に大きく異なるようにみえる。目的別歳出では民生費の比重が二番目に高い。応急仮設住宅の設置や災害弔慰金の支給などの災害救助関連費、災害等廃棄物処理事業費などが増加の要因である。総務費の比重も高いが、これは主に積立金の規模が大きいことによる。

2　歳入

岩手県の歳入をみると、国庫支出金が最大の比重を占めるが、その内訳はかなり多様である（表5）。大震災直後であれば、災害救助費等負担金や緊急雇用創出事業臨時特例交付金があげられるが、おおよそ一貫して多額であったのは災害復旧事業分である。次いで、今回新たに創設された東日本大震災復興交付金（以下、復興交付金）があげられる（表6）。一般財源等の比重が二番目に高いが、これは新たに創設された震災復興特別交付税（以下、復興特別交付税）の存在が大きい（表6）。また、諸収入の比重も高い。岩手県の場合、災害廃棄物緊急処理にかかる市町村からの受託事業収入や中小企業東日本大震災復興資金貸付金元金収入が増加している。宮城県の歳入構造もかなり類似しているが、諸収入には大きな違いがあり、中小企業の復旧支援での差異が反映されている。なお、歳入合計が歳出合計を大きく上回るが、このギャップの大半は繰越財源をさし、これを除いた実質収支はプラスで、少なくない黒字を意味する。

表5　岩手県と宮城県の普通会計(震災対応分)・歳入(2011～2018年度決算)
（金額：百万円、構成比：％）

	岩手県		宮城県	
	金額	構成比	金額	構成比
国庫支出金	1,244,844	34.4	2,230,345	37.6
地方債	54,876	1.5	109,824	1.9
一般財源等	746,170	20.6	1,162,867	19.6
繰入金	423,312	11.7	820,493	13.8
諸収入	714,093	19.7	815,307	13.7
その他の財源	434,078	12.0	795,059	13.4
合計	3,617,373	100.0	5,933,895	100.0

（出所）表3に同じ。

表6　岩手県と宮城県の震災復興特別交付税と東日本大震災復興交付金（2011～17年度）
（金額：百万円）

	震災復興特別交付税	東日本大震災復興交付金
岩手県	530,104	157,727
宮城県	825,850	234,839

（出所）総務省ホームページ「地方財政状況調査関係資料」サイトより筆者作成。

復興交付金はいわゆる一括交付金であり、東日本大震災復興特別区域法にもとづき復興特区とされた被災自治体に交付される。復興交付金の対象はインフラ関連の既存の国庫補助事業を主体とする「基幹事業」（道路整備、集落の集団移転など五省庁にわたる四〇事業）とそれに関連する被災自治体の独自施策の「効果促進事業」に分けられ、災害復旧事業とは区別される。岩手県と宮城県の復興交付金事業の進捗状況は表7、表8のとおりであり、ここでは筆者が事業の内容から「生活・住宅」、「産業」、「その他」に分類している。ただし、そのうち効果促進事業の比重は数％にしかすぎず、代表的な事業は市街地復興効果促進事業である(6)。岩手県と宮城県の事業の個別性と共通性は明瞭である。岩手県は災害公営住宅整備を直接に担い、それは全事業のうち突出して大きな規模になっていることから、「生活・住宅」の比重が最大であ

表７　岩手県復興交付金事業計画の進捗状況

	事　業　分　類	（金額：千円）
生活・住宅	越喜来地区認定こども園整備事業	41,360
	高田保育所再建整備促進事業	59,227
	幼稚園等の複合化・多機能化推進事業	48,390
	幼稚園用地取得及び整地事業	9,184
	保育所等の複合化・多機能化推進事業	14,336
	保育園用地取得及び整地事業	20,992
	災害公営住宅整備事業	64,304,258
	災害復興公営住宅等整備事業	1,577,479
	災害復興公営住宅駐車場整備事業	141,376
	災害公営住宅駐車場整備事業	215,648
	災害公営住宅整備事業発注支援業務	6,476
	災害復興型地域優良賃貸住宅整備事業	659,575
	災害復興型地域優良賃貸住宅供給促進事業	13,125
	災害公営住宅家賃低廉化事業	1,749,490
	東日本大震災特別家賃低減事業	127,993
	県営住宅システム改修事業	6,400
	住宅再建相談会	14,400
	漁業集落防災機能強化事業	15,983,703
	漁業集落防災機能強化事業計画策定費	9,679
	漁業集落復興効果促進事業	399,192
	漁業集落排水事業	8,250
産業	生産者再建支援事業	52,978
	漁港施設機能強化事業	2,061,959
	漁港機能強化施設整備事業	90,000
	漁港環境整備事業	933,479
	岩手県水産技術センター施設災害復旧事業	1,039,471
	農用地災害復旧関連区画整理事業	9,317,976
	農用地災害復旧区画整理事業計画策定	10,000
	復興基盤総合整備事業	67,000
	中山間地域総合整備事業	584,903
	総合営農拠点施設整備事業	252,334
	穀物乾燥貯蔵調整施設整備事業	224,291
	果樹等集出荷施設整備事業	282,736
	大規模園芸団地整備事業	374,250
	次世代農業技術開発拠点整備事業	265,486

	被災地域農業復興総合支援事業	320,838
	共同利用資機材整備事業	544
	被災農家農業用機械等リース事業	15,000
	元村地区農産物加工集会施設改修事業	2,400
	元村地区農産物加工集会施設改修事業に伴う調理資機材購入事業	800
	岩泉小本農業復興対策事業	20,025
	農業復興支援事業	6,683
	観光資源（海浜）復旧・復興計画調査事業	8,000
	観光船発着施設整備事業	112,800
その他	まちづくり連携道路整備事業	49,584,117
	まちづくり連携道路調査事業	351,760
	復興関連道路調査事業	13,200
	防災型シンボルロード調査事業	38,400
	市街地復興効果促進事業	3,636,829
	既存建築物除却事業	240,000
	高田松原地区震災復興祈念公園調査事業	70,400
	高田松原地区津波復興祈念公園整備事業	1,000,000
	高田地区海岸・波板海岸砂浜再生事業	3,543,625
	遺跡調査事業	169,974
	埋蔵文化財発掘調査迅速化事業	738
	埋蔵文化財発掘調査事業	124
合計		160,103,653

（出所）岩手県「岩手県　復興交付金事業計画　平成30年度進捗状況（契約状況）報告」より筆者作成。

注）1．金額は2019年３月末時点で、事業分類は必ずしも個別の事業名で記載されていない。交付額（国費）ベースで算出し、交付団体「県」を全て抽出している（事業実施主体「市町村」を含む)。

注）2．金額ベースで「生活・住宅」の比重は53.3％、「産業」は10.0％、「その他」は36.7％を占める。

表8　宮城県復興交付金事業計画の進捗状況

	事業分類	（金額：千円）
生活・住宅	湊こども園等移転新築事業	63,507
	門脇・大街道地区保育所移転新築事業	21,445
	介護基盤復興まちづくり整備事業	30,000
	子育て拠点整備事業	183,581
	県立学校防災施設・設備等整備事業	19,603
	漁業集落防災機能強化事業	465,553
	漁業集落防災機能強化測量調査設計事業	743,475
産業	農山漁村地域復興基盤総合整備事業	84,229,683
	被災地域農業復興総合支援事業	24,230,530
	農地整備推進支援事業	170,320
	共同乾燥調製貯蔵施設整備事業	1,053,750
	農作業及び作物出荷用車両整備事業	8,400
	被災農地における早期復興技術の開発事業	11,574
	地域資源利活用施設整備事業	906,975
	亘理町いちごファーム造成事業	185,054
	亘理町いちご団地造成事業	8,343,382
	亘理町農業用機械施設整備事業	1,443,898
	亘理町花卉・野菜団地造成事業	370,316
	亘理町いちご選果場整備事業	732,215
	漁港施設機能強化事業	948,100
	漁港施設機能強化測量調査設計事業	36,000
	農山漁村活性化プロジェクト支援事業	18,000
	水産技術総合センター公開実験棟復旧整備事業	358,315
	宮城県水産技術総合センター種苗生産施設復旧整備事業	3,190,394
	気仙沼水産試験場復旧整備事業	823,536
	網地漁港対策調査業務	14,104
	沿岸部被災者通所支援事業	24,840
	漁港施設用地嵩上げ事業	1,500
	漁港護岸等機能強化事業	37,500
	漁港臨時道路整備事業	6,000
	漁港環境施設復旧方針策定事業	29,600
	志津川漁港養浜事業	217,162
その他	市街地復興効果促進事業	5,294,955
	道路事業（市街地相互の接続道路）	104,665,789
	防災公園事業基本計画策定費	32,000

その他	都市公園整備事業（防災公園）	2,263,926
	広場整備事業	1,024,454
	避難誘導標識整備事業	30,400
	松島公園津波防災緑地整備事業	983,332
	下水道事業	224,640
	埋蔵文化財発掘調査事業	76,448
	漁業集落復興効果促進事業	323,795
合　　計		243,838,051

（出所）宮城県「宮城県　復興交付金事業計画　平成30年度進捗状況（契約状況）報告」より筆者作成。

注）1．金額は2019年３月末時点で、事業分類は必ずしも個別の事業名で記載されていない。交付額（国費）ベースで算出し、交付団体「県」を全て抽出している（事業実施主体「市町村」を含む）。

注）2．金額ベースで「生活・住宅」の比重は0.6％、「産業」は52.2％、「その他」は47.2％を占める。

る。これに対して、宮城県は「産業」中心である。そして、両県で「その他」はかなり共通しており、その大半は道路整備事業である。通常、使用料（家賃）が財源となる公営住宅の整備において、国からの財政措置（国庫補助）は他の事業よりも少ないが、今回、災害公営住宅の整備で拡充されている。また、岩手では漁業集落防災機能強化事業の規模も大きい（実施主体・市町村）。この事業は被災した漁業集落を対象とした、安心・安全な職住環境を確保するための地盤かさ上げ、生活基盤や防災安全施設の整備等であるが、住環境に重点を置いて水産業等の促進に寄与することになっており、多くの小規模な集落で実施された。

こうして岩手県を中心に財政構造を分析すると、歳出では土木費や商工費あるいは普通建設事業費、歳入では国庫支出金に着目することができ、それらの特徴を整理すれば、災害公営住宅整備の存在が浮かび上がってくる。次いで、宮城県との共通性を踏まえれば、中小企業復旧支援があげられる。震災復興全般でみれば、それらは住宅、産業というくくりになろう。本稿では前者の住宅を中心にして、次節でその詳細な分析を行う。

以上の分析を踏まえて、震災対応財政を含む各県の財政の全体像もみておくと、普通会計の歳出規模は二〇一八年度で岩手県九、五七八億円、宮城県一兆八三一億円である。両県とも震災復興にかかる膨大な歳出は減少に転じ、それが加速している（各県ホームページ）。両県は震災前から財政力でかなり違いがあるが、財政力指数は震災後、岩手県では二〇一一年度〇・三〇、二〇一五年度〇・三四、二〇一八年度〇・三六、宮城県では順に〇・五一、〇・六〇、〇・六三で、いずれも上昇している。これに対して、経常収支比率は岩手県では二〇一一年度九三・五%、二九一五年度九七・四%、二〇一八年度九六・二%で[7]、宮城県では二〇一四年度の九八・六%（二〇一一年度九三・三%）まで著増し、二〇一五年度以降九六・〇～九七・二%で、両県とも高止まりしている。実質公債費比率は岩手県で二〇一一年度一七・六%、二〇一五年度二〇・五%、二〇一八年度一六・七%で、二〇一五年度をピークに減少している。宮城県ではそれは順に一五・五%、一四・五%、一三・六%で、微減傾向にある。将来負担比率は岩手県では二〇一一年度二六〇・一%、二〇一五年度二二四・六%、二〇一八年度二一八・三%で大きく減少している。宮城県でもそれはほぼ一貫して減少しており、二〇一八年度に一六四・六%（二〇一三年度二一〇・三%）となり、岩手を大きく下回っている。こうしたデータから、県の負担において国からの大規模な負担軽減措置が大きな影響を与えていることが示唆される。

三　生活復興財政の実態—災害公営住宅を中心に—

本節では災害公営住宅の実態を、財政的側面を中心にして明らかにする。県や市町村は、被災者の仮の住まい（仮設住宅）の次なるステップとして、自力再建できるように、住宅再建支援事業等により支援しているが、彼ら・彼女らが資金難等を理由に住宅を確保できない場合には、災害公営住宅を整備し供給している。災害公営住宅の入居者は、「住宅に困窮する低額所得者」かつ「災害により住宅を失った者」とされるが、東日本大震災復興特別区域法等の特例により、低所得者でなくても入居可能である。このことから「災害により住宅を失い、かつ、住宅に困窮する者」に提供される。ここで言う、災害公営住宅の整備とはひとまず事業設計や用地取得から建設（施工）までをさし、整備後の維持管理とは区別する。そのうえで、財政運営の観点からは維持管理面も欠かせないことから、ここでは整備面とあわせて分析対象とする。

(1)災害公営住宅の整備

災害公営住宅の整備戸数等は岩手県で五、八三三戸、二一六か所であり、このうち沿岸部は五、五五〇戸（県整備二、五九五、市町村整備二、九五五）、二〇四か所、内陸部は二八三戸（同二三二、同五一）、一二か所、宮城県で一五、八二三戸（＝市町整備）である（各県のホームページ）。災害公営住宅の入居者は二〇一九年に入って岩手県で九千人（うち県営約二・三千人）、宮城県で二・九万人を超えている。戸数ベースでみた入居率は宮城県では九六・〇％（二〇一九年九月末時点）、岩手県では九〇％台で推移しているものの、陸前高田市では市営で八〇％を割ったことがある。入居者の高齢化率が四〇％を超える市町村が岩手で半分以上、宮城で1／3以上である。また、高齢者の独居率も増大し、岩手では三〇％超、宮城では南三陸町で四〇％超であり、生活保護受給世帯も急増している（河北新報二〇一九年九月一一日付など）。一九九五年の阪神・淡路大震災に伴い整備された災害公営住宅でも高齢化は進んでおり、今や五〇％を超えるが、岩手県、宮城県では早々にその水準に達しようとしている。

今回、災害公営住宅は高台移転エリアを中心に整備されているものの、かさ上げのエリアにもみられる。それは整備規模で大小さまざまであり、戸建て・集合型などかなり多様な条件の下で整備されている。整備完了の時期も分散していることから、入居募集も一元的、画一的に実施するのではなく、市町村ごとをベースに、市町村内でも被災エリアごと、住宅団地ごとと地域の実情に応じて実施されている。ただし、岩手の場合、県営は整備のスピードを重視し、全域にわたって集合型の住宅のみが、陸前高田市では用地不足等の理由から集合型だけが整備されたのが特徴的である。県営の最大規模は三〇一戸に及ぶ。陸前高田市に限らないが、岩手沿岸の住居の典型は持ち家（自己所有の戸建て住宅・土地）であることから、多くの被災者が居住形態を変更したことになる。こうした状況から、自治会の設立をはじめ団地の運営には細心の注意が必要となる。

災害公営住宅の整備を整備手法別にみると、岩手県は市町村建設一〇・二％（五九七戸）、県建設三四・九％（二、〇三三戸）、市町村買取二〇・七％（一、二一〇戸）、県買取二・三％（一三五戸）、市町村からの県建設委託・直接建設〇・七％（三九戸）、同・買取〇・五％（二七戸）、設計施工一括選定・県五・六％（三二七戸）、敷地提案型買取・県二・九％（一六七戸）、UR建設・譲渡・市町村一八・八％（一、〇九八戸）、同・県一・七％（九九戸）、改修〇・八％（四九戸）である。(8) 岩手県（二〇一五）によれば、県は県内の被災者を広域的に受け入れる必要性から災害公営住宅の整備を担うこととし、その整備手法は従来型を重視して直接建設を中心に、市町村の実状を踏まえて選択された。(9)

では県が主導すれば、早急な整備が可能になったのかと問えば、イエスと言うことはできる。(10) 分析の前提として、県と市町村の整備では住宅のタイプが大きく異なり、戸数も違うので、両者の直接の比較は望ましくない。(11) 集合型はシンプルに考えれば、整備面積・規模が小さく、戸建てよりも整備スピードは早い。これを踏まえて市町村からみると、その整備分の四割超を占める買取は二〇一六年度までに七〇％程度が完了しているが、その半分は二〇一六年度の完了である。また、市の買取は被災規模が最も大きい陸前高田市にはない。市町村整備分の四割近くを占めるUR建設・譲渡は二〇一六年度までにほぼ九〇％が完了し、そのうちほぼ四〇％は二〇一六年度の完了である。市町村の整備分をみると、早期に整備完了となっているのはほとんどが小規模な住宅団地等である。県整備分に関しては約八割を占める直接建設は九〇％程度が二〇一六年度までに完了し、陸前高田市の約二〇〇〇戸、約三〇〇〇戸の集合型を含み、その約三〇〇〇戸が該当する二〇一六年度完成分で三〇％を占める。直接建設以外の手法は二〇一六年度までに3／4が完了し、ほぼ全てが二〇一七年度までの完了である。県の場合、直接建設とそれ以外の方法の整備スピードは前者の方が早い。こうして県と市町村の間では、直接の比較からではなく、県整備分の完了時期という結果に限れば、既述の回答は可能である（いずれも戸数ベース、内陸部での整備を除く）。ただし、そのインパクトは小さい。

岩手県に対して、宮城県は市町建設一七・五％（二、七六四戸）、県受託一四・一％（二、二二九戸）、UR建設・譲渡（市町買取）二四・八％（三、九二六戸）、民間建設・譲渡（市町買取）四二・二％（六、六八二戸）、民間からの市町の借上げ一・四％（二二二戸）である（二〇一九年三月末時点）[12]。整備にあたって、市町職員の負担は岩手を上回る民間活用の規模により、どの程度軽減されたかを評価することは難しいが、県と市町は民間の整備スピードに期待し、大半の作業工程を民間に委ねることにした。整備完了は二〇一五年度までに六〇％（九、四六七戸）、二〇一六年度までに八七％（一三、七二三戸）であり、岩手に比して格段に多い整備戸数から言えば、明らかにそのスピードは早い[13]。ここで注意を喚起したい点は、県は整備プロセスに全くタッチしていないのではなく、県受託により一定の役割を果たしている。また、そこでは市町村との協議も行われていた。ただし、県独自の財政負担は伴わない。

筆者の宮城県復興住宅整備室へのインタビュー（二〇一七年八月八日）によれば、市町による整備および管理を基本とするとしたうえで、県は当初、整備予定戸数のおおよそ半分について建設を支援し、また、多くの市町から要望があったので、わずかながらでも県営として建設することを計画した[14]。しかし、二〇一四年一〇月の事業計画の最終改定に至るプロセスで、整備予定戸数は上方修正されたけれども、市町だけで整備完了できるめどが立ったので、県営による整備は必要ないとし、設計・工事の受託による市町支援の規模も大幅に縮小したということである。この点は慎重に分析されなければならない。髙橋（二〇一八）におけるデータをみれば、財政的な側面から二〇一三年度の二月補正（二〇一四年二月）では整備予算は全額減額補正されており、実は、県はもっと早い段階で最終判断していたことになる。また、宮城県（二〇一七）は二〇一一年度の担当職員の多くのメモまで掲載されているが、そこでは県営としての整備は未定で処理されてきた経緯があり[15]、県としては当初から、ネガティブに捉えられてきたと確証することができる。

さて、災害公営住宅整備を財政的側面からみると、それはほぼ全ての復興交付金事業と違い、家賃収入（使用料）を通して元利償還金を回収することができる、という考え方を背景に、自治体負担が求められ、起債、つまり公営住宅建設事業債（充当率一〇〇%、交付税算入措置なし）が認められる。その代わりに、復興特別交付税の対象にならない。他方で、今回、整備のいくつかの局面で国の財政措置が拡充されている。例えば、国からの整備費に対する補助率はいわゆる激甚災害指定により3／4に引き上げられ、さらに、復興交付金の充当により7／8となっている。また、用地取得・造成は通常、補助対象とならないが、特例措置により3／4の補助が認められている。

災害公営住宅の整備が完了すると、個人の住宅再建と違い、また、他の公共施設と同様に住宅は自治体による維持管理となる。他方で、他の公共施設と違い、生活に欠かせないインフラとしての居住空間が形成されなければならず、この点での財政運営が求められる。岩手の場合、市町村建設分は市町村管理となるが、県建設分は県管理と市町村管理に分かれ、全住宅でみると、市町村管理は約四、二〇〇戸、県管理は約一、六〇〇戸である。県管理の大半は宮古市、大船渡市、釜石市などの団地であり、陸前高田市の三〇〇戸超の団地から宮古市、釜石市の十数戸の団地まで大小さまざまである。[16] 一般の県営住宅が約五、一〇〇戸であるので、災害公営住宅が1／4を占めることになる。沿岸エリアでは自己所有の家屋と土地を持つ被災者が圧倒的に多かったので、自治体は住宅再建支援により、災害公営住宅の整備を極力抑えたかったところであろう。こうしたことから県は整備、維持管理においてどのような補完的、広域的、調整的な役割を果たしたかが問われることになる。

高橋（二〇一八）は災害公営住宅整備等事業（維持管理を含む）における財政運営に関して、阪神・淡路大震災時の兵庫県と岩手県、宮城県の比較研究を行った。それは各県の整備事業等にかかる財政措置の推移を詳細に跡付け、その予算措置を規定した政策的背景も、担当部署への簡易アンケートを行いながら把握した。[17] この一連の作業から、岩手県では兵庫県と違い、用地取得・造成費に対する高率の補助が非常に大きな意義があったし、宮城県でも受託による建設、技術的支援で県としての後方支援を果たしているが、岩手県は兵庫県と同様に、より直接的に市町村の財政運営リスクを引き受け、将来的なリスクも負ったと結論づけている。ここで補足しておくべき点をあげると、岩手県は県営を抱えることにより、財政力の弱い市町村にとって負担となる維持管理費の軽減を図っているが、宮城県では膨大な数になる災害公営住宅の維持管理は市町となることから、市町にとってはそれを含めて公営住宅の維持管理負担は著増し、岩手の比ではない。ここでも県としての市町村による維持管理に対する対応が問われたことになる。髙橋（二〇一八）では言及されていないが、結果として宮城県は整備プロセスでの役割分担がそれほどないとすれば、論理的には維持管理のみを担うことはほとんど考えられないので、このことから今後の大災害において、他県がとりうる選択肢は多くないことが示唆される。つまり、それは国からの財政措置が同じあるいは類似である限り、基本的に岩手スタイルか、宮城スタイルになろう。

岩手では県による内陸部での災害公営住宅整備が行われているが、県は居住市町村を超えた広域避難者の居住保障のために、市町村（避難元、受入先）と協議を重ね、時期を見定めながら対応した。被災地の経済・社会の実情から人口流出の加速に加担しないか、慎重な対応が求められるが、結果的には、内陸部へ移住する避難者が多いことから、県は彼ら・彼女らに配慮して広域的対応として調整しながら、少なくない戸数を整備している。他方、この点で宮城県はどれほど市町村間連携をサポートしながら、広域的対応を行ってきたかは定かではないが、膨大な人口流入が生じた仙台市の存在が念頭に置かれ、そこでの全般的な住宅供給力や賃貸物件の状況などから、自らの財政負担も考慮しながら、ネガティブに判断していたのかもしれない。いずれにせよ、宮城県は結果として岩手県のような対応をしておらず、ここでも大きな違いがみられる。

⑵災害公営住宅の維持管理

①空き室

災害公営住宅の維持管理を分析する場合には、入居者の存在を踏まえる必要がある。まず、彼ら・彼女らの入居のバックグラウンドは多様である。岩手沿岸では用地確保の困難や長期の宅地造成、高騰する建設費、年齢や家族構成の変化などから持ち家再建を諦め、災害公営住宅の入居を決定した被災者が多い。また、入居者の多くは集合住宅での居住経験がなく、新生活にとまどうことになる。元の居住地がばらばらで、近所付き合いが減少し、異なる地域社会システムになじめないことも少なくない。さらに、入居者は震災前と同じエリアの居住であっても、被災によりまったく変わった状況下での生活に複雑な思いがあるかもしれない。高齢者の独居に加えて、老々介護、認知症の増加は災害公営住宅に限ったことではないが、そこではより強い傾向がみられる。

こうしたなかで、今回、新たに自治会を設立するケースは非常に多いが、入居者に対して自治会のような住民組織づくり（コミュニティづくり）といっても、住民の主体性を醸成しながら取り組むにはかなりの時間が必要になる。そもそも自治会、隣人に無関心な住民もいよう。実際には、自治体や社会福祉協議会、NPO、大学などが自治会設立・活動やコミュニティ形成に対する支援活動を行ったが、県は多様なアクターによる支援、さらに、関係者との丁寧な協議や自らの先導的・調整的役割の必要性を実感したであろう（船戸二〇一九）。船戸（二〇一九）では、自身の被災地での数多くの支援経験から地域コミュニティの形として、①「楽しい」小さな輪をたくさんつくる、②「義務的」行事を活用する、③小さな泡がつながり、全体へ広げることがあげられており、示唆に富んでいる[18]。

災害公営住宅（賃貸住宅）は恒久的に暮らすことができることから、入居者の特徴として、高齢者は若い世代に比して自力再建に向かいにくいので、より多くなりがちである。彼ら・彼女らが多く住んでいれば、入居率それ自体は低くなるということはない。空き室の割合から言えば、今のところ、大々的に批判することは妥当ではないが、高い入居率の持続性を必須とすれば、懸念される点が少なくない。多くの被災市町村が一般募集に踏み切っていることは、空き室の増加の懸念をあらわしており、それに関して一定の議論は避けられない。空き室が加速する要素として高齢者の死亡や福祉施設への入居、家族との同居の選択、持ち家の再建などがあげられる。また、いわゆる孤独死や自殺があった住宅であれば、新規の入居に支障が出ることがある。入居率が低いことは必ずしも自治会活動の停滞に直結するものではないが、空き室が増えると、自治会の担い手確保、さらに、衛生面や防犯面でも問題が生じやすく、住環境が悪化する。

この空き室の懸念事項についてさらに一歩踏み込むと、共益費を取り上げる必要がある。共益費の金額設定、徴収、管理は自治会が担い、その金額は入居者で分担することがおおよそ一般的である。災害公営住宅では集会所のような共同利用スペースの広い住宅ほど、入居者の共益費で賄う維持費が増大し、平均的な金額の倍に及ぶケースがあるが、実際には、共益費は二〇一九年一〇月時点で徴収なしから四、五千円まで、自治会等によってさまざまである（筆者による大船渡市、釜石市など五市町への確認にもとづく）。共益費を巡っては、集会所であれば利用者の固定化もあり、利用しない人には無駄な負担に映ったりして、そもそも資力が乏しい居住者の集まりであることから、入居者間でもめる大きな要因になる。このことから空き室対策として一般募集が考えられるが、一般入居者との関係が問われるようになるなかで、市営と県営が混在する市町村では県営が一般募集をしていないことから、入居者間の不公平性が強く指摘されうる[19]。また、災害公営住宅が交通や買い物の不便な場所にあると、一般募集を行っても効果がみられないかもしれない。他方で、空室分は自治体や指定管理者によって補填され、入居者負担に影響はないとか、既述のとおり、共益費を徴収しない自治体もあったりして、市町村に委ねざるを得ないような側面も強い。筆者は既に拙著（二〇一六）で提起したが、仮設住まいの被災者の規模等を見極めながら、共用開始から一定期間経過後に一般募集をスタートすることが諸課題への重要な一歩になる[20]。

②家賃

現在、空き室よりも強く懸念されているのが、家賃滞納と家賃増大である。[21]

まず、家賃滞納問題が既に顕在化している。岩手日報二〇一八年五月一二日付によれば、「県営災害公営住宅の家賃滞納が二〇一七年度末で二三二六万円、全体に占める滞納の割合は一一・七%に上ることが分かった。前年度末と比べ金額で八・二倍、割合は九・六ポイント増」となり、「背景には介護や病気で働けなくなったケースや収入減など多様な事情があるとみられ」、「関係者からは福祉分野も含めた行政の総合的な生活支援の重要性を指摘する声が上がる」ということである。家賃滞納戸数は増加し続け、二〇一九年度末で二三四戸である（県建築住宅課提供資料）。納付意識が低い住民が一部でみられるようであるが、公営住宅法では三カ月以上の滞納があれば、事業主体は明け渡し請求ができ、県は既に法的措置に動いている。そのなかには和解に至ったケースがある（二〇一九年一一月五日の筆者による県建築住宅課へのインタビュー）。阪神・淡路大震災時にも家賃滞納は増大し、強制退去をはじめ法的措置が講じられており、類似の状況がみられる。

国は低所得世帯に特例として入居一〇年目まで家賃の減免措置を講じているが、国等の特例措置を受ける世帯は県営では二〇一八・二〇一九年度約六、七割で推移しており、それからも家賃滞納がみられる（県建築住宅課へのインタビューによる）。国の減免措置により家賃（目安）が月一万円に届かなくても払えないケースがあるが、その場合、収入月額が四万円以下と非常に低い水準である。[22]国の特例措置が打ち切られると、滞納がさらに増えることが懸念される。自治体には極度の生活困窮者をはじめ被災者の事情に応じた対応が求められるが、それは福祉的性格（生活保護受給申請等）が強くなることから、こうした側面も含めて家賃滞納にかかる行政体制の充実、強化と国の長期にわたる法制度的、財政的な対応が不可欠となる。

次に、家賃増大問題である。今回の災害公営住宅の入居は、特例として低所得世帯でなくても可能としたので、通常の公営住宅との関係からみて、家賃の設定と引き上げペースをどうするかが課題となっていた。また、既述のとおり、低所得世帯向けの家賃減免措置が国の財源措置により講じられているが、その縮小ペースも大きな論点になることは明らかであった。実際には、収入超過による家賃引き上げは入居から（共用開始から）四年目以降、低所得世帯向けの家賃補助終了は一〇年目であり、それまでは国の災害公営住宅家賃低廉化事業、東日本大震災特別家賃低減事業（いずれも復興交付金事業）として減免措置が拡充されている(23)。さらに、岩手では同一市町村内に県営と市町村営が混在することから、地域・自治体は家賃等の違いに敏感になっていた。

今回、家賃引き上げが被災者の負担に大きなショックを与え、生活再建に苦悩して入居した災害公営住宅の家賃がかえって生活再建の最大のネックになるという矛盾が生じる、という問題提起がみられる(24)。これに対して岩手の場合、県は二〇一八年四月から県営に関して家賃上限を導入している(25)。早い時期に災害公営住宅が整備され、入居がスタートしたケースでは、二〇一八年四月から家賃が増加していたが、収入超過世帯の家賃が建設費の高騰などを反映してより大きく増えることが問題になっていた(26)。家賃の上限は建設費などに応じて設定されるが、同じ市町村での被災にもかかわらず、住宅団地間で家賃差が生じることは不公平であるという。既に家賃が高額になることから退去した世帯があったので、批判が避けられない状況を伴った。月額一〇万円近くの家賃を支払うなら、ローンで自分の家を持つ方がよいとなる。河北新報二〇一九年三月六日付は、岩手県によると、県営で「二〇一九年度以降の収入超過世帯数は四七の見通し。一七、一八年に完成した大規模団地は次々に入居四年目を迎え、収入超過者の増加は避けられない。県建築住宅課の住宅課長は『子育て世帯の優遇なども検討しながら、コミュニティー維持を考えなければならない』と対応を模索する」と報じる。(27) なお、働き盛りの世代や子育て世代が退去すれば、住宅団地・コミュニティで入居者構造の偏りが加速するが、沿岸部は民間賃貸物件が少なく、家賃高騰もみられ、自力再建と言っても住宅建設費の高騰などで、退去世帯の住居環境は改善されないおそれがある。(28)

これに対して低所得世帯の家賃減免措置に関して、岩手では二〇一八年一月に県が県営の独自減免措置を発表した（収入超過世帯への減免措置とあわせて）。県の独自減免は収入月額六万九千円以下が対象で、所得に応じて一～九割が減免される。また、それは県の規定（告示）ではとくに期限等は定めていないが、そもそも従来の公営住宅の家賃減免措置を災害公営住宅にも適用することを意味し、国の減免措置があるステージでは、それを利用する方が割安になるケースが多く、実際に大半がそちらの利用である。しかし、国の減免措置の終了予定である一〇年目を超えて一一年目以降になると、県の減免措置の利用継続は明らかに割安になるし、収入がゼロないしそれに近い入居者は一年目から県の減免措置の方が割安になり、いずれも大きな意義をもつことになる。(29) ただし、収入額で八万円と六万九千円の間にはある種の制度のすきまが生じ、ここには独自対応ができていない。こうした県の対応を受けて、早々に多くの市町村が収入超過世帯の割り増し分の減免とあわせて、市町村営について県と同じルールにすることにした。(30)

宮城県はあくまでも市町が地域の実情に応じて判断すべきで、家賃低減対策の制度設計などに対して必要な支援を行うというスタンスである（知事や担当部長の議会での答弁等）。例えば、女川町は独自に減免措置を五年延長し、収入にかかわらず、全入居者に対して入居後一五年まで適用しており（二〇一九年度の家賃から反映)、被害が大きな市町の標準的な手法である。宮城県内では収入超過世帯の家賃の割り増し分も減免する市町が多い。

県独自の家賃減免措置の継続は県の家賃収入に大きな影響を与える。では、岩手県ではそもそも家賃収入(県営住宅使用料)で維持管理経費を十分に賄えるのだろうか。髙橋(二〇一八)の分析によれば、阪神・淡路大震災時に県営を整備し維持管理も担った兵庫県では、家賃収入はそもそもたいした規模ではなく、整備にかかる起債の償還が重くのしかかったことも影響し、維持管理費の捻出に非常に苦労していることが導出されている。他方で、髙橋(二〇一八)は岩手県のケースでは起債の影響が非常に小さく、家賃は国の特別の財源措置もあいまって、かなり潤沢に収入しており、起債の元利償還を考慮しても、維持管理費への財政負担の度合いは兵庫県に比して相当軽減されると分析している。このことは非常に示唆に富んでいる。ただし、将来の維持管理費が大きく増大すれば、家賃収入の水準が十分であるとは言えなくなると付言されている。なお、岩手県は既述のとおり、おおよそ一、六〇〇戸を県営住宅として管理しており、災害公営住宅を含む県営住宅等について、一般財団法人岩手県建築住宅センターを指定管理者として指定したうえで委託し、維持管理を行っている。

宮城県では、災害公営住宅においても「生活・住宅」面における再建主体は市町を基本とするスタンスがかなり徹底されている。宮城沿岸には政令指定都市の仙台市や、人口が比較的多い市町がかなりあるが、それらが直接に整備等を担う行財政力というよりも、むしろ、技術水準やスピード感など民間活用に対する非常に高い信頼性から、県が後方支援(補完的役割)を担いながら市町に対応してもらえればよいと判断したと推量される(宮城県二〇一七など)。また、県担当者も将来の維持管理費まで見通し、行政、財政の両面での負担が大きくなることを懸念したのであろう。宮城県は都道府県の中で財政

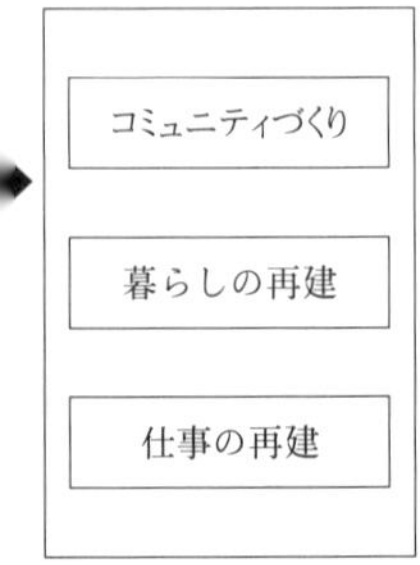

力は強い方であるが、大災害時にはそれでは十分に説明できない側面が強かったと考えられる。しかし、市町に関しては石巻市のように、急増する市営住宅のうち災害公営住宅が3／4を占めるケースを生むことになる。そこにはRC（鉄筋コンクリート）造等耐火構造の耐用年数が七〇年間の住宅もあり、市は一定期間の経過後に多額の一般財源を充当しなければならない状況を余儀なくされる可能性が高い。市は計画的に進めるとは言え、住宅の早期の集約化や用途廃止（既設の市営住宅との調整を含む）、いわゆる「2戸1」への改修による管理戸数の縮減などが避けられないであろう[31]。

宮城に対して、岩手では県が、石巻市ほど災害公営住宅の比重は高くないものの、その構造は圧倒的にRC造であることから、技術的な側面も含めて財政運営上のリスクをとったことになる。災害公営住宅を巡ってはその廃止（除却）まで、県と市町村は協議、調整が必要になり、復興主体を巡る明確な権限・責任区分論とは異なる協同・連携の選択がその点で典型としてみられることになった。

(3) 課題整理

災害公営住宅（とくに集合住宅）の問題や課題は表9のとおりに整理される。大災害時ほど復旧をはじめさまざまなステージにおいてコミュニティの重要性はクローズアップされるが、震災以降、被災者

表 9　災害公営住宅（とくに集合住宅）の問題と課題

	国・自治体	被災者
整備ステージ	住民の意向変化に伴う整備計画戸数の確定の困難	宅地造成等の長期化や建設費の高騰による再建方法の変更
	最も効果的な整備方式の選択	家族構成の変化や資金不足による入居選択
	用地確保の困難	仮設住宅にとどまりたい複雑な思い
	用地費・建設費の高騰	入居までに死亡や介護施設への入所など
	建設業者の不足等による整備期間の長期化	家賃等の発生への不安(仮設住宅とは異なる)
維持管理ステージ	空き室の発生・増加	抽選外れ等による入居希望の妥協
	各種相談（生活・住宅再建を含む）の体制	居住形態の変更に伴う不安
	家賃滞納世帯の増大とそれに対する法的措置	コミュニティ活動や近隣との付き合いの難しさ
	収入超過世帯の家賃上昇	自治会役員の担い手不足と高齢化
	コミュニティ形成への支援事業の継続	自治会役員に仕事・責任が集中する
	見守り活動等（ソフト事業）への財政措置の継続	駐車場や共用施設などを巡るトラブル
	共益費対策（法制度上、自治体徴収は認められていない）	共益費の重い負担（金額設定、徴収、管理は自治会が担うことが多い）
	一般住民への開放や利用方法の多様化	家賃の上昇に対する不安
	家賃低減事業への補助の継続（独自補助を含む）	強い孤立感（孤独死や病気時などに対する不安）
	団地間の問題・課題共有	集会スペースの低い利用頻度
		防災等の対策（少ない個人情報とその収集の法制度上の限界）
		アクセスが悪く買い物や通院などへの不安
		家賃滞納
長期的課題	集会所等の共同利用スペースの維持管理費負担	自力再建希望者の増加
	住宅の払い下げ	安全・安心の最後（終の棲家）
	災害対策の強化	自治会役員の担い手確保（役員の負担軽減や単発業務の非役員任せなど）
	施設等の長寿命化等にかかる費用負担を巡る公正、公平なルール化	二重・三重ローンの返済負担
	家賃滞納世帯の増大の抑制対策	老後等の資金確保への不安（無年金、生活保護など）
	共益費の家賃との一括徴収化	集会スペースの利用促進(外部への開放など)あるいは閉鎖、管理放棄(自治体管理など)
		自治会の解散回避（自治会加入の促進）あるいは統廃合、解散
		共益費の対象範囲の縮小、自治体負担の増大
		自治会の資金確保（水道光熱費の縮減策、集会スペース等の利用者負担導入など）

（出所）筆者作成。

は多大な犠牲を伴い、多くの変化を経験しながら目前の生活に追われてきたのであれば、自治会を創設することは困難になりうる。自治会設立準備組織の設置から自治会の運営まで外部専門家のノウハウやスキルの活用が欠かせないし、他方で、住民自ら自治会の所掌範囲や運営アイデアなどを考える当事者意識が求められる。形式ばかりが意識された入居者の集まりではなく、まず団体外も含めて柔らかいつながりをもつ少人数の集まり（サークル）、男性も気軽に顔を出せる機会の創出、互いの人生や長所、特性などを活かせる場づくりなどが求められる。共用スペースを外部（民間）に開放し、介護・福祉系サービスや健康教室、観覧系イベント（有償ボランティア）など高齢者向けの施設として利用するのも一考に値する。団地内で完結する生活空間ではなく、近隣地域との関係をオープンにして自治会役員間の情報交換会を開催したり、住宅の空き空間を多様な用途で利用したりすればよい。多世代参加イベントであれば、子どもがムードメーカーになるし、担い手づくりのきっかけにもなる。こうしたプロセスは日常生活の質を大きく規定することになり、運営において無視できないポイントである。

災害公営住宅は応急対応（避難時の生活、仮設の住まい）から出発し、自力再建（持ち家再建）との関係を踏まえながら、整備から維持管理、廃止までのプロセスで位置付ける必要がある。例えば、自力再建の増減は市町村にとっては固定資産税収に、災害公営住宅の増減は自治体の維持管理費に関わる。この自治体の維持管理費は家賃収入で賄うことが基本であることから、入居率や家賃の納付状況が大きな影響を与える。災害公営住宅は維持管理期において、家賃滞納者等に対して一律に退去を求めることは法制度上正当性を持つが、地域・入居者の事情を最大限考慮して、福祉・介護等の領域で対応することが考えられる。この点では、岩手県による被災者の医療費窓口負担免除の継続は入居者の生活コストを大きく軽減するので、非常に重要な意義をもつ。収入超過世帯に関しては、住宅の明け渡しを促して自力再建を求めることがありうるが、被災地域・被災者の平時でない状況から言えば、慎重な対応は積極的な評価に値しよう。他方で、現行の法制度が生み出す、被災から災害公営住宅までの単一線型支援から漏れるような被災者への支援が極端に薄い問題にも目を向ける必要がある。[32] これに関わって、福祉・介護、医療等の領域になるとしても、独居高齢者の生活能力の低下は孤独死の高いリスクとなるなかで、コミュニティではそれを生み出したくないものであり、支援活動のマンパワー確保を含めて国・自治体の財政支援の継続は重要な論点になる。結局、支援者が一人ひとりに寄り添うことがベストである。

災害公営住宅入居者と自治体の双方にとって、事態はそれほど単純ではないが、自力再建はベターであり、自治体もさまざまな支援事業を展開している。この点は本稿ではあまり分析しないが、自力再建が困難な場合の選択肢はできる限り多くすべきである。被災者の家賃支払い等に対する資金面の不安が強ければ、仮設住宅の買い取りによる継続居住とそれに伴う土地賃借にかかる費用補助などが考えられる。そのなかでも木造の仮設住宅はプレハブ型よりも格段に高い評価を得ており、法制度上の制約を踏まえて多少の改修工事は要するが、福島県川内村や岩手県住田町のケースのように、恒久活用が可能である。被災者は住み慣れた場所にとどまり、コミュニティも維持できるし、本設のための行政コストは大幅に軽減される。また、大船渡市のように、独自の事業で、住宅の自力再建を支援する被災住宅債務利子補給補助金（補助額上限七二二・七万円）と住宅移転等敷地造成費補助金（同三〇〇万円）の対象を災害公営住宅の入居者にも拡大し、被災者の住環境を整える。「家族構成の変化や住宅使用料増額により自力再建を希望する被災者が散見されたためで、市内での住宅再建などが要件」である（岩手日報二〇一八年九月七日付）。別の方法としては、福島県の相馬市が二〇一九年一月から災害公営住宅の払い下げをスタートしたケースも大いに参考になろう。[33]これは持ち家が一般的な地域の事情を背景に、被災者の要望に応えるものであり、市は維持管理費を抑えることができる。

以上のように、東日本大震災のような広域災害において、県の広域的役割や調整的役割などは非常に大きくなり、岩手でそれは災害公営住宅の整備、維持管理において顕著にみられ、その個別事業から生活・住宅のセイフティネットとしての公的支援の重要な意義が見いだされる。今後の住宅を含む生活全般に対する公的支援にかかる国や自治体の政策的課題としては、西日本豪雨や二〇一九年台風一九号などの現在進行形の大災害、さらに近い将来の発生が予想される南海トラフ地震や首都直下地震などの広域災害における県間の対応の違いを巡る公平・不公平といった問題に際して、国が法制度上、政策上、どのように対応するか、事前にどのように取り組むか（事後では手遅れになる）、あるいは県間の差異はとくに問題にしないかが強く問われる。同時に、多くの研究者から指摘されているように、国レベルでは、パッチワーク的対応を生んできた生活・住宅再建にかかる法制度の見直しが被災者・被災地域の視点で行われるべきである（平山二〇一五、塩崎二〇一四など）。

四　岩手県における「生活・住宅」中心の復興基金

復興財政の分析において金額の大きな歳出、歳入にだけ着目すると、見過ごされてしまう重要な論点はいくつかあるが、ここでは「取崩し型」復興基金に焦点を当てる。それは復興に向けて、被災自治体が地域の実情に応じて、住民生活の安定やコミュニティの再生、地域経済の振興・雇用維持等について、単年度予算の枠に縛られずに、弾力的かつきめ細やかに対処できる資金として二〇一一年度に創設された。そして、原資は特別交付税によって措置された。岩手県の「取崩し型」復興基金の概況は表10

表10　岩手県の「取崩し型」復興基金の概況　（金額：百万円）

	基金規模		2011～17年度執行実績	
		特別交付税措置額		うち市町村交付金
岩手県（東日本大震災津波復興基金）	42,000	42,000	35,401	21,000

（出所）岩手県財政課提供資料より筆者作成。
注）基金規模は原資としての寄附金等の91億円を含まないし、執行実績も同様である。

のとおりである。ここでの「取崩し型」は、原資として国が二〇一三年に被災地域独自の住宅再建支援策向けに措置した復興特別交付税（市町村向け交付金として全額支出）およびクウェート政府等からの寄附金を含まない。岩手県で「取崩し型」の総額は普通会計（震災対応分）の二％にも満たないが、その使途にあっては自治体の裁量がより大きく、これまでの先行研究や過去の大災害の被災地自治体でも積極的に評価されており、国・自治体間、県・市町村間の関係や地域マネジメントの側面から重要な分析対象になるので、ここで取り上げておく。

まず、表11、表12のとおり、岩手、宮城の両県における復興基金事業を、事業の内容を確認したうえで、①生活・住宅、②保健・医療・福祉、③産業、④その他に分類してみた。ここから岩手が「生活・住宅」中心、宮城が「産業」中心で大きく異なる特徴が明らかになる。ただし、宮城県は資料提供の制約から、原資としての寄附金等も含んでおり、岩手県と同じ基準で整理された事業一覧になっていないので、正確に言えば、おおよその特徴である。岩手県では「生活・住宅」のなかで、とくに生活再建住宅支援事業費のインパクトが直接の住宅再建支援の点で大きい。この事業は住宅の新築・補修、宅地の復旧に対する県単独の補助をさす（生活再建支援制度、災害救助法の非適用ケース）。河北新報二〇一七年三月一五日付は、岩手県復興推進課は「沿岸部の人口流出を防ぐため、持ち家の再建を促進した」、宮城県財政課は「中小事業者のなり

表11　岩手県の「取崩し型」復興基金の活用内訳（2011～2017年度）

（金額：百万円）

		事業費	うち復興基金充当額
生活・住宅	浄化槽設置整備事業費補助	142	142
	災害復興住宅融資利子補給補助	368	368
	生活再建住宅支援事業費（被災住宅補修支援事業費）	3,336	3,336
	生活再建住宅支援事業費（被災宅地復旧支援事業費）	1,573	1,573
	生活再建住宅支援事業費（災害復興住宅新築支援事業費）	4,138	4,138
	被災者支援費（被災者支援情報提供事業費）	17	17
	仮設住宅共益費支援事業費	1,105	1,105
	災害救助費（民間賃貸住宅移転費用負担金）	4	4
	災害救助費（応急仮設住宅移転費用負担金）	18	18
	被災者住宅再建支援事業費補助	696	141
保健・医療・福祉	国民健康保険一部負担金免除支援事業費補助	1,441	1,441
	後期高齢者医療一部負担金免除支援事業費補助	629	629
	障がい福祉サービス等利用者負担額免除支援事業費補助	12	12
	被災地福祉灯油等特別助成事業費補助	212	38
	介護保険サービス利用者負担特例措置支援事業費補助	111	111
	被災地健康維持増進費	12	12
	被災者特別健診等事業費補助	11	11
産業	港湾利用促進費	69	69
	栽培漁業推進事業費	81	16
	東日本大震災漁業経営復興特別資金利子補給	17	1
	小規模農地等災害復旧事業	35	35
	産地パワーアップ復興支援事業費	3	3
	卸売市場施設災害復旧事業費補助	138	28
	いわて食材販路回復・拡大推進事業	48	5
	中小企業被災資産修繕費補助	573	573
	沿岸圏域起業経営力強化促進事業	31	21
	北いわて食産業振興事業	4	1
	被災商店街にぎわい支援事業費	10	10
	さんりく未来産業起業促進費（起業資金支援費）	61	36
	さんりく未来産業起業促進費（起業経営支援費）	32	32
	地域基幹産業人材確保支援事業費	32	32
	中小企業被災資産復旧事業費補助	66	16
	さんりくチャレンジ推進事業費	175	175

その他	東日本大震災津波合同追悼式開催費	14	14
	東日本大震災津波復興基金市町村交付金	21,000	21,000
	「いわて三陸復興のかけ橋」推進事業費	86	85
	海洋研究拠点整備支援事業費	24	24
	再生可能エネルギー導入促進事業費	129	104
	復興情報発信事業費	21	21
合　　計		36,480	35,403

（出所）岩手県財政課提供資料より筆者作成。

注）1．特別交付税によって措置された部分に限定している。

注）2．基金充当額の内訳（東日本大震災津波復興基金市町村交付金を除く14,403）は「生活・住宅」が75.3%、「保健・医療・福祉」は5.7%、「産業」は7.3%、「その他」は1.7%を占める。

表12　宮城県の「取崩し型」復興基金の活用内訳（2011～2017年度）

（金額：百万円）

		事業費	うち復興基金充当額
生活・住宅	みやぎ県外避難者帰郷支援事業費	9	9
	みやぎ県外避難者支援員設置事業費	28	28
	県外避難者支援拠点設置事業	15	15
	地域コミュニティ再生支援事業	44	44
	みやぎ地域復興支援事業費	279	279
	文化芸術による心の復興支援費	2	2
	仮設住宅共同施設維持管理費	2,889	2,889
	応急仮設住宅移設事業費	198	198
	被災者住宅確保等支援事業	0	0
	生活福祉資金貸付事業（震災対応事務費）	144	144
	食生活支援費	5	5
	住宅再建支援費	437	437
保健・医療・福祉	母子父子寡婦福祉資金貸付金利子補給	0	0
	障害者福祉施設整備費補助	5	5
	新設医学部等支援事業	7,500	7,500
	歯科保健支援費	5	5
	被災地感染症予防啓発事業	3	3
	老人福祉施設等復旧特別支援費	191	191
	介護保険制度運営事業	532	532
	介護人材採用支援費	15	15
	介護保険施設業務改善支援事業	1	1
	既存資源活用型介護機能構築事業	10	10
	私立保育所復旧特別支援費	44	44
	待機児童解消推進事業	215	215

	認可外保育施設利用者支援費	236	236
	被災地におけるDV被害者等サポート事業	5	5
	障害福祉施設等復旧特別支援費	63	63
	グループホーム整備促進事業	15	15
	被災地アルコール関連問題支援緊急強化事業	1	1
産業	市町村農林業災害対策資金特別利子助成事業	1	1
	宮城県農業生産復旧緊急対策費	1,322	1,322
	高鮮度魚介類安定供給費	618	618
	海底清掃資材購入支援費	158	158
	日本貿易振興機構仙台貿易情報センター負担金	3	3
	水産加工業ビジネス復興支援費	63	63
	復興企業相談助言費	102	102
	ものづくり企業販路開拓・取引拡大支援費	70	70
	中小企業施設設備復旧支援費	5,348	5,348
	ものづくり企業販売力等育成支援事業費	15	15
	被災中小企業者対策資金利子補給	2,379	2,379
	商店街にぎわい再生支援費	10	10
	商業機能回復支援費	4,882	4,882
	被災商工会等機能維持支援費	9	9
	被災商工会等施設等復旧支援費	52	52
	中小企業組合等共同施設等復旧特別支援費	157	157
	宮城県信用保証協会経営基盤強化対策支援費	151	151
	商店街再生加速化支援事業費	64	64
	スタートアップ加速化支援事業	55	55
	雇用維持対策費	578	578
	みやぎ雇用創出対策費	32	32
	女性・中高年等人材育成事業費	12	12
	沿岸地域就業サポートセンター事業	118	118
	観光施設再生支援費	1,376	1,376
	観光復興キャンペーン推進費	10	10
	観光復興イベント開催支援費	6	6
	観光施設再生・立地支援費	83	83
	沿岸部交流人口拡大モデル施設整備費	1,354	1,354
	インバウンド誘客拡大受入環境整備支援費	86	86
	松島水族館跡地利用施設整備費	0	0
	スマートフォンゲームアプリと連動した沿岸部観光誘客事業費	30	30
	県外観光客支援事業	40	40
	冬の観光キャンペーン推進費	25	25
	被災中小企業海外ビジネス支援費	11	11
	県産農林水産物・食品等利用拡大費	37	37
	6次産業ステップアップ事業費	13	13
	農業団体被災施設等再建整備支援事業	1,087	1,087

産業	水産業団体被災施設等再建整備支援事業	245	245
	県産農林水産物等イメージアップ推進費	48	48
	復興促進「商品づくり・販路開拓」支援費	17	17
	物流拠点機能強化等支援費	707	707
	食品加工原材料調達支援費	253	253
	食産業ステージアッププロジェクト	243	243
	みやぎの食ブランド復興支援費	6	6
	輸出基幹品目販路開拓費	28	28
	農産物放射性物質吸収抑制対策費	7	7
	先進的農業被災地導入支援事業	100	100
	被災農地再生支援事業	7	7
	畜舎等施設整備支援費	194	194
	経営再建家畜導入支援費	104	104
	被災家畜緊急避難輸送・管理支援費	3	3
	みやぎの子牛生産基盤復興支援事業	46	46
	農地災害復旧関連一括農地管理費	2	2
	農山漁村絆づくり支援費	7	7
	小規模農地等復旧支援費	254	254
	災害査定設計委託費等支援費	35	35
	木材チップ等緊急流通支援費	95	95
	特用林産物生産施設早期再開支援費	73	73
	特用林産物産地再生支援費	20	20
	林業種苗再生再建支援費	5	5
	沿岸漁業復興支援施設整備費	73	73
	養殖用資機材等緊急整備費	0	0
	海岸局統合整備事業費	5	5
	水産都市活力強化対策支援費	79	79
	水産加工業人材確保支援費	1,002	1,002
	水産加工業者の HACCP 普及促進事業	2	2
	養殖業再生費	1,331	1,331
	養殖用資機材等緊急整備費	934	934
	栽培漁業種苗生産事業費	38	38
その他	校舎等小規模改修事業費	60	60
	返還金	2	2
	復興大学支援事業	25	25
	私立学校施設設備復旧支援費	1,901	1,901
	復興人材育成費	36	36
	東日本大震災復興基金交付金	105,753	105,753
	地域防災力向上支援事業費	4	4
	東日本大震災記憶伝承・検証調査事業費	9	9
	阿武隈急行復旧特別支援費	48	48
	離島航路維持確保対策費	1	1

その他	先進的文化芸術創造拠点形成事業	100	100
	仙台空港鉄道復旧特別支援費	248	248
	組合区画整理施設等復旧支援費	91	91
	県立高校部活動用備品復旧支援費	21	21
	私立博物館復旧支援費	14	14
	社会教育関連団体復旧支援費	7	7
	震災関連資料保存継承・公開事業	50	50
	指定文化財等災害復旧特別支援費	35	35
	無形民俗文化財再生特別支援費	1	1
	被災有形文化財等復旧支援費	4	4
	児童生徒の学習意識調査事業	1	1
	運動部活動地域促進事業	8	8
	みやぎ防災ジュニアリーダー養成事業	2	2
合計		147,633	147,633

（出所）宮城県震災復興・企画部から中嶋廉県会議員へ提供された資料、宮城県財政課提供資料より筆者作成。
注）1. 原資として寄附金等を含む。また国からの住宅再建支援向けの財源措置72,753百万円（市町村交付金）も含む。
注）2. 津波被災住宅再建支援分の補塡分1,897百万円を除く。
注）3. 基金充当額の内訳（東日本大震災津波復興基金市町村交付金を除く41,880百万円）は「生活・住宅」が9.7%、「保健・医療・福祉」は21.1%、「産業」は62.8%、「その他」は6.4%を占める。

わいをいかに迅速に再生させるかが重要だ」、という使途の違いを反映した象徴的なコメントをあげている。なお、市町村レベルを含めると、国の二〇一三年の復興特別交付税の措置により、両県において復興基金の総額として「生活・住宅」向けが目立った特徴としてあらわれ、復興基金が国の補助事業や支援制度がカバーしていない範囲でかなり執行されている傾向がみられる。ただし、岩手県では災害公営住宅を含めてコミュニティ形成に対する直接的な支援事業が展開されておらず、阪神・淡路大震災時の兵庫県の対応とはかなり異なる。それは市町村で少し実施されているが、国の被災者支援総合交付金を充当するケースが大半を占める。

岩手県は復興基金事業に関して二〇一七年度までに八〇％超を執行しており、復旧に比して復興の側面にそれほど執行されないことが示唆される。岩手県の事業の特徴は、生活再建住宅支援事業費に加えて被災者住宅再建支援事業費補助、国民健康保険一部負担金免除支援事業費補助などにもみられるが、県は早々に復興基金事業を通して生活・住宅支援の水準を引き上げることを最優先にしたと言える。今回のような被害の大きさおよび再建コストの高騰などにより、生活それ自体が成立しない、あるいは住宅建設に対する不安が募るなか、行政の非常時対応となれば、過去の災害の経験も踏まえて、さらに、県独自で震災前から実施してきた被災者生活再建支援事業の実績から、県として講じるべき政策として早々に浮上してきたのである。[34] したがって、岩手県はあらかじめ市町村間の支援の違いが発生することを抑制するような政策的スタンスを、財政力の弱い市町村が多いことを考慮しながら持っていたとしても、それほど強くはなかったと考えられる。いずれにせよ、結果として、県による早期かつ直接の生活・住宅再建支援事業は、被災者の救済にとどまらず、仕事（産業）に加えてコミュニティの早期再建への広域にわたる外部効果の点でも大きなインパクトを与えることになる。

以上のとおり、岩手県の動向を踏まえると、国の復興基金に対する財源措置は、むしろ県が長期を要する復興のステージで、法制度の不十分さのカバーを含めて、被災住民・企業などの多様化するニーズに対応することができるように、増額されるべきであり、国の責任が強く問われていることになる。なお、「生活・住宅」に限ったことではないが、今回、震災復興のためとは言え、県はとくに復興基金のような自治体の裁量が小さくない財源を充当した復興支援事業を通して、頻繁に現地に出向きながら自治会や町内会（地域コミュニティ）、非営利・協同組織（法人・任意）など足元の地域の団体と密な関係を構築していることは、今後の両者の関係を展望するうえで重要な意義を持っている。

宮城県は復興基金制度の創設当初に、県内の市町に対して基金の対象事業をソフト事業に限定したし（後に緩和したが、ハードには他の交付金等が充当できるという理由であった）、とくに生活・住宅再建に関して市町間で支援（主に復興基金事業として実施される）の程度の違いが生じても、財源確保の困難や既存制度の活用などを理由に、目立った対応をしていない(35)。市町村間の支援事業の違いを被災者間・市町村間のサービス競争や不公平などと表現することはともかくとして、大災害時には支援対象の平準化はやむを得ない側面があるが、岩手県よりも財政力が強い宮城県でも、一般財源を充当してまでそうしなかった強い政策的スタンスがあったかもしれない。東日本大震災復興対策本部（二〇一一）にみるように、「復興を担う行政主体は、住民に最も身近で、地域の特性を理解している市町村が基本となる」ことに対する県なりの解釈があろう。

おわりに

本論では岩手県を主な分析対象にして、東日本大震災対応財政の実態を、歳出、歳入などを踏まえて明らかにした。ここでは宮城県も対象にしたことから、岩手の「生活・住宅中心」という全般的にみた特徴、そのなかで災害公営住宅の整備、維持管理の実態と課題がより鮮明に浮かび上がる結果となった。とくに家賃の滞納や増大の問題は深刻である。とは言え、ここでは岩手県は仕事（産業）やコミュニティに対して重点を置いていないと評価しているわけではないし、分析方法としても、先行研究が採用しているような生活・住宅と仕事、コミュニティの一体的な分析が軽視されたわけではない。

具体的な分析結果に踏み込めば、県が災害公営住宅の整備、維持管理において、県営の形で広域的、調整的、補完的な役割を積極的に果たす、という岩手スタイルが明らかになった。他方、住宅タイプ別、整備手法別の労働コストや費用対効果に関する分析が研究課題としてあげられる。今後、岩手スタイルの評価は被災地の社会状況、県の財政力に鑑みれば、いわゆるハコモノの宿命である、長期にわたる維持管理、さらに廃止（更新）においてより強く問われ、アセットマネジメントが課題となる。こうしたハード面に限らず、ソフト面にも目を向けると、県が民間企業や非営利組織と連携しながら、入居者に十分に寄り添うことが決定的なポイントになることは強調してもしすぎることはない。

注

（1）筆者は拙著（二〇一六）において、大災害からの復興は長期にわたることから、通常の行財政運営も含めて地域マネジメントの側面を重視する必要があると述べている。これは財政面で言えば、国の財政措置を批判し、代替案を示すことは有益であるが、現実には、国の対応がどうなろうと自治体は継続してマネジメントされなければならず、そのノウハウの実態を把握し、その課題を導出することに大きな意義が見いだされる。拙論（二〇一八）では地域マネジメントとは「地域・自治体が自然、文化、経済、人材（ヒト）などに関わる有形・無形の地域資産（資源）を効果的に利活用したり、持続的に発展したりするための地域の体制（組織）、政策、制度あるいはそれらの動かし方などに関わる側面であり、そこには地域内外の主体間関係の側面も含み、対応にあたっては時間や費用の配分、正確な情報収集・発信が問われることになる」と説明している。

（2）本論は日本地方自治学会二〇一九年度研究会（二〇一九年一一月二四日）における筆者の報告論文「大災害に対する復興財政とポスト復興」をベースにしている。報告論文ではポスト復興の財政に関する政策課題が、通常対応財政との関わりを踏まえて詳細に展開されているが、本論ではこの部分は削除されている。

（3）この五〇七という数値は中小企業基盤整備機構のホームページ「仮設施設整備事業」サイトにもとづき、さらに中小企業基盤整備機構に電話で確認したが、岩手県経営支援課が把握している数値は一一一である（筆者の電話による確認）。

（4）災害公営住宅は原則、災害発生から三年を経過すると被災者以外の入居が認められるが、今回、災害規模の大きさから国は一般募集を認めてこなかった。しかし、国は二〇一五年、空き室が目立ち始めた宮城県の照会に対し、他の自治体の被災者を含めて入居希望者を十分募るなどしたうえで、一般募集を容認した。この結果、宮城県内の市町はこぞって早々に一般募集をスタートした。

（5）東日本大震災復興対策本部（二〇一一）では「県は、被災地域の復興にあたって、広域的な施策を実施するとともに、市町村の実態を踏まえ、市町村に関する連絡調整や市町村の行政機能の補完等の役割を担うものとする」と記されている。

（6）市街地復興効果促進事業は市街地整備事業（土地区画整理事業、防集、津波復興拠点整備事業など）と連携して復興に相乗効果を加え、あるいは当該事業の促進に寄与することを目的とする。

（7）経常収支比率は臨時財政対策債、減収補てん債特例分を、分母となる経常一般財源に加えた比率である。

（8）岩手県（二〇一五）の説明にしたがえば、市町村建設、県建設は自治体による直接建設方式をさし、従来から採用する基本方式である。自治体が設計と施工をそれぞれ発注し、工事監理を行う。適用の対象は大規模団地や、用地が早期に取得できたものが想定される。設計施工一括選定とは設計・施工一括発注方式をさし、県が設計と施工を一括して発注し、県が工事監理を行う。買取方式とは事業者が設計・施工を行って建設した公営住宅を、自治体が買い取ることをさし、用地は自治体が準備する（比較的規模の小さい団地）。敷地提案型買取方式とは用地の確保をより迅速に進めるため、事業者が敷地の提案と設計・施工を行うことをさし、用地も含め県が買い取る（用地確保がとくに困難な地域）。県は整備工程の点で敷地提案型買取、買取、設計施工一括選定、直接建設の順に早いとイメージしている。なお、URとは独立行政法人都市再生機構である。

（9）岩手県（二〇一五）によれば、市町村の役割は「市町村内或いは限定的な地域内の被災者を対象とした災害公営住宅を建設する必要があることから、漁村集落等に対応した小規模団地の建設など、地域の個別ニーズを重視」するということである。

（10）県のホームページ「災害公営住宅の整備状況について」サイトにある市町村ごとの整備状況の概況から算定した（最終閲覧二〇一九年一一月一〇日）。そのサイトでは建設（候補）地ごとに事業主体、構造等、戸数、整備手法、完成予定（年度）などが記載されているので、筆者は項目ごとに数値を拾い上げて整理する手法をとった。

(11) 県は整備事業方針ベースで整備戸数を最終的に一〇％程度縮小しており、それは市町村よりも大きい（内陸部の整備を除く）。

(12) 宮城県ホームページ「災害公営住宅の整備計画について」サイト（二〇一九年一一月三日最終閲覧）、筆者による県住宅課復興住宅支援班に対する電話確認。

(13) 宮城県ホームページ「災害公営住宅の整備計画について」サイトからの筆者の算出にもとづく。

(14) 二〇一一年一二月公表の復興住宅計画において、「注（注意書き）」として小さな文字で、県営整備は一、〇〇〇戸程度の予定と記載されている。

(15) 宮城県（二〇一七）p.38など。

(16) 岩手県ホームページ「災害公営住宅の整備状況について」サイト（二〇一九年一一月三日最終閲覧）。

(17) 髙橋（二〇一八）の研究手法は各県から歳入歳出の予算や決算の数値を、内訳を含めて入手するとともに、その内容も事前調査を踏まえて事業課や財政課などに確認して把握した。また、各県の事業課への簡易アンケートは書面であり、直接記載して返却していただく方法にした。

(18) 船戸（二〇一九）p.4。

(19) 岩手日報二〇一八年一〇月一二日付は県建築住宅課長のコメントとして、「県営は広域的役割も担っている。仮設に一定数の被災者がおり、災害公営住宅のニーズが生じる可能性がある」とし、現段階で一般募集の予定はないことを報じている。

(20) 拙著（二〇一六）p.237。

(21) 災害公営住宅の家賃は一般の公営住宅と同様に、入居者の収入や間取りなどによって決まる。家賃は公営住宅法および同法施行令により、入居者の収入や世帯構成、住宅の立地や規模などを考慮して、「家賃算定基礎額（諸控除を考慮した収入ベース）×市町村立地係数×規模係数×経過年数係数×利便性係数」で算定される。収入超過者や高額所得者の家賃は近傍同種の家賃以下または同額となるが、それらは収入水準によって住宅の明け渡しを求められる対象となる（基礎価格（＝建物基礎価格＋土地基礎価格）、償却額、修繕費などから算定）。

(22) 岩手県ホームページ「県営住宅」サイトにおける家賃減免一覧表にもとづく。県営住宅の場合、実態として、収入月額一〇万四千円以下の層（収入分位一）の平均家賃は二〇一八年度末で九、一三四円、二〇一九年度末で九、七〇二円である（県建築住宅課提供資料）。

(23) 収入月額が八万円以下の低所得世帯は、建物共用開始から五年間は家賃が最大七割減額される国の特別家賃低減事業が適用され、六～一〇年目に補助が段階的に縮小する。一一年目から本来の公営住宅の家賃となる。他方、収入月額が一五万八千円を超える世帯（「収入超過世帯」）は入居から三年を経過すると家賃が段階的に引き上げとなる。なお公営住宅であることによる家賃低廉化に関する国庫補助は、今回建物の共用開始から五年、六～二〇年の二段階でいずれも特例で引き上げられており、地方負担分も復興特別交付税で措置されている。

(24) 東日本大震災復旧・復興支援みやぎ県民センターは収入超過世帯問題をはじめ住宅再建を巡る問題を幅広く提起し、宮城県内の首長に代替案を提示しながら、政策の見直しを迫るとともに、「みやぎ県民センターニュースレター」を通して、リアルな情報を発信している。その特別号（五五号、二〇一八年二月一五日）では震災特例として入居資格が緩和されたのは、被害が甚大で被災者が多数にのぼったことに加えて、「沿岸部の津波被災地の多くが災害危険宅地となって、住宅の建築が制限されるなど、収入は高くても持ち家の自力再建を断念する世帯の発生が予想されたためです」と説明されている。

(25)「収入超過世帯」の家賃が入居四年目から割り増しになることから、岩手県は減免措置を講じる。家賃は間取りが３ＤＫ（六五～七五㎡）の場合、七万七四〇〇円を上限とし、県営災害公営住宅のうち、最も早く完成した平田アパート（釜石市）の家賃設定が基準となっている。なお、この独自措置に伴う財政対応は県の一般財源（持ち出し）であり、市町村の場合も同様である。
(26) 河北新報二〇一九年三月二二日付は、収入超過世帯の割り増し分の減免に関して、「岩手県建築住宅課の担当者は『自治体によって災害公営の家賃上限が異なっており、公平性を保つ必要性があると判断した』と狙いを話す」と報じる。二〇一七年一一月の各県災害公営住宅担当課宛ての復興庁事務連絡により、復興庁は自治体の判断で収入超過者への割り増し家賃の独自減免は可能と対応を促した。これを踏まえて県・市町村が対応したと言ってよい。
(27) 収入超過世帯の二〇一九年度の家賃増加は宮城県では二〇六世帯になる（二〇一九年一〇月二七日のNHK「明日へ」）。
(28) 河北新報二〇一九年七月二六日付では「公営住宅はそもそも低所得世帯向けで、被災した子育て世代や共働き世帯の活用を想定していない。一部自治体は独自の家賃減免策を講じたものの、当面の『人口流出防止策』の側面が強い。減免期間が終われば、再び支援にばらつきが生じる可能性がある」と指摘されている。
(29) 岩手県ホームページ「県営住宅」サイトにおける家賃減免一覧表および筆者による県建築住宅課、県沿岸広域振興局土木部宮古土木センターへのインタビューによる（二〇一九年一一月五日）。県の減免措置であれば、家賃（目安）は1DKで月額一、六七〇円（収入月額ゼロ）から同一五、〇三〇円（同六九、〇〇〇円）までとなる。その対象戸数のうち九割減免は二〇一八年度末、二〇一九年度末でいずれも約六割である（県建築住宅課提供資料）。
(30) 山田町や大槌町などの市町営災害公営住宅では国等の減免措置対象世帯は約五～一〇割、国と市町それぞれの比率は七～八：三～二（二〇一九年度）である（筆者による四市町への確認にもとづく）。
(31) 二〇一七年八月八日の石巻市住宅管理課へのインタビュー調査にもとづく。
(32) 塩崎（二〇〇九）第三章、同（二〇一四）第Ⅲ部。
(33) 日本経済新聞二〇一九年三月一一日付は、「市の鑑定評価によると、程田明神前地区住宅の一戸あたりの売却額は平均四七〇万円。このうち市が七〇万円程度を支援するため、被災者は約三八〇万円〜四七〇万円で購入できる」、「復興住宅の買い取りを可能にしたのは一一年一二月施行の復興特別区域法だ。公営住宅法では一般的に木造の公営住宅は耐用年数（三〇年）の四分の一にあたる七年半が過ぎないと払い下げはできないが、特別区域法では五年が過ぎれば払い下げができるとした」と報じる。

（34）筆者による二〇一三年四月〜二〇一四年一月の複数回に及ぶ県財政課へのインタビューによる。

（35）宮城県は県以外が事業主体となって行う事業に活用する東日本大震災復興基金（新設）とともに、既存の「地域整備推進基金」を、県が事業主体となって行う施設整備や地域振興の事業に活用することとしている。地域整備推進基金の原資は外国政府や財団、ＪＲＡ（日本中央競馬会）、他県などとの協定に基づき提供された資金の半分、震災に伴う災害復旧等のための寄附金やふるさと納税として提供された資金の半分であり、これらは復興基金にも充当されている。地域整備推進基金事業は5億円超の事業をあげると、例えば、被災地域交流拠点施設整備支援事業、広域防災拠点整備事業、県産品風評対策強化事業、特別養護老人ホーム建設費（緊急整備分）である。なお、復興基金向けのクウェート政府やサントリーホールディングス、ヤマト福祉財団の寄附金の大半は岩手県と同様に、漁業を中心に産業の再建に充当されている。

参考文献

岩手県（二〇一一）「岩手県東日本大震災津波復興計画　復興基本計画〜いのちを守り　海と大地と共に生きるふるさと岩手・三陸の創造〜」

岩手県（二〇一五）「災害公営住宅の整備に関する方針（改正版）」

岩手県（各年度版）「いわて復興レポート」

岩手県（各回）「主な取組の進捗状況　いわて復興インデックス」

岩手県（各回）『『被災事業所復興状況調査』結果報告」

岩手県ホームページ　https://www.pref.iwate.jp/
岩手県提供資料
岩手日報
河北新報
桒田但馬（二〇一六）『地域・自治体の復興行財政・経済社会の課題―東日本大震災・岩手の軌跡から』クリエイツかもがわ
桒田但馬（二〇一八）「東日本大震災と熊本地震からの復興政策の実態と課題―変化をどう説明するか―」（『大阪経大論集』第六九巻第二号、大阪経大学会）
塩崎賢明（二〇〇九）『住宅復興とコミュニティ』日本経済評論社
塩崎賢明（二〇一四）『復興〈災害〉―阪神・淡路大震災と東日本大震災―』岩波書店
総務省ホームページ　http://www.soumu.go.jp/
髙橋翔（二〇一八）「災害公営住宅整備等事業における財政運営に関する自治体間比較研究」（岩手県立大学大学院総合政策研究科二〇一七年度修士論文）
中小企業基盤整備機構ホームページ　https://www.smrj.go.jp/index.html
日本経済新聞
日本地方財政学会第二一回大会（二〇一三）・シンポジウムⅡ「東日本大震災・原発災害と市町村財政」における宮入興一、清水修二、川瀬憲子、井上博夫の各教授の報告資料
東日本大震災復旧・復興支援みやぎ県民センター「みやぎ県民センターニュースレター」（各号）
東日本大震災復興対策本部（二〇一一）「東日本大震災からの復興の基本方針」
平山洋介（二〇一五）「住まいと生活再建」（神戸大学震災復興支援プラットフォーム編『震災復興学―阪神・淡路20年の歩みと東日本大震災の教訓―』ミネルヴァ書房）

復興庁ホームページ　www.reconstruction.go.jp/
船戸義和（二〇一九）「被災地の地域コミュニティ支援～岩手県の災害公営住宅における自治会設立支援の進め方～」（いわて連携復興センター、岩手大学三陸復興・地域創生推進機構）
宮入興一（一九九四）「災害対策と地方財政運営―雲仙火山災害と県レベルの財政運営の対応―」（『経営と経済』第七四巻第三号、長崎大学経済学会）
宮入興一（二〇〇六）「災害と地方行財政」（宮本憲一・遠藤宏一編著『セミナー現代地方財政Ⅰ』勁草書房）
宮入興一（二〇一三）「災害と地方財政」（重森曉・植田和弘編『Basic 地方財政論』有斐閣）
宮城県（二〇一一ａ）「宮城県震災復興計画～宮城・東北・日本の絆　再生からさらなる発展へ～」
宮城県（二〇一一ｂ）「宮城県復興住宅計画」
宮城県（二〇一七）「災害公営住宅整備の記録（改訂版）」
宮城県（各回版）「復興の進捗状況」
宮城県ホームページ　https://www.pref.miyagi.jp/
宮城県提供資料
村井嘉浩（二〇一二）『復興に命をかける』ＰＨＰ研究所
Abou-Bakr, Ami J. (2013) *Managing Disasters through Public-Private Partnerships*, Washington,DC, Georgetown University Press
Clarke, Daniel Jonathan and Dercon, Stefan (2016) *Dull Disasters? ;How Planning ahead will Make a Difference*, Washington, D.C, World Bank Group
Phillips, Brenda D. (2016) *Disaster Recovery*, CRC Press

（くわだ　たじま・財政学）

3　地方自治からみた災害対策法制の課題

岡田正則
（早稲田大学）

一　はじめに

本稿は、現行の災害対策法制について、大規模災害に焦点を合わせ、地方自治の視点から見直しの方向を考察する。最初に、災害対策基本法など現行の災害対策法制について指摘されている問題点を整理した後、それに即して、規律の対象をめぐる問題、国・都道府県・市町村・住民の責任分担のあり方、災害に関する情報の収集・蓄積と提供のあり方を検討し、最後に、原発災害法制に特有の課題を論じる。

二　現行の災害対策法制の問題点と検討課題

1　災害対策基本法の主な問題点

現行の災害対策法制の要となっているのが災害対策基本法である。同法は、一九五九（昭和三四）年の伊勢湾台風を契機として一九六一（昭和三六）年に制定された。同法一条によれば、その目的は、国・地方公共団体・その他の公共機関の全体を通じて防災体制を確立し、責任の所在を明確化するとともに、防災計画の作成や財政金融措置等の災害対策の基本に関する定めによって総合的かつ計画的な防災行政の整備と推進を図ることである。

これまでの研究を参照すると、(1) 同法の主な問題点として次の諸点を指摘することができる。

まず、①同法が中小規模の災害対策を前提としている点、つまり市町村そのものの機能が麻痺するような大規模・広域災害を同法がほぼ想定していない点である。このため、そうした災害が実際に生じた場合、同法では有効な対処ができないのである。

次に、②実体規定が第五章「災害応急対策」に集中しており、その意味で体系性が欠如している点、またそれゆえ、他の災害予防等の規定は理念規定にとどまっている点である。これらの点は、同法を根拠とする施策が実際には景気対策・予算獲得の手段になっている、との批判的評価にもつながっている。(2)

さらに、③同法が復旧の対象として想定しているのがもっぱら公共施設だという点である。個人レベルの生活の復旧は自己責任という考えが暗黙裡に採られている。

そして、④防災の責任、緊急対応の責任などについて、具体的局面での責任の所在が不明な点である。①とも関わるが、たとえば大規模災害について市町村を第一次責任の主体とすることは不適切である。国の組織については、縦割りの弊害もある。

二〇一一年の東日本大震災の後、同法についてはいくつかの見直しが行われた。二〇一二年改正では、大規模災害への対応方法が見直された。市町村の機能麻痺時における都道府県と国の情報収集・伝達・共有および応急対策・応援業務の拡大（五一条、六七条以下）、地域防災計画における連携対象の拡大（四〇条・四六条＝他自治体・民間事業者等との連携）、広域避難の受け入れ（八六条の八以下）などである。また二〇一三年改正では、国による応急措置の代行（七八条の二）、平常時における市町村長による臨時避難場所・一定期間滞在場所の指定（四九条の四、四九条の七）、市町村長による避難行動要支援者名簿の作成（四九条の一〇以下）などが新たに定められた。上記に関連して、二〇一二年には震災復興を統括する国の組織として復興庁が設置され、また二〇一三年には「大規模自然災害等に備えた国土の全域にわたる強靱な国づくりの推進」を目的とする国土強靱化基本法が制定された。(3)

これらの法改正等によって、たしかに上記①（市町村の機能麻痺時の対応策）や④（縦割りの弊害）の問題点が一定程度是正されたが、弥縫的な見直しといわざるをえず、また他の点については今後の課題とされている。

2　災害救助法の主な問題点

災対法制定以前からの法律として、一九四七年制定の災害救助法がある。同法は、「災害に際して、国が地方公共団体、日本赤十字社その他の団体及び国民の協力の下に、応急的に、必要な救助を行い、被災者の保護と社会の秩序の保全を図ること」を目的とし、災害直後の応急的な生活の救済などを定めている。

同法の主な問題点として、まず、①同法の責任の主体が都道府県とされていることが指摘されている。上述の災対法の責任が市町村にあることとの間にねじれが生じているのである。実際には、災害救助法一三条一項の定める市町村長に事務を行わせる旨の特例がむしろ通例化しているとされているが、(4)責任の所在が不明確であることは否めない。

また、②同法の運用について、先例主義にとらわれており、柔軟な運用、自主的な判断についての理解・経験が行政の現場にないため、〝未曾有〟の事態に対応できない現状が問題視されている。(5)

3　建築基準法等の主な問題点

災害対策法制としては、さらに、建築基準法等による「災害危険区域」（津波、高潮、出水等の危険区域）指定の制度もある。その主な問題点として、①抽象的な危険だけでは地権者の抵抗感が強く、指定できないのが現実である点、②規制の程度について客観的メルクマールは現状ではないに等しい点が指摘されている。

4　日本学術会議「大規模災害と法」分科会での課題提示

またこの間、日本学術会議「大規模災害と法」分科会において、大規模災害対策法制について検討が進められている。(6)そこでは、検討課題として、①建物・公共施設の耐震化の推進（特に、建築物の耐震化対応の評価制度など、インセンティブベースの施策の制度化の検討など）、②リスク情報の取得と開示の推進（地質情報・地盤情報・施設情報・地籍情報を一括したハザードマップの作成や、公共施設の老朽化情報の開示など）、③避難等の事前対策（緊急時ルートの選定・通行路のネットワーク化、避難計画・輸送計画、補修計画、自治体間協力など）、④私有財産権の制限（使用・管理の制約や公共化のあり方、リスク情報の共有など）、⑤被災者の法的ニーズを顕在化させる方法、被災者支援制度の周知、所有者不明土地問題、などが取り上げられている。

5　小括

以上の指摘や課題提示をふまえて、本稿では、以下、規律の対象として「大規模災害」をどのように把握すべきかという問題（上述1①②および4③④⑤に関する問題、後述三）、国・都道府県・市町村・住民はどのように責任を分担すべきかという問題（上述1③④、2①②および4①③に関する問題、後述四）、災害に関する情報の収集・蓄積と提供のあり方をめぐる問題（上述3①②および4②に関する問題、後述五）、そして、原発事故災害法制に特有の問題点（後述六）を検討する。

三　「大規模災害」と地方自治

1　「大規模災害」に関する規律（種類と規模）

災害に対する対応は、図表1で示されているとおり、災害発生後に、緊急対応（救命・応急措置など）、復旧、復興、被害予防（被害の抑止・軽減措置）、という局面で推移する。このうち、本稿が焦点を合わせる大規模災害において特に問題となるのが、緊急対応の局面である。

災害対策基本法二条一号によれば、「災害」とは「暴風、竜巻、豪雨、豪雪、洪水、崖崩れ、土石流、高潮、地震、津波、噴火、地滑りその他の異常な自然現象又は大規模な火事若しくは爆発その他その及ぼす被害の程度においてこれらに類する政令で定める原因により生ずる被害をいう」とされている。前述の指摘にあるとおり、ここにいう「災害」では、市町村そのものの機能が麻痺するような大規模災害はほぼ想定されていない。これに対し、諸外国の例をみると、大規模災害は、通常の行政主体では対応できない緊急事態として想定され、民間防衛あるいは軍隊の動員を含む法制によって対応すべきものとされている。(7)

2 「大規模災害」と市町村の事務

災害対策基本法は市町村を責任主体とし、平常時におけるその役割を定めている。被害の抑止・軽減のための準備、緊急対応の準備、情報の蓄積と提供などである。しかし、大規模災害では、緊急対応の局面はもとより、復旧・復興の局面においても、市町村の対応力を超える状況が生じる。

たとえば、二〇〇四年の中越大地震の際、長岡市庁舎が損壊し、市による情報収集・対策発信が不可能になった。また、隣接する山古志村（現・長岡市）では道路が寸断されて陸封状態になり、災害医療対応もできない状態になっていた。県や国は、市町村からの災害情報の伝達に依存しているため、動き出すことができなかった。つまり、市町村自体が大規模災害で麻痺状態になると、あらゆるレベルの災害対応ができなくなってしまうのである。あるいは、二〇一一年の東日本大震災において、栃木県北部の市町村は、福島県からの原発事故災害避難者で対応不能の混乱状態に陥った。地域防災計画では、区域外からの避難者が想定されていなかったからである(8)。

こうした経験から、国と都道府県の役割の再定義が必要だといえるであろう。特に、災害情報の収集と緊急対応における役割や、広域的に人的・物的な調達を行う役割が重要だと思われる。また、自治体等の公共主体間で日常的に職員を相互に派遣することにより、緊急対応が可能な人材を育成しておくようなネットワーク構築も不可欠である（すでにある程度行われている）。日常的な相互派遣は、現場そのものや物資調達ルート等をあらかじめ派遣担当職員が把握しておくために必要とされる。この把握ができていないと、職員の緊急派遣はかえって現場の足手まといになってしまうことが多い。

図表1　災害対応の循環体系

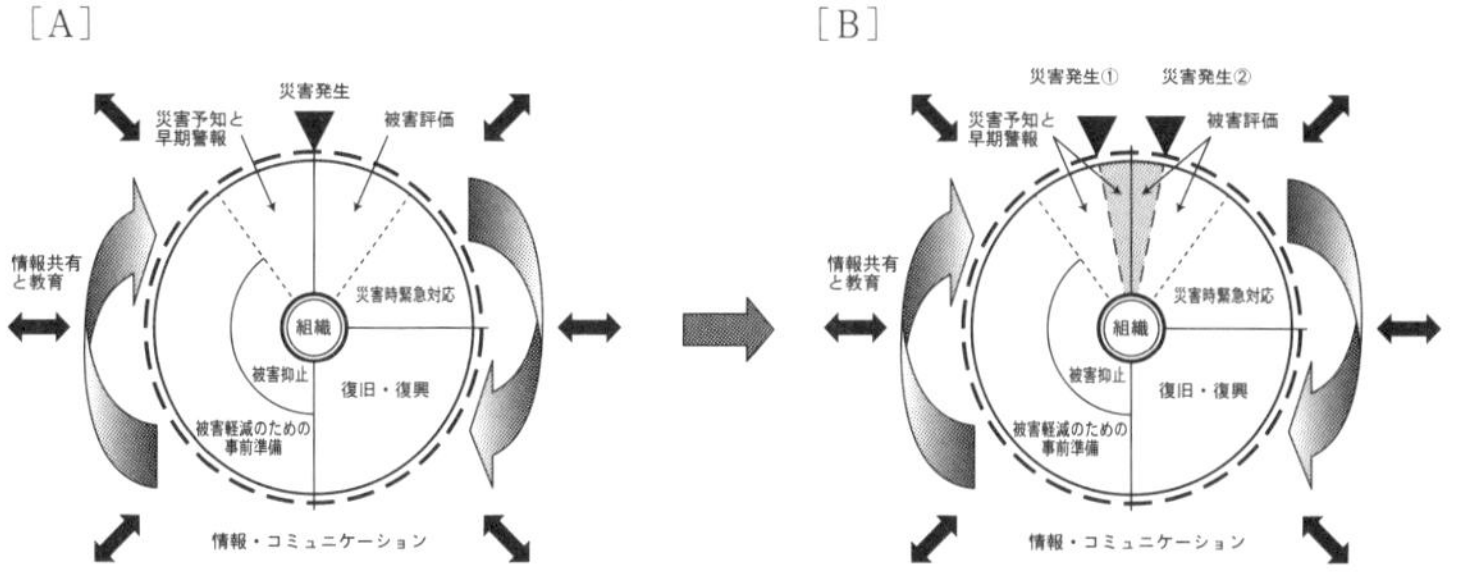

（出所）目黒公郎・村尾修「防災対策の基本と災害対応の循環体系[9]」
（［B］は筆者が加筆したもの）

3　第一次の発災と第二次の発災との区別、その間にとるべき措置

そして「大規模災害」では「第1次発災と第2次発災の間にとるべき措置」という課題も考える必要がある。たとえば、図表1［A］の上側の「災害発生」は、東日本大震災では地震発生と津波・原発事故をまとめて示すことになるが、しかし、東日本大震災でえられた教訓に基づくならば、地震発生後、津波が来るまでの間にとるべき措置や、原発等の大規模危険施設の破損による被害を回避ないし低減化させる措置を考えなければならない。つまり、大規模災害では、「災害発生」は若干の間隔を置いて複数回生じることがあり、それゆえ最初の災害発生の後にも、その被害評価を行いつつ「災害予知と早期警報」という任務を行政機関等は果たさなければならないのである（図表1［B］の災害発生①と災害発生②の間における行政機関の任務）。この点は、制度上まったく欠落しているし、対応策の上では十分に考慮されていない。たとえば、大規模危険施設の規制権限は、通常、国または都道府県にあるので、市町村は即時の対応策を執れないだけでなく、住民への危険情報の提供や避難方針の提示もできない。この点の意識的かつ早急な制度整

備が求められる。

4　法制度の見直し

加えて、①法規範の役割として要件・効果プログラムと目的プログラムがあるところ、災害対策法制について整理が必要であり（たとえば、要件・効果プログラムでは執行不全の危険性がみられるので、目的プログラムの規定に基づく行政規則による具体化などの柔軟な対応策を進めるなどの点）[10]、また、②災害救助体制（救助の実施、避難ルート・物資輸送ルートの確保、避難所開設・仮設住宅確保等）についても、都道府県の権限とするだけでなく、国の機関を含め、時期の推移によるニーズの変化および情報ニーズの変化への対応を考慮した設計にすべきである[11]。

四　防災・災害救助行政と責任主体

1　形成過程と現状

危機管理には、①生活基盤の存続の確保と②国家機構の存続の確保とがあるが、これらを区別した上で、①を基礎とすべきである。というのは、前述（二1④）の指摘にあるように、災害対策基本法ではもっぱら公共施設が復旧の対象として想定されているが、それは当然に被災者の生活の復旧を支えるという目的によって初めて正当化できるからである。①の内容をなす防災に関しては、努力目標と予算獲得の手段とされ[12]、窮民救助法制と接合されているといった批判があることに鑑みると[13]、①を実効的な内容とするためには、被災市町村の処理能力を超える事態への対応方法（こうした事態における都道府県の役割の明確化、市町村間でのネットワークの構築など）を整備すべきである。

図表２　２系統のリスク概念と対応手段との関係

	統計的・確率的リスク	被害防止志向的リスク
個人的リスク	(a)インセンティブ制度、保険制度、回避・避難行動	(c)発生原因の法規制（調査・リスク評価、使用・流通の制限や禁止、予防原則）
地域的・集合的リスク	(b)協定・条例での規律（救助、避難、医療等の対応策）	(d)法規制（同上）

（出所）筆者作成

２　リスクの概念と対応手段

災害のリスクには、個人に還元できるもの（健康、住居などのリスク）と還元できないもの（地域生活、生態系などのリスク）がある。前者にはインセンティブベースの施策が有効であるが、後者ではそれは有効に機能しないので、社会的意思決定のしくみが必要となる。一方、統計的・確率的リスク概念（これは発生原因の防止には向かわない傾向をもつ）と被害防止志向的リスク概念（これはリスクの発生原因の探知と制御を志向し、調査義務・リスク低減化に結びつく）とを区別すべきことが指摘されている(14)。これらを整理すると図表２になる。これらに応じて責任分担論を見直す必要がある（後述３）。

法的な制御手法としては、実体法的制御（利用規制など）、組織法的制御（専門家の審議会など）、手続法的制御（リスクコミュニケーションの機会、調査、資料の公開や審査経過の公表など）がある。人々は、これらの制御の透明性が低い場合や担当行政機関による説明責任が果たされない場合には、個人でのリスク対応責任を過大に見積もらざるをえないことになる。たとえば、放射能汚染地域からの避難や買い控え（あるいは風評被害）などに現れる人々の行動の態様である。こうした過剰反応を引き起こさないようにするためには、制御の透明性の向上と行政の説明責任の十分な履行が不可欠である。

3　災害対策法制と補完性の原理との関係

災害対策法制における補完性原理について、災害対策基本法が市町村中心であるのに対して、原発事故（原子力災害対策特別措置法）では国が全権を掌握するしくみとなっており、この不整合が福島原発災害における避難混乱の一つの原因だと指摘されている[15]。また、消極的補完性（個人・社会団体の自由の確保＝権限不当行使の禁止）だけでなく、積極的補完性（個人・社会団体の自由の維持と強化＝国等の援助義務）という観点も必要である。特に、大規模災害における国の基本的責任と中小規模災害における国の積極的補完義務を明確にした上で、各局面における施策と実施主体を具体的に定めておくことが求められよう。

従来の自助・共助・公助論は固定的な役割分担論で、国の責任縮小を正当化する議論になっている。図表2に基づけば、自助は(a)、共助は(b)、公助は(b)(c)(d)ということになる。避難者の権利保障についても、国の義務が重要である（安全確保、健康、生活、帰還保障など[16]）。

この点に関しては、日本の地方自治における問題点として、「逆補完性の原理」という暗黙の原理が存在しているとの批判的な指摘に留意しなければならない[17]。災害対策法制において、《国がやるべきことをやらないから自治体が補完している》という現状を変えていく必要がある。なお、防災行政に関する行政機関間の補完性について付言すれば、防災担当組織に対して警察組織や国の防衛省は補完的な位置づけになろう[18]。

4　専門部局の創設

大規模災害への対応は、その発生確率が低いため、「平時」の局面では後回しとされる一方、実際に生じた後に（激甚災害指定）、応急対策の局面で災対法第5章の措置等が場当たり的に講じられることになる。総合的なリスク評価と防災・減災に対応する組織体制が欠けているのである。それゆえ、アメリカの連邦緊急事態管理庁・国土安全保障省のような組織の必要性が指摘されている[19]。

自治体側の動きとして、二〇一七年七月に関西広域連合による防災庁（省）創設の提案があり、また二〇一八年七月二六日、全国知事会は、南海トラフ巨大地震などへの備えを強化するため、事前対策から復旧復興までを一元的に担う「防災省」の創設を求める緊急提言を採択している[20]。この種の組織体制は、諸外国の例をみても国レベルで対応するのが効率的かつ現実的だといえよう。

五　情報

1　リスク情報、災害情報、避難者に関する情報など[21]

リスク情報、災害情報、避難者に関する情報についても制度整備が必要である。

まず、リスク情報として、災害予知（地震予知など）、地域防災計画（ハザードマップ、避難行動要支援者名簿の作成＝災対法［二〇一三年改正］四九条の一〇以下）、危険施設情報の公開がある。インフラの老朽化、地盤の安全性に関する情報の収集と公開も必要である。情報との近接性から、市町村がその中心になるべきだと考えられる。

次に、災害情報については、地震速報、津波警報、避難指示・勧告、大規模危険施設の情報があるが、国レベルで取得・提供が可能かつ義務とすべきである。

その他、被災者支援情報の提供（安否情報の提供、被災者台帳の作成・利用）、住民情報の保全（原本消失への対応策、共有システムの必要性）、個人情報保護といった課題もある。

2　地質地盤情報の共有化[22]

地域レベルの災害対策にとって、地質地盤情報は特に重要である。その共有化は、①地下空間の有効活用、②不慮の事故や工事遅延の防止・回避、③防災対策、④重複調査等の無駄の回避、⑤情報の正確性の確保という諸点から必要とされる。諸外国では制度化が進んでいる。

日本では、港湾版土質データベース（港湾・空港＝旧運輸省）、国土地盤情報検索サイト（国土交通省）、産業技術総合研究所地質総合センター（経産省）、産業科学技術研究所、関西圏地盤情報ネットワーク、地盤工学会がそれぞれ一定範囲で行っている。日本学術会議地球惑星科学委員会報告書（二〇一三年一月）は、①地質地盤情報に関する包括的な法律の制定、②地質地盤情報の整備・公開と共有化の仕組みの構築、③社会的な課題解決のための地質地盤情報の活用の促進と国民の理解向上を提案している。

法的論点として検討が必要なのは、現行法体系における地質地盤情報の位置づけ（関係の法律として、地理空間情報活用推進基本法（理念法にとどまっている）、国土強靱化法、官民データ活用推進基本法がある）、および情報公開法制との関係（プライバシー性は希薄だが、民間事業者が多額の投資により得た地質地盤情報への配慮が必要である点――たとえば一定期間の独占的使用権を認める等の配慮）などである。

六　原発災害対策法制をめぐる問題

1　原子力防災計画（避難計画など）の問題点

最後に、大規模災害としての原発災害に関わる特有の課題に触れることにしたい。まず、原子力防災計画をめぐる問題を取り上げる。

原子力災害対策特別措置法（一九九九年）二八条一項は、福島第一原発事故を教訓として、災害対策基本法四〇条・四二条の読み替えにより、都道府県と市町村に防災基本計画および原子力災害対策指針に基づく地域防災計画を作成・修正させることとした。この指針によれば、予防的防護措置準備区域（PAZ〔Precautionary Action Zone〕：原子力施設から概ね半径五㎞圏内）では、放射性物質が放出される前の段階から予防的に避難等を行い、緊急防護措置準備区域（UPZ〔Urgent Protective action planning Zone〕：PAZ外側の概ね半径三〇㎞圏内）では、予防的な防護措置を含め、段階的に屋内退避・避難・一時移転を行うものとされている。

しかし、この指針およびそれに基づく避難計画等については「福島第一原発事故における教訓を踏まえたものでも住民を被ばくから守るものにもなっていない」という厳しい指摘がある[23]。すなわち、①大規模災害における災害の複合性が考慮されていない点（たとえば、地震による家屋倒壊の危険がある状態の下で屋内退避などは非現実的である）、②福島第一原発事故では三〇㎞圏外でも避難が必要であったことに鑑みれば、三〇㎞圏外が安全であるかのような計画の策定はミスリーディングである点、③三〇㎞圏内の住民について高い線量になってから避難をさせるというのは、住民を被ばくから守るという観点からは不適切である点、④避難計画の実効性を担保できない点（避難計画は自治体に丸投げされ、また避難計画とは無関係に原発が運転できるしくみになっている）などである。

地方自治体は、住民の安全確保のために、原発事業者との間で「原子力発電所安全協定」といった防災協定を締結するが、事業者側はこれを「紳士協定」だとして必ずしも遵守しないのが実情である[24]。この種の防災協定が法的拘束力を有するものと位置づけた上で[25]、避難計画と接続することによってその実効性を担保するなどの工夫が必要だと思われる。また、避難計画の実行は「原発敷地外の避難指示区域で住民支援に従事する人々」（緊急避難支援要員）の存在なしには不可能であり、それゆえ、これらの人々（特に住民の屋内退避や避難の実施に欠かせない業務に従事する民間人）の法的な位置づけ等に関する法整備も必要とされよう[26]。

2　避難者の権利保障

次に、原発災害避難者の権利保障をめぐる問題がある。福島県の統計によれば、二〇二〇年九月現在の避難者数は三七、〇九五人とされている[27]。

放射能汚染からの避難は、空間的に広域となり、時間的に長期となり、また避難のあり方は各人の属性に応じて多様になる。つまり、居住自治体外さらには全国各地への越境的な避難、一〇年を超える長期の避難、そして家族離散・離職・被災財産管理など諸種の事情への対処を余儀なくされる避難生活である。このような特徴を考慮すれば、原発災害の避難者には、避難元・避難先双方の自治体の住民として権利を保障する制度が必要とされる[28]。

避難者の権利保障に関わる法律として、原発避難者特例法（東日本大震災における原子力発電所の事故による災害に対処するための避難住民に係る事務処理の特例及び住所移転者に係る措置に関する法律）、子ども・被災者支援法（東京電力原子力事故により被災した子どもをはじめとする住民等の生活を守り支えるための被災者の生活支援等に関する施策の推進に関する法律）、前述の災害救助法がある。しかし、原発避難者特例法には、サービス等の受給対象が指定一三市町村からの避難者に限定されていること、サービス項目が不十分でありまた手続等が煩瑣であること、避難元自治体との連絡やその復興等に関するしくみが欠けていることなどの問題点があり、また、子ども・被災者支援法は支援対象地域が限定的で「必要な施策」の具体化が不十分である、災害救助法は広域的・長期的避難に対応していない、といった問題点が指摘されていた。

これらの問題点を是正して、避難者の生活上の基本的な権利を保障するためには、原発避難者特例法と住民基本台帳法を改正することが必要である。その際、「早期帰還か移住か」という二者択一に囚われない「待避」という第三の道の選択（「生活の本拠」選択権の保障）を可能にすることが重要になる。というのは、避難の広域性・長期性・多様性という特徴に鑑みれば、避難を継続しつつ、各人の状況に応じて避難元・避難先双方の自治体との関係を維持するしくみが不可欠だからである。大きな選択肢としては、①避難元に住民登録を残したまま、避難先に生活の本拠を置く「避難元住民登録モデル」と、②避難先に住民登録を移した上で、避難元との制度的なつながりを維持する「避難先住民登録モデル」がありうる。(29) これらは併存が可能であって、①は、原発避難者特例法の拡充によって避難先における（参政権以外の）地位を保障し、住民基本台帳法においてこの地位に裏付けを与えるしくみによって対応し、②は、避難先住民としての権利保障を基本としながら、原発避難者特例法の拡充によって避難元自治体とのつながりを確保する方策によって対応すべきことになる。

以上の内容の法改正を提案する日本学術会議の提言「東日本大震災に伴う原発避難者の住民としての

地位に関する提言」（二〇一七年九月）は、国会の特別委員会でも審議されたが、法改正に結びつくまでには至っていない[30]。現在、避難者に対する住宅補助はすべて打ち切られており、避難元への帰還が強要されているようにみえる。しかし、家屋等の滅失等により帰還できる状況にない者、就業や生活環境等により帰還の条件が整わない者など、やむなく避難を継続せざるをえない者は少なくない。避難者への損害賠償とあわせて[31]、避難生活を保障するための法制度の整備は不可欠である。

3　地方自治体そのものの復旧・復興と合併問題

第三に、避難者だけでなく自治体も困難に直面している。とりわけ、放射能汚染で多大な被害を受けた避難元自治体は、区域の大半が帰還困難区域や居住制限区域に指定され、またそのいくつかは自治体自身も避難状態にあった。たしかに線量の低下にともなって二〇一四年四月以降、段階的に避難指示が解除されてきたが、住民の帰還は進展していない。たとえば、相双地域の被災四町（双葉、大熊、浪江、富岡）の帰還状況は、図表3のとおりである。「町内居住者」には、帰還者だけでなく新規転入者も含まれるが、九割余の住民が未帰還または町外在住の状態で生活しているとみられる。

一方、住民登録者数自体はそれほど減少していない。避難指示解除と連動して地方税や社会保険料などの減免措置が廃止されつつあるという事情の下でも（ただし、解除から三年の適用延長があり、また自治体独自の減免措置を講じているところもある）、避難住民は避難元自治体とのつながりを依然として重視していると考えられる。

被災自治体には震災復興特別交付税などの財政特例措置が講じられてきたが、そうした措置も順次縮小されつつある。そして被災自治体の復旧・復興に関連して、合併も取り沙汰されている。市町村合併

図表３　相双地域被災４町の住民登録者数と居住者数（帰還状況）

	2011/3の住民登録者数	現在の住民登録者数＊	現在の町内居住者数＊
双葉町	7,140人	5,827人	0人
大熊町	11,505人	10,284人	257人
浪江町	21,434人	16,888人	1,449人
富岡町	15,960人	12,486人	1,498人

＊双葉町・大熊町・富岡町は2020年８月末現在、浪江町は同年７月末現在。

（出所）各町のHP上のデータに基づき筆者が作成

が「防災力」の空洞化をもたらすことは平成の大合併に関する分析が示しているところであり、また合併は「復旧・復興」に大きな歪みを生じさせる危険性が高い(32)。それは、住民にとっては〝ふるさと喪失〟となるものであろうし、放射性廃棄物・除染廃棄物処理など住民の安全に関わる問題への対応力を弱めてしまうと思われる。

七　おわりに

以上、大規模災害の面から現行の災害対策法制の問題点を自治体行政に即して検討してきた。

大地震等の大規模災害については、市町村の機能がかなりの程度麻痺することを想定した対応策を整備しなければならない。また、大規模災害に連動する大規模危険施設事故の災害については、平常時において市町村の地域防災計画と国・都道府県の施設規制権限および情報提供責任の一体性を確保すべきであるとともに、①大規模災害発生と②危険施設事故発生との間の時点における①の被災下での②の防災に関する国・都道府県・市町村それぞれの役割を明確にする必要がある（前述三）。

本稿は主に応急対応を対象として災害対策を検討してきたが、そこでの責任については、まず、リスクの性質に応じた責任配分と対応手段の制度化が図られるべきである。「自助」とされる住民等の個人の責任は、「統計的・確率的リスク」かつ「個人的リスク」の場合でなければ果たすことはできないのであって、他のリスクの場合は、「共助・公助」の責任となる。とりわけ大規模災害については、全国的な対応の必要性と有効性からみて、国の責任が大きいと考えられるので、諸外国の例にあるような専門部局の創設が望まれる（前述四）。災害情報の収集・管理・提供については、地質地盤情報の共有化を含め、今後の法制度上の課題を示した（前述五）。

原発災害対策法制については、地域防災計画（特に避難計画）が真に住民の安全を確保するものとなるためには、原発の設置許可や稼働の基準にこれを取り入れるなどの原子力防災上の法的位置づけが必要であること、避難者には避難元・避難先の双方での住民としての「二重の地位」保障を制度化すべきであること、被災自治体の再建は、原発災害の影響が長期にわたることを考慮して〝帰還先の再建〟という観点を含む法的枠組みが必要であることを述べた（前述六）。

上記は、法解釈上で可能な施策と法制度そのものの見直しの両方を含んでいるが、個別法に即した具体的な解釈論や立法提案の提示は今後の課題である。(33)

注

（1）以下の現行法制の検討に関する文献として、津久井進『大災害と法』（岩波書店、二〇一二年）第二章・第三章・第六章、同「被災自治体は被災者にどう向き合うべきか」森英樹ほか編『3・11と憲法』（日本評論社、二〇一二年）七八頁、生田長人『防災法』（信山社、二〇一三年）第二講・第一二講、鈴木庸夫「大規模震災と住民生活」鈴木編『大規模震災と行政活動』（日本評論社、二〇一五年）二七頁、原島良成「災害救助の分権論」碓井光明ほか編『行政手続法・行政救済法の展開』（信山社、二〇一九年）四七一頁、磯野弥生「災害と法――人権保障の視点から」法と民主主義五四六号（二〇二〇年）一六頁など。

（2）井上・後掲注（12）、下山・後掲注（13）の指摘を参照。

（3）国土強靱化法について、礒野・前掲注（1）一七一一八頁は、災害対策として人の命の大切さを顧みていない点、および「被害を蒙る「関係者」である国民、災害の観点から専門的な役割を演じているＮＰＯ、そして自治体の関与が定められていない」点を欠陥として指摘している。

（4）原島・前掲注（1）四七五頁。

（5）津久井・前掲注（1）四四頁以下など。同法の先例については、室崎益輝ほか『大規模災害への自主的対応術』（第一法規、二〇一九年）第三章参照。同書は、東日本大震災等の際に出された通知などにより被災自治体がとった各種措置を知ることで、自治体が被災者救済を自主的に行えるようにするための実務書である。

（6）日本学術会議法学委員会「大規模災害と法」分科会（第二四期）の構成員は、三木浩一（委員長・民事訴訟法学）、佐藤岩夫（法社会学）、岡田正則（行政法学）、小幡純子（行政法学）、関礼子（環境社会学）、目黒公郎（都市震災軽減工学）、依田照彦（建設工学）である。

（7）「外国の立法」二五一号（二〇一二年、特集「大規模災害対策法制」）での各国の例を参照。たとえば、アメリカのスタフォード法の定義では、大規模災害とは、いわゆる自然災害及び原因を問わない火事や爆発等の人災を指し、大統領がその被害の規模が甚大であるため州の対応能力を超えると判断したものを指す（42USC5122(2)）。緊急事態とは、大異変の可能性の回避若しくは緩和を行うため、州の対応能力を補助する目的で連邦による援助が必要とされていると大統領が判断する事態又は事例を指す（42USC5122(1)）。すなわち、大規模災害の対応の方がより長期的で、緊急事態の方が短期的な対応と解釈される。イギリスでは二〇〇四年民間緊急事態法第一部が地域的緊急事態、同法第二部が全国的な緊急事態を定める。後者は、国の内外で発生する、(a)連合王国又は地方若しくは地域における人の福祉に深刻な被害を及ぼす可能性のある事象又は状況、(b)連合王国又は地方若しくは地域における環境に深刻な被害を及ぼす可能性のある事象又は状況、又は(c)連合王国の安全保障に深刻な被害を及ぼす脅威のある戦争又はテロリズム、と定義される（第一九条第一項、第六項)。フランスの災害対応は、ＯＲＳＥＣ計画に従って実施される。ＯＲＳＥＣ計画は、あらゆる種類の災害への対応を目的とする統一的な災害対応計画である。その対象は、自然災害(洪水、森林火災、雪崩、地滑り、地震、噴火、サイクロン、暴風雨)、技術的災害(原子力事故、産業事故、交通災害)、テロ、保健衛生上の災害(パンデミック)等である。ドイツでは、基本法三五条二項二文の「自然災害」は、地震、洪水、解氷、森林火災、落雷、旱魃、疫病の流行などとされ、また「重大な事故」は、飛行機や鉄道などの交通事故、生活上重要な施設に影響を与える停電、原子力発電所の事故、放射線に被ばくするおそれのある事故などとされている。

(8) 二〇一二〜二〇一三年度時点における筆者の聞き取り調査による。二〇〇四年の中越大地震については、長岡市『忘れない、明日のために。〜復興へのメッセージ〜』(二〇一五年)(https://www.city.nagaoka.niigata.jp/shisei/cate01/sinsai/file/kirokusyu01-00.pdf)など参照。調査に対応して下さった、長岡市、栃木県、岩手県、陸前高田市などの職員の方々にお礼を申し上げる。

(9) 目黒公郎・村尾修「防災対策の基本と災害対応の循環体系」目黒・村尾編『地域と都市の防災』(放送大学教育振興会、二〇一六年)八〇頁。

(10) 下山憲治「環境リスク管理と自然科学」公法研究七三号二一三―二二四頁。

(11) ニーズ一般については鍵屋一「改正災害対策基本法と自治体間連携――補完性の原理を超えて」ガバナンス一三七号(二〇一二年)一八頁以下、情報ニーズの概要については村尾修・目黒公郎「情報とコミュニケーション」村尾・目黒編・前掲注(9)二六四頁の表を参照。

(12) 井上洋『明治前期の災害対策法令(一八六八―一八七〇)』(論創社、二〇一八年)六一―九一頁。

(13) 下山憲治「防災法制の展開と今後の法的課題」生田長人編『防災の法と仕組み』(東信堂、二〇〇九年)・二一一―二一三頁。

(14) 桑原勇進「リスク管理・安全性に関する判断と統制の構造」磯部力ほか編『行政法の新構想Ⅰ・行政法の基

礎理論』（有斐閣、二〇一一年）二九二―二九四頁。
（15）金井利之「他治体法務論――フクシマ被災地自治体の避難指示」北村喜宣ほか編『自治体政策法務の理論と課題別実践（鈴木庸夫先生古稀記念）』（第一法規、二〇一七年）五―六頁。
（16）「国内強制移動に関する指導原則」（国連人権委員会指針）：津久井・前掲注（1）『大災害と法』一五三―一五五頁参照。
（17）金井利之「「補完性の原理」から「逆補完性の原理」へ」ガバナンス一三六号（二〇一二年）二五―二六頁。都道府県と市町村との関係については、事務委託活用の面から、千葉実「大規模災害等の対策と地方自治法上の事務委託」北村ほか編・前掲注（15）一五三頁を参照。
（18）米田雅宏『「警察権の限界」論の再定位』（有斐閣、二〇一九年）四四三頁以下など参照。
（19）諸外国の状況について前掲注（7）「外国の立法」、日本の状況について水島朝穂「災害救助は誰が行うのか――消防・自衛隊・警察・海保」森ほか編・前掲注（1）九〇頁。
（20）防災庁（省）の創設を提案については、我が国の防災・減災体制のあり方に関する懇話会『我が国の防災・減災体制のあり方に係る検討報告書～防災省（庁）創設の提案～』（平成二九年七月、https://www.kouiki-kansai.jp/material/files/group/4/1503446032.pdf）、全国知事会「国難レベルの巨大災害に負けない国づくりをめざす緊急提言」（平成三〇年七月二六日、http://www.nga.gr.jp/ikkrwebBrowse/material/files/group/2/02kakutei.pdf）。
（21）村尾修・目黒公郎「情報とコミュニケーション」目黒・村尾編・前掲注（9）二五九頁ほか。
（22）日本学術会議・提言「地質地盤情報の共有化に向けて：安全・安心な社会構築のための地質地盤情報に関する法整備」（二〇一三年一月）、宇賀克也「地質地盤情報の共有化と公開」季報情報公開・個人情報保護65号（二〇一七年）四三頁（宇賀『情報公開・オープンデータ・公文書管理』［有斐閣、二〇一九年］二〇三頁）参照。

(23) 満田夏花「原子力防災計画は、人々を被ばくから守るのか?」学術の動向二五巻六号(二〇二〇年)一九—二一頁。原子力災害対策指針および原子力防災計画(避難計画)の問題点については、さらに、上岡直見「再稼働と避難計画」同誌三〇—三五頁、同『原発避難はできるか』(緑風出版、二〇二〇年)も参照。

(24) 上岡・前掲注(23)『原発避難はできるか』九三—九八頁など参照。

(25) 防災協定の法的拘束力については、公害防止協定に法的拘束力を認めた最判二〇〇九(平成二一)・七・一〇判時二〇五八号五三頁を援用することができるであろう。

(26) 尾松亮「原子力防災における緊急避難支援要員の法的位置づけ——チェルノブイリ法を参考に」学術の動向二五巻六号(二〇二〇年)二四頁。

(27) 福島県災害対策本部「平成23年東北地方太平洋沖地震による被害状況即報(第一七六八報)」(https://www.pref.fukushima.lg.jp/uploaded/life/509467_1338697_misc.pdf)。ただしこの数値は、復興庁からの情報に基づいているため、地震・津波災害の避難者を含む一方で、原発災害の区域外避難者(いわゆる自主避難者)を含んでいないものと考えられる。なお、災害発生翌年の二〇一二年の時点では、避難者数は一六・五万人とされていた。

(28) 以下については、岡田正則「原発災害避難住民の「二重の地位」の保障——「生活の本拠」選択権と帰還権を保障する法制度の提案」学術の動向二〇一七年四月号および日本学術会議・提言「東日本大震災に伴う原発避難者の住民としての地位に関する提言」(二〇一七年九月、http://www.scj.go.jp/ja/info/kohyo/pdf/kohyo-23-t170929.pdf)を参照していただきたい。

(29) この他に、③避難元と避難先の双方に住民登録をする「二重住民登録モデル」(今井照『自治体再建——原発避難と「移動する村」』〔筑摩書房、二〇一四年〕が提案する、避難元・避難先の両自治体で参政権の行使を可能にするモデル)がある。しかし、③は(憲法上禁止されていないとしても)住民基本台帳法全体の見直しのほか、公職選挙法・地方自治法など関係法令の多数の規定について精査を必要とするので、提言では断念された。

（30）第一九六回国会・参議院東日本大震災復興特別委員会（二〇一八〔平成三〇〕年七月一一日）での大西隆・元日本学術会議会長による説明と委員会審議などを参照（https://kokkai.ndl.go.jp/#/detailPDF?minId=119614858X00620180711&page=20&spkNum=80&current=-1）。

（31）東京電力と国を被告とする損害賠償請求訴訟は、現在全国で約三〇件が提起されている。訴訟の状況については、原発被害者訴訟原告団全国連絡会ＨＰ（http://www.jnep.jp/b-fukushima/gensoren/genkokudan/genkokudan.html）を参照。

（32）幸田雅治「市町村合併による震災対応力への影響――石巻市にみる大震災と大合併――」室崎益輝・幸田雅治編『市町村合併による防災力の空洞化』（ミネルヴァ書房、二〇一三年）五七頁ほか、同書所収の諸論文を参照。

（33）参考文献として、上記のほか、全体について、法律時報八一巻九号（二〇〇九年・特集「災害・リスク対策の法的課題」）、法律時報八五巻三号（二〇一三年・小特集「大規模災害をめぐる法制度の課題：基礎法学の視点から」）、公法研究七六号（二〇一四年・特集「大規模災害と公法の課題」）、鈴木庸夫編『大規模震災と行政活動』（日本評論社、二〇一五年）、室崎益輝ほか編『災害に立ち向かう人づくり』（ミネルヴァ書房、二〇一八年）、千葉実『自治体災害対策の基礎』（有斐閣、二〇一九年）がある。なお、本稿は科学研究費基盤研究（C）（課題番号・20K01276）による成果の一部である。

（おかだ　まさのり・行政法学）

Ⅳ　書評

《書評》

水谷利亮・平岡和久著『都道府県出先機関の実証研究

～自治体間連携と都道府県機能の分析』

岩　﨑　　忠

（高崎経済大学）

本書は、国が主導して進めている「地方創生」に関連した自治体間連携の動向や在り方ではなく、「平成の大合併」以前から自治体が主導して行ってきた小規模自治体における自治体間連携のあり方に注視しながら、市町村間の水平連携に加え、都道府県による垂直連携に関して、都市部ではない中山間地域を中心に都道府県出先機関と市町村との関係に関して分析・考察を行ったものである。また、都道府県の総合出先機関である地方振興局、地域振興センターに着眼し、その予算編成権限、計画策定の状況などを中心に管轄区域内の市町村との関係を明らかにしているところが特徴である。

さらに、都道府県と市町村の関係では、施設等を全て用意しているフルセット型の自治体ではなく、市町村同士の連携など政策ベースの市町村間の連携が広がりつつある状況を踏まえ、単独市町村だけでなく、市町村の連携組織である広域連合と都道府県出先機関との関係を分析しているところは大変興味深い点である。

本書は、序章、第1章から第7章、終章で構成されており、以下、各章の内容を紹介し、その意義を考察し、最後に本書の意義と課題について述べることにしたい。

序章では、まず、自治体間連携の「補完」と「連携」の議論を紹介する。都道府県の「広域」「連絡調整」「市町村の補完」といった本来的機能に加え、市川喜崇氏の「市町村の支援機能」（財政的・人的・技術的支援）という第四の機能という考え方、金井利之氏の「都道府県と市町村の協働」という都道府県と市町村との関係が「対等かつネットワーク型の連携」という考え方に焦点をあてて紹介している。また、都道府県出先機関の機能と自治体間連携に関する分析・考察の前提として、自治体間連携の実証研究を行っている。まず、「奈良モデル」をとりあげ、県の市町村への支援のあり方を「財政支援」「人的支援」「県有資産の有効活用による支援」「その他の支援」の四分類に分けて紹介し、「奈良県・市町村長サミット」などを「連携・協働の方向に意識付ける巧みな手法」として位置付けている。次に、静岡県賀茂振興局圏域の事例を紹介し、県の出先機関である賀茂振興局長が、賀茂地域（下田市・東伊豆町・河津町・東伊豆町・松崎町・西伊豆町）の六市町の首長による賀茂地域広域会議を主催し、支援している取組みを紹介している。さらに、長野県の「自治体間連携のあり方研究会」の「とりまとめ（二〇一六年三月）」の考え方を紹介した後で、①南信州広域連合による水平連携、②南信州定住自立圏構想による水平連携、③長野県本庁と下伊奈地方事務所による市町村の垂直連携を紹介している。③の垂直連携は、本庁で行われている県職員派遣の人的支援や支援金などの財政的な支援に加え、地方事務所と市町村・広域連合が連携・協働することで、広域連合が合併につなげない、市町村合併の代わりになっていることを強調している点が注目される。

そして、序章では、こうした事例紹介に加えて、わが国の市町村と都道府県といった二層制による地方自治制度に関する議論を紹介している。

まずは、基礎自治体レベルの多層化の議論として、加茂利男氏が、「基礎的自治体レベルの区域再編政策について、実質的な選択肢は「合併か、小規模自治体の維持か」ではなく、「合併かネットワーク自治体（自治体連携）か」であるとし、「デモクラシーやアイデンティティとサービス供給の能力・効率を両立させる方法として自治体間協力を想定しているという」点を紹介する。まさに、地域社会において、民主性と効率性が保障されることが望ましいのであり、特に中山間地域における町村に現実的にあてはまる考え方である。

次に、市町村と都道府県という垂直連携による自治体間のあり方を補完する議論として、磯部力氏の「自治の総量」論を紹介する。磯部氏いわく、「自治の総量とは、中央政府と区別された自治システムの総体としてのパフォーマンスのことであり、…市町村プラス都道府県を標準にしている」としたうえで、「ある区域における自治体全体（都道府県＋市町村）の国との関係」が「自治の総量」といえるとする。この点は、市町村と都道府県が融合して地域課題に取り組むことで、単独で取り組むことよりも、協力や競争という掛け算により自治の総量は拡大するものとする。この「自治の総量」という考え方は、村松岐夫氏が示した国と自治体との相互依存モデルにも通じる考え方であり、市町村と都道府県の連携は、単なる足し算による「総和」ではなく、掛け算により表れる「相乗効果」として図られるものであると再確認することができる。

さらに、「圏域自治」という考え方を紹介する。まず、辻山幸宣氏の広域行政に「ｇｏｖｅｒｎする主体」という色彩を持たせる視点は大切であるという主張を紹介するとともに、神原勝氏による「それぞれの市町村の個別ないし単位自治と市町村が協力して政策を行う連合自治」の二つの要素から市町村レベルの自治はなるという考え方を紹介する。その上で、地域の活性化や支え合いを含む地域の力そのものを高めていくために、「地域の一体性を成り立たせている圏域」において「それを一つの眺め、あるいはとらえる主体」を形成することが不可欠であるとする。

そして、最後に、都道府県の機能を再検討した「ミニ霞が関」からデモクラシーの拠点へといった「地方政府としての都道府県のあり方」について紹介している。特に、新藤宗幸氏の都道府県を「政治的デモクラシーの拠点としての地方政府」という点を紹介し、都道府県を基礎にして、分権型社会を構築しなければならないという点を紹介している。

以上の議論を踏まえ、第1章以下の各章では、重層的な自治体間連携の主要なアクターの一つである都道府県出先機関に焦点を充てて、その機能や新たな可能性について実証的な分析を行っているのが特徴である。

第1章では、都道府県が地域の多様性に対応するため、都道府県内を複数の圏域に区分して、それぞれに総合出先機関を設置して地域的分権を行っている点を紹介している。そして、圏域自治において「自治の総量」を拡充しようとしている点を踏まえ、都道府県の区域が、地方自治の単位では大きいのではないかと指摘している。また、都道府県の総合出先機関が圏域の市町村や地域・コミュニティ、地方団体と多様な相互関係を形成しながら機能している点を紹介し、中山間地域における地方の都道府県では都市部とは異なった地方自治の様相がみられると分析している。

確かに中山間地域の都道府県は、地理的に山や谷戸などによりコミュニティが分断されている地域もあるので、都道府県の総合出先機関に対する管内市町村の存在意義や依存度は大きい。それゆえ、都道府県の総合出先機関に対しても予算編成権限や計画策定権限が保障されている。特に、都道府県の本庁での総合政策化の試みに加えて、都道府県出先機関による企画調整機能が発揮され、政策の総合化が行われることは、縦割り行政の弊害を緩和できるだけでなく、地域的分権が推進されると考えられる。そして、出先機関の多くの職員が政策や予算の企画・調整に関わる機会を得ながら職務経験を積み重ねることにより、個々の職員の意識改革・人材育成につながると考えることができ、職場の活性化につなげることができると思う。

第2章では、都道府県の出先機関について四七都道府県アンケートを行った上で、総合出先機関の予算編成過程と予算権限についてサーベイしている。その結果、都道府県に共通しているのは、出先機関の総合行政機能の強化と地域固有の課題に即した地域振興の必要性を何らかの形で予算に反映しようとしている点であると述べている。しかし、地域振興のために単に予算化しただけではなく、予算額（規模）により管轄内市町村にどの程度影響があるか、その影響（要因）をしっかりと検証する必要があるのではないかと思う。

第3章では、都道府県の出先機関について四七都道府県アンケートを行った上で、ほとんどの出先機関は出先機関エリアの地域振興ビジョン・構想や包括的な地域振興に関する計画をもっていることを紹介している。そして、それらの計画策定で出先機関が関与していた割合は、個別出先機関で六割と高く、総合出先機関では八割と高かったことから、出先機関は、協議や交流を通じて地域課題や地域ニーズをもとに政策形成を行っていると推察している。また、都道府県の総合出先機関と個別出先機関の区別なく、都道府県の部課長が、利害調整機能と圏域での関連諸団体の意見を取り込む機能を発揮しているとしている。都道府県の出先機関が総合型個別型を問わず、多様なネットワークにより事業立案、執行過程を通じて、多様な協力関係を築いて調整などを行っているとしている。まさに、都道府県出先機関の存在意義にもつながる点であろう。

第4章では、都道府県の総合出先機関がどのような機能・役割を実際に果たしているか二〇〇六年四月から組織改革を実施した長野県松本圏域における松本事務所の機能・役割を例にして説明している。特に、「曼荼羅の里」活性化プロジェクトは、地方事務所長名で直接提案し、採択された事業である。この事業は、築北・生坂地域（麻績村・生坂村・築北村）の地域住民、三村（村職員）、松本地方事務所（県職員）が一体となり、協働して、地域の活性化策、地域づくりについて検討・実施したものである。つまり、現場出先機関の長が、リーダーシップを発揮し、地域の実情を反映した予算化が現実化できるのと同時に、地方事務所が、市町村とコミュニティと協働しながら、支援していく事業であり、「自治の総量」を増加させるための大切な事業であるともいえる。一方で、こうした都道府県出先機関のリーダーシップについて、本庁や知事がいかに民主的統制を図るか、「本庁・出先機関・現地機関」の政治行政関係に対して、いかに民主的統制を及ぼすか、今後の検証課題になるであろう。

第5章では、長野県のおける前章での事例分析を補足・完結するものとして、愛媛県の地方局制度と鳥取県の総合事務所制度における本庁と出先機関、都道府県出先機関への「地域的分権」のあり方について整理・分析することで、都道府県の出先機関の機能に関する考察を深化させている。愛媛県の3つの地方局同士が、「現地即決・現地完結」型の「広域行政の中核拠点」として、「自由の培養器」として三地域の多元性と独自性を維持しながら、本庁関係部局と互いに知事との関係の中で水平的政治競争を行っている点を紹介している。愛媛県の三支局には、辻山幸宣氏がいう「govern する主体」という色彩を感じさせた。また、鳥取県総合事務所体制の事例では、総合事務所長になり、各出先機関の長では難しかった首長と情報交換・意見交換することが可能になり、所長が圏域の市町村の立場にたって地域の独自性を本庁に主張していた点を強調する。そして、日常的には、担当レベルでも市町村との意見交換を行うなど信頼関係を築いていたという。さらに、日野郡民行政参画推進会議を設置し、総合事務所に対する圏域の住民による直接的民主的統制の手段を工夫するなど、住民自治・住民参加の制度が組み込まれており、第4章で課題として挙げた総合出先機関の民主的統制の一例を示している点は評価できる。

第6章では、地域産業振興における都道府県本庁・都道府県出先機関と基礎自治体の機能を長野県諏訪地域を例にして検証している。岡谷市において、徹底した人的・財政的支援体制を構築した上で、産業振興・中小企業支援は行われており、長野県や県の外郭団体がそれを補完し、連携するという関係になっていると分析している。つまり、そのような人材は、県の外郭団体のブランチに配置されていることから、企業や市町村は県の外郭団体との連携を密にする傾向があった点を指摘する。そして、地域産業振興政策は機動性や柔軟性を求めるため、県組織自体ではなく外郭団体の方が適するとしたうえで、外郭団体に対する民主的な統制をいかに確保するか課題としてあげている。

第7章では、都道府県と政令指定都市における「二重行政」のあり方に対する具体的な対応として、都道府県と政令指定都市の出先機関である消防学校の統合・共同化の事例をあげて紹介している。設置義務がある大阪府と任意設置である大阪市がともに有していた消防学校を大阪府の消防学校に一元化させ、初任教育を大阪府立消防学校に統合・一元化、より専門的な高度教育訓練の場として大阪市消防局高度専門教育センターに一元化させたことは「悪い二重行政」ではないとした。その上で、重層的な自治の観点から、地域の独自性やそれに基づく住民ニーズの多様性、行政需要の独自性、住民自治の拡充を重視するためには、自治の「一元化」を図るよりも、むしろ「二元」、「三元」といった自治のあり方を認め、必要な行政サービスの調整や共同化等を自治体間で進める必要があるとする。一見、二重行政といわれる問題でも、都道府県と政令指定都市・市町村が補完しながら地方自治を充実させて「自治の総量」を拡充する実態を明らかにしている。

そして、終章では、「地方創生」のもと「集権・競争型自治」として取り組まれている新たな自治体間連携のあり方について、市町村自治やコミュニティ自治を強化する取り組みなのか、市町村自治やコミュニティ自治を弱体化させ、市町村合併・道州制の布石になるのかが問われているとする。そして、連携中枢都市圏や定住自立圏については、現行の二層制を維持しながら政策ベースで自治体間の連携をとり、改善・調整する側面を有するとして評価している。一方で、連携中枢都市宣言や中心市宣言を行う仕組みは対等な自治体間の関係性をゆがめる可能性があると懸念を示している。さらに、既存の生活関連機能サービスを中枢都市や中心市が提供することになれば、周辺自治体の空洞化や自治機能の空洞化につながる懸念がある点を指摘している。今後は、連携協約などについて、ルール化することにより、連携自治体が他の自治体の意見を十分に踏まえ、慎重に合意形成を進めていくことが重要である。市町村の積極的な参画が進み、連携による取り組み内容が深化されることを期待する。

最後に

国においては、人口減少が深刻化し、高齢者人口がピークを迎える二〇四〇年頃から逆算して顕在化する課題に対応するため、第三二次地方制度調査会において検討が行われ、二〇二〇年六月二六日に「二〇四〇年頃から逆算し顕在化する諸課題に対応するために必要な地方行政体制のあり方等に関する答申」がなされた。この答申の中で、「広域連携は、地域の実情に応じ、自主的な取組として行われるものであり、市町村間の連携、都道府県の補完・支援など、多様な手法の中から、最も適したものを市町村が自ら選択することが適当である」とされ、そのうえで、特に、地方圏において、都道府県は、「市町村の広域連携が円滑に進められるよう、市町村の求めに応じ、連携の相手方、方法等の助言や、調整、支援の役割を果たすことが求められているが、市町村間の広域連携が困難な場合には、自ら補完・支援の役割を果たしていくことも必要である。」としている。こうした、人口減少化、高齢化対策のために国が進める「地方創生」の時代においても、本書は時代の流れに沿った「時期を得た有効な著書」ということもできる。

しかしながら、一方で、本書は、人口減少時代への対応として二〇一四年の地方自治法改正で設立された「事務の代替執行制度」に対する紹介、評価がなされていない点は課題であろう。この「事務の代替執行制度」は、自治体の事務の一部を当該自治体の名において、他の自治体の長等に管理・執行させることができるものであり、当初、条件不利地域の自治体に対する都道府県の「補完」として議論されてきたものである。都道府県出先機関と市町村との関係を論ずる本書では極めて重要な制度である。この制度は、従来の事務委託制度とは異なり、市町村の名のもとで都道府県が事務を執行することになるので、代理人たる都道府県に対する本人たる市町村のチェックが及ばなくなる可能性がある点が課題である。こうした事務の代行は、災害対策基本法の都道府県知事による応急措置の代行（同法七三条）、新型インフルエンザ等対策特別措置法による緊急事態措置の特定都道府県知事による代行（同法三八条二項）など特別な事情の下で事務処理が行えない特例的な場合に限定されてきた。こうした制度を一般法で利用されるには問題であり、現在も三事例（二〇二〇年四月一日現在）のみしか存在しないのは、「事務の代替執行制度」そのものに、このような問題があるからだと考える（岩崎（二〇一七）一七〜一八頁）。今後は、「事務の代替執行制度」を含む「地方創生」に関連した自治体連携についても研究されることを期待したい。

最後に、評者が付けた議論・論点等については、本書の評価に影響するものではなく、本書が都道府県出先機関を中心とした自治体間連携と都道府県機能について豊富な事例に基づく事例研究として成果をまとめられ、地方自治研究に大きな功績を残したということを再度述べて小稿をまとめたい。

参考文献

岩﨑忠（二〇一九）「地方創生時代の自治体間連携～圏域マネジメントの視点から～」『日本地域政策研究（第22号）』日本地域政策学会、一四～二一頁

〔本書は、法律文化社、二〇一八年刊
定価（本体五二〇〇円＋税）〕

V　学会記事

◇日本地方自治学会　学会記事

一　二〇一九年度の研究会が十一月二十三日（土）と二十四（日）の両日、日本大学法学部本館（千代田区）で開催された。研究会の概要は、以下のとおりである。

㈠　研究会（日韓交流セッション　十一月二十三日）

テーマ「社会サービスと自治体の役割」

「社会サービスにおける公共性強化のための中央政府と地方政府の協力関係―社会サービス院の設立について」

任　正彬（Yim Jeong Bin、聖潔大学）・鄭　貞和（Jeong Jeong Hwa、江原大学）

「介護保険財政と高齢者介護サービス―自治体の役割と関連させて」

横山純一（北海学園大学）

司会　川瀬憲子（静岡大学）

㈡　研究会（共通論題①　十一月二十三日）

テーマ「２０４０問題」と地方自治

「安倍政権の成長戦略と『自治体戦略２０４０構想』―公共サービス『産業化』政策を中心に―」

岡田知弘（京都橘大学）

「『２０４０問題』と地方公共団体制度―基礎自治体再編の考察を中心に」

『2040問題』の問題の本質―これまでと同じ政策決定システムの産物」　田村達久（早稲田大学）

コメンテータ　真山達志（同志社大学）
白藤博行（専修大学）

司会　榊原秀訓（南山大学）

㈢　分科会（十一月二十四日）

分科会①　テーマ「自治体環境政策・手法の展開」

「横浜市における公園管理―舞岡公園における市民と行政の連携・協働―」　林　公則（明治学院大学）

「環境モデル都市からSDGs未来都市へ：環境パフォーマンスを向上させる自治体政策をめざして」　増原直樹（総合地球環境研究所）

「環境行政の手法と参加手続」　山田健吾（広島修道大学）

コメンテータ　森　裕之（立命館大学）

司会　山崎圭一（横浜国立大学）

分科会②　テーマ「参加と合意形成」

「非営利組織の参加機能とその社会的価値」　原田晃樹（立教大学）

「大規模公共事業と住民参加」　野田　崇（関西学院大学）

「公共サービス供給における公民連携の空間の実情　―指定管理者制度の全国的動向から」

佐藤正志（静岡大学）

コメンテータ　野呂　充（大阪大学）

司会　礒崎初仁（中央大学）

分科会③　テーマ「公募セッション（自由論題）」

「地域産業政策の財政制度と思想的背景―長野県飯田市を事例に―」

江成　穣（立命館大学大学院生）

「韓国社会における熟議民主主義型手法の導入現状と課題」

河　東賢（Ha Dong Hyun、安養大学）・朱　宰福（Joo Jae Bok、韓国地方行政研究院）

コメンテータ　川瀬光義（京都府立大学）、

朴　起觀（Park Ki Gwan, 尚志大学）・崔　辰式（Choi Jin Sik、国民大学）

司会　榊原秀訓（南山大学）

分科会④　日本学術会議行政学・地方自治分科会公開シンポジウム

「超高齢・人口減少社会における都市経営～地方都市と大都市圏郊外都市を中心に～」

開催にあたって　大山耕輔（慶應義塾大学・日本学術会議会員）

パネリスト　加藤憲一（神奈川県小田原市長）、菊谷秀吉（北海道伊達市長）、

田中聖也（総務省自治行政局市町村課長）、今里佳奈子（龍谷大学）、

司会　辻　琢也（一橋大学・日本学術会議連携会員）
　牛山久仁彦（明治大学・日本学術会議連携会員）
閉会あいさつ　城山英明（東京大学・学術会議行政学・地方自治分科会部会長）

㈣　研究会（共通論題②　十一月二十四日）
テーマ　「防災と災害復興」
「災害時の共助と地域の「絆」との関係性　―熊本地震における避難所調査の事例から―」　澤田道夫（熊本県立大学）
「大災害に対する復興財政とポスト復興」　桒田但馬（岩手県立大学）
「地方自治からみた災害対策法制の課題」　岡田正則（早稲田大学）
コメンテータ　西堀喜久夫（愛知大学名誉教授）
司会　長内祐樹（金沢大学）

二　総会

二〇一九年度総会が十一月二十三日（土）に日本大学法学部本館（千代田区）で開催され、二〇一八年度決算・会計監査、二〇二〇年度予算について審議し、承認された。

◇日本地方自治学会　年報「論文」・「ノート」　公募要領

日本地方自治学会年報編集委員会
二〇〇六年一一月一一日総会にて承認
二〇一九年七月二〇日理事会にて変更

日本地方自治学会では、学会創立二〇周年を記念して、年報・地方自治叢書第二〇号（二〇〇七年一〇月刊）から、『年報』という発表の場を広く会員に開放することと致しました。

叢書の総頁数の関係で、「論文」「ノート」は最大三本までの掲載に限られますが、このことにより、学際的な本学会の特徴をより明確にし、年報の充実により、多角的な視点による地方自治研究の水準をさらに引き上げていきたいと考えます。

つきましては、以下の要領にて「論文」「ノート」を公募しますので、積極的にご応募ください。

一　応募資格

毎年一一月末日現在での全ての個人会員（一度掲載された方は、その後二年間応募をご遠慮いただくこととします）。

二　テーマ・内容

地方自治をテーマにしていれば、内容は応募者の自由としますが、日本語で書かれた未発表のもの（他の雑誌等に現在投稿中のものは応募できません）とし、「論文」または「ノート」のいずれか一点に限ります。

「論文」は、知見の新しさなどを求める学術論文を対象とし、「ノート」は、研究の中間段階でありながら一定のまとまりを持つものや学術的関心に支えられた行政実務についての論述など、地方自治研究を刺激することが期待されるものを対象とします。

三　原稿枚数

「論文」については、二四、〇〇〇字（四〇〇字詰原稿用紙六〇枚）以内、「ノート」については、一二、〇〇〇字以上一六、〇〇〇字未満（四〇〇字詰原稿用紙三〇枚以上四〇枚未満）とします。字数には、表題・図表・注・文献リストを含みます。

四　応募から掲載までの手続き

①　意思表示

応募者は、毎年一二月末までに、原稿のプロポーザル（A四、一頁、一、二〇〇字程度）を、「封書」で、表に「日本地方自治学会論文・ノート応募」と明記の上、下記日本地方自治学会年報編集委員会委員長宛にお送りください。

プロポーザルには、何をいかなるアプローチで明らかにしようとするのか、内容のおおよその構成とその素材について説明してください。「論文」と「ノート」のどちらでの掲載を希望しているのかについても明記してください。

プロポーザルと実際の応募原稿の内容が大幅に異なる場合には、原稿を受理致しません。

応募の意思表示をされた方には、プロポーザル受理の通知とともに、応募件数の状況、執筆要領をお送りします。

・プロポーザル送付先　日本地方自治学会年報編集委員会委員長

〒七六〇―八五二三　香川県高松市幸町二番一号　香川大学法学部五〇一号室

三野　靖

② 応募原稿の締め切り期日

翌年の二月中旬必着とします。上記日本地方自治学会年報編集委員会委員長宛に、執筆要領に従った完全原稿とそのコピー一部、計二部を、郵送してください。それ以外の方法では受け取りません。

③ 応募者の匿名性確保のための作業

二下旬に、年報編集委員会が、査読に当って応募者を判らないようにするため、応募「論文」「ノート」の一部について、必要最小限のマスキング（黒塗り）を施すことがあります。応募にあたっては、このマスキングがなされても、論旨を損わないよう、引用・注等に配慮した執筆をお願いします。

④ 審査方法

三月に入ると、年報編集委員会が、応募のあった「論文」「ノート」各一編につき、匿名で、三名のレフェリー（査読者）を委嘱し、およそ、一ヶ月間、審査をお願いし、その審査結果をもとに、掲載の可否を決定します。

三名のレフェリーのうち、二名以上が掲載可と判定した場合は、掲載できるとの原則で運用します。

しかし、年報への掲載可能本数は「論文」「ノート」あわせて、最大三本と見込まれるため、場合によっては、次年度号への掲載となる場合があります。

⑤　審査基準

「論文」については、主題の明晰さ、命題・事実・方法などにおける知見の新しさなどを基準とし、地方自治学会年報に掲載する学術論文としての適切さを審査します。査読結果によって、掲載可となる場合でも、「論文」ではなく、「ノート」として掲載可となることもあります。また、掲載の条件として修正が求められた場合には、再査読が行われます。

「ノート」については、論述が整理されていること、調査研究を刺激する可能性のあることなどを基準とし、提出された時点での完成度について、地方自治学会年報に掲載する「ノート」としての適切さを審査します。

但し、年報への掲載可能本数が「論文」「ノート」あわせて、最大三本であるため、掲載にあたっては「論文」を優先し、「掲載可」とされた「ノート」であっても、年報編集委員会がレフェリーによる相対評価に基づいて優先順位をつけ、順位の低い「ノート」の掲載を次年度号に送る判断をすることがあります。

また、掲載の条件として修正が求められた場合には、再査読が行われます。

⑥　掲載可となった原稿の提出

早ければ五月初旬、再査読が必要になった場合でも、六月初旬には、年報編集委員会から応募者に対して、掲載の可否についての最終の連絡をします。

掲載否の場合は、レフェリーの判断を年報編集委員会にて取りまとめたうえ、応募者に文書にて通知します。

掲載可の場合は、年報編集委員会からの通知を受けて、六月末日までに、日本地方自治学会年報編集委員会委員長宛に、完全原稿一部とその電子情報（ワード）を添付ファイルにて提出してください。

⑦　校正等

年報は、一一月下旬までの刊行を目指しますが、その間に、著者校正を二回程度お願いします。

五　その他

公募論文の年報への掲載に際しては、年報編集委員会による簡単な応募状況などの報告のみを付します。

以　上

編集後記

二〇一九年度の研究会（二〇一九年一一月二三日・二四日）の時点では予想もしていなかった新型コロナウイルスの感染拡大による緊急事態宣言及びその後の政府や自治体からの各種要請等により、国民・住民の生活は一変しました。私たち日本地方自治学会の会員の多くが大学関係者ですが、卒業式・入学式の中止や簡易化、大学の閉鎖や登校禁止、遠隔授業への変更、各種行事・会合の中止や遠隔開催、移動制限による出張の取り止め等、教育・研究活動は、教員はもとより学生にとっても大きな制限と負担がのしかかっています。

一方、コロナ対応に関しては、突如の学校一斉臨時休業要請、政府の緊急事態宣言とそれを受けての自治体の対応、緊急事態宣言解除後の「ＧｏＴｏキャンペーン」等、政治や政治家のあり方も問われました。また、科学と政治・行政との関係も問題になっています。一方、自粛警察や差別・中傷、「新しい生活様式」なるものの押し付け等、市民生活や社会が委縮しています。いずれ、当学会でも議論が必要かと思われます。次号（三四号）の編集後記には「アフターコロナ」の記事を書きたいものです。

（年報編集委員会委員長　三野　靖）

2040問題と地方自治　〈地方自治叢書33〉

2021年1月20日　初版発行

定価はカバーに表示してあります

編　者　日本地方自治学会
発行者　竹内基雄
発行所　㈱敬文堂
東京都新宿区早稲田鶴巻町538
電話　(03) 3203-6161(代)
FAX　(03) 3204-0161
振替　00130-0-23737
http://www.keibundo.com

印刷／信毎書籍印刷株式会社　製本／有限会社高地製本所

ISBN978-4-7670-0241-5　C3331

〈日本地方自治学会年報〉既刊本

地方自治叢書〈1〉
転換期の地方自治
本体二四〇〇円

日本地方自治学会の設立に当たり**柴田徳衛**／地方自治論の課題と展望**兼子仁**／現代社会と地方自治**宮本憲一**／地方自治史研究の成果と課題**大石嘉一郎**／行政学の立場から**寄本勝美**／社会学の立場から**似田貝香門**／転換期のアメリカ政府間関係**新藤宗幸**／転換期の地方自治**戒能通厚**／西ドイツにおける地方自治**伊東弘文**／町づくりにおける住民参加の歴史的経過をたどって**片方信也**／転換期の意味と主体の問題**矢澤修次郎**／イギリス地方税改革と地方自治の再編**北村裕明**／アメリカの市民参加**寄本勝美**／公共性の現代的展開**似田貝香門**／「東京の行政と政治」研究ノート**佐々木信夫**／書評

地方自治叢書〈2〉
日本地方自治の回顧と展望
本体三〇〇〇円

戦後地方自治雑考**阿利莫二**／私と地方自治**杉村敏正**／明治地方自治の国際的性格**山田公平**／都市自治一〇〇年における関一**芝村篤樹**／昭和期における府県制度改革**天川晃**／地方自治の継受と公益事業制策について**今井清一**／日本の地方自治の「独自性」**宮本憲一**／戦後日本政治分析における多元主義理論と中央地方関係**佐藤俊一**／八〇年代の不動産資本・土地市場の動向と都市の変貌**宮野雄一**／岐路にたつ都市社会運動**吉原直樹**／イタリアの都市自治と住民参加**宗田好史**／台湾の地方財政**川瀬光義**／韓国における住民参加制度について**鄭相干**／タイの地方自治と住民参加**橋本卓**／書評

地方自治叢書〈3〉
広域行政と府県
本体二六二二円

地方自治と私**足立忠夫**／「行革」・広域行政と府県**都丸泰助**／府県と自治体連合の可能性**鳴海正泰**／農山村地域と広域行政**保母武彦**／都市計画の立場からみた都道府県と広域行政**石田頼房**／自治的広域行政機構の条件**岩崎美紀子**／福祉行政事務の地方移譲の法的問題点**芝池義一**／イギリス地方税制改革の基本的枠組**星野泉**／フランスにおける地方債の自由化**青木宗明**／ニュージーランドにおける政府間関係の動向**藤井浩司**／都市ポランタリズムとコミュニティ**渡戸一郎**／書評

地方自治叢書〈4〉
世界都市と地方自治
本体二九一三円

私と地方自治**柴田徳衛**／世界都市の挑戦**K・タブ**（**横田茂訳**）／英国地方税制の改革と地方団体の反発**竹下譲**／「世界都市・ＴＯＫＹＯ」の特質とその構造的矛盾**寺西俊一**／都市の産業構造からみた世界都市論**青木圭介**／世界都市の理論化と問題点**中邨章**／新しい中央地方関係論へ**笠京子**／補助金と地方自治**鶴田廣巳**／地方自治と住民参加**鵜飼照喜**／タイにおける過疎農村地域開発と地方政府の役割**M・サングスカル**（**小池治訳**）／人口過疎地域における地方自治体の役割と機能**E・パディラ**（**中村・小池・中邨訳**）

地方自治叢書〈5〉
条例と地方自治
本体二七一八円

学会誌第五号の発行にあたって**佐藤竺**／私と地方自治**加藤一明**／研究会「条例と地方自治」のまとめ**兼子仁**／地方自治の展開と条例の諸傾向**吉田善明**／まちづくりと条例**三橋良士明**／都市憲章条例への期待**富野暉一郎**／自治体条例論をめぐる枠組みの再検討**五十嵐敬喜**／自治体における選択基準の実際**江口清三郎**／自治体財政における公会計システムについて**兼村高文**／選挙区割における地方性重視の可能性**小林幸夫**／真鶴町まちづくり条例論**五十嵐敬喜**／韓国の民主化と地方自治**盧隆熙**／日・韓地方自治比較の問題点**山田公平**／書評

地方自治叢書〈6〉

地域開発と地方自治

本体二七一八円

全国総合開発計画三〇年を検討する**宮本憲一**／自治の思考の転換**河中二講**／「持続する発展」をもとめて**宮本憲一**／リゾート開発と地方自治**今里滋**／地域開発と地方自治**渡名喜庸安**／地域環境時代の地域開発と地方自治**中村剛治郎**／グローバル・リストラと地域開発**佐々木雅幸**／孫文の建国構想における地方自治と台湾の地方行財政**川瀬光義**／三新法体制における参加と統制の制度構造**小原隆治**／住民自治の歴史的展開**玉野和志**／都市再開発とネイバーフッド・リバイタリゼイション**白石克孝**／書評

地方自治叢書〈7〉

都市計画と地方自治

本体二七一八円

第七巻発刊にあたって**宮本憲一**／私と地方自治**横山桂次**／わが国都市計画の新次元への挑戦**三村浩史**／改正都市計画法―行政手続法―開発指導**鈴木庸夫**／都市計画のマスタープランとまちづくりの課題**片方信也**／合衆国の都市改造の経験とその教訓**遠州尋美**／一九九二年都市計画法、建築基準法改正に寄せて**北原鉄也**／都市環境形成の課題**安木典夫**／まちづくりにおける自治会・企業・支所の役割**今川晃**／わが国の都市計画行政と市町村マスタープランの創設**丸山康人**／発展途上国における地方分権化**山崎圭一**／ポスト福祉国家と新都市社会学の展開**西山八重子**／書評

地方自治叢書〈8〉

現代の分権化

本体二七一八円

学会誌第八巻の発刊に当たって**室井力**／私と地方自治**佐藤竺**／現代地方分権論の文脈**加茂利男**／立法学からみた地方分権推進法**五十嵐敬喜**／地方分権と税財政制度改革**遠藤宏一**／地方分権―五つの関心**水口憲人**／討論「社会福祉分野からのコメント」**武田宏**／戦時・占領期における集権体制の変容**市川喜崇**／伊勢湾沿岸域開発と地方自治**鈴木誠**／地方政府再編に関する一考察**牛山久仁彦**／フランス州財政の諸問題**中西一**／外国人居住者と日本の地域社会**田嶋淳子**／都心居住にみる自治体の施策と課題**市川宏雄**／書評

地方自治叢書〈9〉

行政手続法と地方自治

本体二七〇〇円

私と地方自治**吉岡健次**／行政手続法と地方自治**本多滝夫**／行政手続法と地方自治**今村都南雄**／行政手続法と地方自治**塩崎賢明**／報告に対するコメント**見上崇洋**／水資源開発と地方自治**小森治夫**／韓国における工業団地開発と都市財政**鄭徳秀**／書評

地方自治叢書〈10〉

機関委任事務と地方自治

本体二八〇〇円

私と地方自治**宮本憲一**／「機関委任事務」法論と地方自治**白藤博行**／機関委任事務廃止の意味**辻山幸宣**／機関委任事務と財政改革**坂本忠次**／社会セクター台頭の意味と可能性**白石克孝**／地方分権と地方財源**星野泉**／英国労働党政権の新地方自治政策**横田光雄**／書評

地方自治叢書〈11〉

戦後地方自治の歩みと課題

本体二九〇〇円

地方自治と私室井力／地方自治改革の軌跡と課題山田公平／分権的税財源システムの課題伊東弘文／戦後地方自治と革新自治体論鳴海正泰／震災復興と自治体財政高山新／英国の地方財政制度稲沢克祐／サンフランシスコにおけるアフォーダブル住宅五嶋陽子／書評

地方自治叢書〈12〉

介護保険と地方自治

本体二八〇〇円

私と地方自治研究大石嘉一郎／介護保険と市町村の役割池田省三／介護保険と地方財政横山純一／鷹巣町の福祉岩川徹／コミュニティ・ソリューションと市民・NPO日詰一幸／都市と農山村の連携におけるNPOの役割松井真理子／福祉改革・地方分権改革の中の生活保護行政木原佳奈子／広域連合制度の特質とその活用方途原田晃樹／書評

地方自治叢書〈13〉

公共事業と地方自治

本体二八〇〇円

地方財政危機と公共事業関野満夫／公共事業と地方自治晴山一穂／公共事業の分権武藤博己／地方分権一括法以後の地方自治辻山幸宣／韓国の地方分権の推進状況と課題崔昌浩／パラダイムの転換竹下譲／書評

地方自治叢書〈14〉

分権改革と自治の空間

本体二九〇〇円

私と地方自治石田頼房／分権改革水口憲人／環境行政における中央・地方の役割分担と協力寄本勝美／地方分権改革と広域行政岩崎美紀子／地域社会の側から見た地方分権と広域行政富野暉一郎／高齢者保健福祉政策と市町村の公的責任水谷利亮／自治体財政とキャッシュ・フロー会計兼村高文／基地問題と沖縄の自治島袋純／韓国地方自治制度の歴史と現行制度に関する一考察李憲模／英国における「地方自治の現代化」森邉成一／書評

地方自治叢書〈15〉

どこまできたか地方自治改革

本体二八〇〇円

新世紀における三重のくにづくり北川正恭／地方分権改革と地方税制星野泉／分権時代の法環境久保茂樹／分権化の行政改革向井正治／議員提出条例から見た県議会改革小林清人／韓国における地方議会の現状と活性化策呉在一・朴恵子／英国の自治体経営改革の動向稲沢克祐／現代デモクラシーのなかの住民投票上田道明／書評

地方自治叢書〈16〉

自治制度の再編戦略

本体二八〇〇円

地方自治と私**兼子仁**／自治史のなかの平成合併**山田公平**／自治体再編と新たな自治制度**島田恵司**／基礎的自治体と広域的自治体再論**人見剛**／都市・農村共生型財政システムをめざして**重森曉**／「西尾私案」と地方自治**白藤博行**／市町村合併に伴う選挙区制度設置と自治体内自治組織論**今井照**／市町村合併の検討過程と住民自治**小林慶太郎**／地方公共事業とＰＦＩ**森裕之**／書評

地方自治叢書〈17〉

分権型社会の政治と自治

本体二八〇〇円

二元的代表制の再検討**駒林良則**／自治を担う議員の役割とその選出方法**江藤俊昭**／自治体の財政的自立と税源移譲**兼村高文**／「地域自治組織」と自治体の政治**今井照**／イングランドにおける広域自治体の再編**馬場健**／ＮＰＯと資金問題**松井真理子**／地方政治のニューウェイブ**今里佳奈子**／韓国の住民投票制度について**姜再鎬**／書評

地方自治叢書〈18〉

道州制と地方自治

本体二八〇〇円

地方自治と私**山田公平**／《対談》都道府県自治をめぐって**増田寛也・今村都南雄**／道州制と北海道開発予算の現状・課題**横山純一**／道州制の考え方**稲葉馨**／道州制・都道府県論の系譜**市川喜崇**／「地域自治区」の法的位相**妹尾克敏**／自治の本質と価値**黒木誉之**／書評

地方自治叢書〈19〉

自治体二層制と地方自治

本体二八〇〇円

地方自治制度改革のゆくえ**加茂利男**／風土の上にある自治**松本克夫**／新時代の基礎自治体**岩崎美紀子**／個別行政サービス改革としての三位一体改革**金井利之**／地方分権改革の検証**垣見隆禎**／都市計画関係法令と条例制定権**大田直史**／ブラジル参加型予算の意義と限界**山崎圭一**／カナダの州オンブズマン制度と地方自治体の関係**外山公美**／書評

地方自治叢書〈20〉

合意形成と地方自治

本体二八〇〇円

地方自治体の国政参加権再論**人見剛**／基地維持財政政策の変貌**川瀬光義**／スイスの住民参加と合意形成―住民投票の可能性と限界**岡本三彦**／住民投票の歴史的展開**鹿谷雄一**／コミュニティ政策の課題**玉野和志**／地域コミュニティの現在**家中茂**／書評

地方自治叢書〈21〉

格差是正と地方自治

本体二八〇〇円

自治体の格差と個性に関する一考察**山口道昭**／二〇〇〇年代「教育改革」と教育を受ける権利**竹内俊子**／「地域格差」と自治体の再生**岡田知弘**／福島県商業まちづくり推進条例と「まちづくり三法」**鈴木浩**／指導要綱の条例化と住民の意向の反映**内海麻利**／ドイツの市民参加の方法「プラーヌンクスツェレ」と日本での展開**篠藤明徳**／地方財政調整交付金制度創設に関する論議**中村稔彦**／書評

地方自治叢書〈22〉

変革の中の地方自治

本体二八〇〇円

地方自治と私**加茂利男**／道路論争**五十嵐敬喜**／自治体議会改革を考える**小林武**／国と普通地方公共団体との間の行政訴訟**寺洋平**／自治基本条例における住民自治の必要性**相澤直子**／アメリカの交通まちづくりと持続可能な都市交通経営**川勝健志**／市民によるマニフェスト評価**長野基**／書評

地方自治叢書〈23〉

第一次分権改革後一〇年の検証

本体二八〇〇円

地方分権の法改革**白藤博行**／自治体の再編と地域自治**今川晃**／三位一体改革の帰結と財源保障制度の将来像**武田公子**／農山漁村地域における自治体財政の実態と課題**粟田但馬**／韓国における分権化政策の評価と課題**呉在一**／書評

地方自治叢書〈24〉

「地域主権改革」と地方自治

本体二八〇〇円

あらためて問われる「地域主権」改革**今村都南雄**／「地域主権改革」と住民自治**人見剛**／創造都市と都市文化景観**佐々木雅幸**／イギリスにおける自治体外部監査の制度的特徴**長内祐樹**／分権改革と政府間関係**立岩信明**／イングランドにおけるリージョナリズムの変化**石見豊**／書評

地方自治叢書〈25〉

「新しい公共」とローカル・ガバナンス

本体二八〇〇円

新しい公共における政府・自治体とサード・セクターのパートナーシップ**原田晃樹**／イギリスのパートナーシップ型地域再生政策の評価—第三の道とビッグソサイエティ**金川幸司**／ローカル・ガバナンスにおける地方自治体の議会改革**新川達郎**／議会改革・議会内閣制・ボランティア議会と住民の役割**榊原秀訓**／東日本大震災復興の理念と現実**塩崎賢明**／「国保被排除層」の生活保護問題**藤井えりの**／書評

地方自治叢書〈26〉
参加・分権とガバナンス
本体三〇〇〇円

地方自治と私中邨章／住民参加から住民間協議へ島田恵司／都市内分権とコミュニティ横田茂／自治体改革と都市内分権・市民参加槌田洋／高齢者介護と地方自治体の課題横山純一／貧困・地域再生とローカル・ガバナンス山本隆／復興過程における住民自治のあり方をめぐって吉野英岐／沖縄県における跡地利用推進特措法の意義と課題林公則／書評

地方自治叢書〈27〉
基礎自治体と地方自治
本体二八〇〇円

基礎自治体における財源減少時期の予算制度改革稲沢克祐／基礎自治体の変容江藤俊昭／東日本大震災における木造応急仮設住宅供給の政策過程西田奈保子／アメリカのコミュニティ開発法人宗野隆俊／イギリスの「大きな社会」下におけるサード・セクター組織の多岐的対応清水洋行／基礎自治体における市民参加型「公開事業点検・評価」活動の研究長野基・牧瀬稔・廣瀬克哉／書評

地方自治叢書〈28〉
自治体行財政への参加と統制
本体二八〇〇円

協働と地方自治荒木昭次郎／住民監査請求の課題と到達点小澤久仁男／債権放棄議決と住民訴訟制度改革論大田直史／三号請求訴訟の新たな可能性杉原丈史／日本におけるコミュニティ予算制度の考察鈴木潔／ドイツにおける市民予算の特性宇野二朗／書評

地方自治叢書〈29〉
地方創生と自治体
本体二八〇〇円

「地方創生」と農村坂本誠／地方創生と自治体間連携本多滝夫／地方公務員の権利・義務の変容山下竜一／高齢者の生活保障施策の動向と行財政田中きよむ／書評

地方自治叢書〈30〉
憲法の中の自治、自治の中の憲法
本体二八〇〇円

私と地方自治（記念講演）今村都南雄／辺野古新基地建設をめぐる法的争訟徳田博人／沖縄をめぐる政治佐藤学／公共施設の利用制限をめぐる法的問題首藤重幸／一八歳選挙権と主権者教育小玉重夫／自治体行政と人権保障東川浩二／書評

地方自治叢書〈31〉

地方自治研究の三〇年

本体三〇〇〇円

地方自治研究史私論宮本憲一／日本国憲法七〇年のもとでの自治と分権白藤博行／自治体学会と自治実践研究・分権改革金井利之／自治体周辺法人の法的考察板垣勝彦／官と民が担う合法ギャンブルの変遷萩野寛雄／教育政策における議会の役割坂野喜隆／「住民本位の予算書」のわかりやすさの規定要因の探索佐藤徹／書評

地方自治叢書〈32〉

自治の現場と課題

本体二八〇〇円

地方自治と私辻山幸宣／生活保護行政の法的統制前田雅子／政府間関係再編下の地方財政川瀬憲子／北陸新幹線後の金沢経済の分岐点佐無田光／地域の支え合い活動と事業者の既得権防御嶋田暁文／米国における公私主体による〝自治創造〟の動態の把握の試み菊地端夫／小規模自治体と自治体間連携水谷利亮／書評

（＊価格は税別です）